Preface

오늘날 주방경영은 과거와 달리 소비자의 욕구 만족에 맞추어 개발하는 추세이다. 국내 경제에 민감한 환경변화를 보이고 있는 이때에 좀더 효율적이고 과학적인 주방관리 시스템을 찾고 있다.

그러나 오늘날 현실은 고객이 보이는 곳에만 신경을 쓰고 있다. 실제로 눈에는 보이지 않는 과학적이고 위생적인 주방관리가 요구되는 현시점에서 생산부서인 조리사는 식당을 출입하는 고객의 건강을 책임을 진다는 사명감과 투철한 직업의식을 가져야 할 것이다. 특히, 현대의 식음료사업은 고급화, 대형화 추세로 가면서 수익발생의 원천부서로서 그 기능과 역할은 매우 중요하다. 특히 주방의 위생적인 처리가 중요시 인식되고 있는 만큼 일부업소는 주방을 개방을 하고 있다. 기대되는 시간에 고객에게 위생적이고 정성어린 조리 상품을 서비스 할 수 있는 방안이 무엇인가? 좁은 공간에서 피로와 스트레스를 줄이고 즐거운 마음으로 일할 수 있는 작업환경이 중요하다고 하겠다.

조리작업 활동공간의 효율적 활용은 조리기기와 조리시간의 관계형성에 달려 있다고 하겠다. 본서 제1장은 조리업무 개론, 제2장은 위생 및 안전관리, 제3장은 조리부서의 식·재료관리 및 메뉴관리, 제4장 원가관리, 제5장 육가공관리, 마지막 제6장은 시설설비 및 장비관리로 구성하였다. 아무토록 본서가 조리 분야에 종사하는 분이나 이 분야에 관심이 많은 여러분에게 조금이나마 도움이 되었으면 하는 바램이다. 향후 더 좋은 책이 될 수 있도록 관계자 여러분의 충고와 조언 바라는 바이다. 끝으로 본서를 출간할 수 있도록 도움을 주신 선·후배 여러분과 한올출판사 임순재 사장님이하 직원여러분께 진심으로 감사드립니다.

2009년 2월

대표저자

Contents

CHAPTER

02 … 위생 및 안전관리

CHAPTER

03 … 조리부서의 식 · 재료 관리와 메뉴관리

CHAPTER 05 … 육가공관리

CHAPTER

06 … 시설설비 및 장비관리

CHAPTER 01

조리업무 개론

1절 식음료부문의 역할

1 조리업무의 개념과 목적

1) 조리의 개념

조리라 함은 식품을 위생적으로 처리한 후 먹기 좋고 소화흡수가 용이하도록 맛있고 보기 좋게 하여 식욕이 나도록 하는 과정을 말한다. 원래 조리(調理)의 한자 뜻은 "병을 치료하다", "몸을 보양하다"라는 의미를 가지고 있었다. 한편 요리(料理)의 한자 뜻은 "가사를 정리하다", "일을 잘 처리하다"라는 의미였다. 현재에 이르러서는 이 두 단어가 뚜렷한 구분 없이 혼용되고 있다. 여기서 조리라 함은 조리사가 조리상품을 생산하기 위하여 식 · 재료에 열과 향신료 등기타 필요한 조리시설 및 기물과 기구를 이용하여 물리적, 화학적, 영양학적 조작을 통하여 합리적인 음식물을 만드는 과정의 제반행위를 말한다. 더욱이 현대적 설비의 대규모 주방을 갖춘 좋은 조건에 있어서는 기술의 도입, 도입된 기술의 소화, 축적 등에 더 많은 연구와 노력이 요청된다 하겠다.

2) 조리의 목적

조리의 목적은 식재료를 조리함으로서 식품자체의 성분 및 형태의 변화를 일으켜 고객의 미각 · 시각적 효과를 최대로 높이며 뿐만 아니라, 소화 흡수율을 돕고 위생적으로도 안전하게 하여 조리상품의 부가가치를 증대시키는 데 목적이 있다. 즉, 소화흡수율 증진, 영양손실의 최소화, 위생적으로 안전, 저장과 운반용이, 풍미와 외관향상, 기호충족, 맛이 있다는 것은 요리가 합리적인 조리조작으로 이루어졌다는 것을 말하는 것이다. 따라서 소화, 흡수, 대사의 3가지를 살펴보겠다. (1)의 소화는 〈표 1-1〉과 같다.

(1) 소화

〈표 1-1〉 소화

소화액	효소명	작용받는 물질	생성물
침	프티알린	전분	맥아당, 호정(텍스트린)
	말타아신	맥아당	포도당
위액	펩신	단백질	프로테오스와 펩톤
	리파아제	지방	유화지방
	레닌	카제인	파라카제인
이자액(췌액)	아미로신	전분	맥아당
	트립신	단백질과 프로테오스	펩톤, 펩타이드아미노산
	스테압신	지방	지방산, 글리세린
소장액	말타아제	맥아당	2포도당
	락타아제	유당	포도당, 갈락토오스
	슈카라아제	자당	포도당, 과당
	에럽신	펩톤, 펩타이드	아미노산
	리파아제	지방	지방산, 글리세린

(2) 흡수

① 탄수화물은 단당류로 지방은 글리세린과 지방산으로 단백질은 아미노산으로 분해

되어 흡수된다.

② 수용성 영양소는 장벽융털에 있는 모세혈관으로 지방성 영양소는 림프관으로 흡수된다.

③ 담즙은 지용성 영양소의 흡수를 돕는다.

④ 물은 대장에서 흡수된다.

(3) 대사

① 섭취한 음식물은 전부 소화 · 흡수되는 것이 아니고 그 중 일부는 대 · 소변, 땀, 호흡 등 몸 밖으로 배출된다.

② 소화되지 않는 음식물, 분해되지 않은 섬유소, 탈락한 점막, 장내에서 죽은 세균 등이 대변으로 배설된다.

③ 몸 안에서 흡수되는 과정을 거쳐 나온 노폐물이 혈관을 통해 신장으로 가면 그 일부는 뇨로 배설된다.

④ 땀의 성분은 소변과 같은 성분으로 땀을 흘리는 여름철에는 염분의 배설이 증가한다.

⑤ 각종영양소의 최종산물은 대사과정을 거쳐 이산화탄소와 물로 되며, 그 중 이산화탄소는 호흡으로 배설된다. 이러한 것의 구체적인 요소는 다음과 같다.

가) 맛

① 각종 조미료를 첨가함으로써 풍미를 더해준다.

② 향신료를 첨가함으로써 재료에서 나는 좋지 않은 냄새를 제거한다.

나) 영양

조리과정에서 파괴되는 영양소나 단일식품에서 얻을 수 없는 영양소를 식품의 배합으로써 이상적인 섭취를 할 수 있다.

다) 위생

① 세척, 손질, 가열과정 중에 충란과 세균의 감염을 예방한다.

② 각종 식품이 함유하고 있는 독성분을 제거하여 식중독을 방지한다.

라) 형태

① 여러 가지 형태의 모양을 만들어 조리함으로써 시각적 효과를 높여 식욕을 촉진시킨다.

② 먹기에 편리하게 자름질하여 조리함으로써 먹는데 불편함이 없도록 한다.

마) 색상

여러 가지 식품을 혼합함으로써 단일 재료로는 낼 수 없는 아름다운 색상을 얻을 수 있다.

바) 기타

음식물의 보관 및 휴대에 편리하도록 한다.

2 조리업무의 내용과 범위

조리업무란 조리상품 생산활동을 위한 메뉴의 작성, 식 · 재료의 구매, 상품 조리, 판매서비스에 이르는 전 공정에서 발생하는 제반업무를 말하며, 이에 수반하는 주방의 인력과 시설 및 안전과 위생관리 등 주방관리에 관계되는 모든 업무가 이에 포함된다고 하겠다. 이러한 주방관리란 기대되는 시간내에 고객이 주문한 바의 식 · 음료를 서비스 할 수 있도록 하기 위한 능률적인 설비 및 인력의 이용과 계획은 물론 예정된 수량의 식 · 음료를 올바르게 생산하는데 대한 전반적인 내용을 그 대상으로 하고 있다. 따라서 조리업무는 크게 4단계로 나누어 살펴 볼 수 있다.

1) 조리업무의 의사결정단계

조리업무의 의사결정을 효과적으로 수행하기 위하여 담당자는 조리업무의 기초적인 자료를 이용하여 예상고객에 대한 정확한 예측을 해야한다. 전년도 매출기록, 전일 예약상황, 당일 예약상황 등 기초자료를 이용하여, 예상 이용객수를 예측함과 아울러 식 · 자재의 구매의뢰, 신 메뉴의 작성, 개발 등이 있다. 이의 효과적 수행을 위하여 시장경제에 늘 관심을 가져야 하며, 동종업계 답사, 정기적인 시장조사를 통하여 항상 민감하게 대처해야 한다. 또한 비수기를 대비하여 식 · 자재의 구매 저장과 적정 재고량 유지를 위한 정기 재고 조사 및 구매물품에 대한 철저한 검수 등이 있다.

2) 조리상품의 생산단계

조리상품의 생산단계는 식 · 재료의 적절한 구매량과 예측된 수요고객에 따라 조리상품의 생산에 필요한 조리생산단계를 말한다. 즉, 표준량목표에 의한 상품생산과 기타 생산에 필요한 조리공정을 말하며, 고객의 욕구에 합당한 조리생산이 올바르게 진행되는지 품질관리에 신경을 써야 한다. 즉 불량 조리상품을 사전에 방지하기 위한 예방적 측면의 조리공정을 철저히 하여야 하고 이를 통하여 낭비를 줄일 수 있다.

3) 조리상품의 판매단계

조리상품의 판매단계는 최고의 상품가치로 인정받을 수 있는 조리상품을 만들어 고객에게 최상의 서비스가 동반된 판매단계이다. 상품을 통한 고객의 욕구에 극대화하여야 하며 이를 위해서 종사원으로 하여금 요리가 신속, 정확하게 전달 되도록 한다.

4) 사후관리단계

사후관리단계는 조리상품을 생산하여 판매하는 과정을 통해 얻어낸 다양한 고객의 정보를 수집, 활용하는 단계이다. 고객의 요리에 대한 선호도를 수시로 점검하고 고객의 특성을 정확히 파악하여 신 메뉴개발의 기초자료로 사용하며, 이를 위한 고객카드나 매출기록을 철저히 하여 비인기 상품에 대한 대체품목 개발 등 고객관리에 최선을 다한다.

미래의 조리업무는 인건비 상승에 따른 경영합리화를 위하여 주방시설의 현대화가 이루어져야할 것이며, 재고관리, 인력관리, 메뉴관리의 합리화를 위한 컴퓨터의 사용과 냉동 혹은 식 가공품의 발달로 다양한 가공품의 사용으로 조리공정의 단순화가 되는 등 많은 변화가 기대된다. 이와 같은 환경변화에 슬기롭게 대처하기 위해서는 자기변신을 위한 노력이 더욱 필요하겠다.

다음 [그림 1-1]은 조리과정흐름이다.

[그림 1-1] 조리업무과정의 흐름도

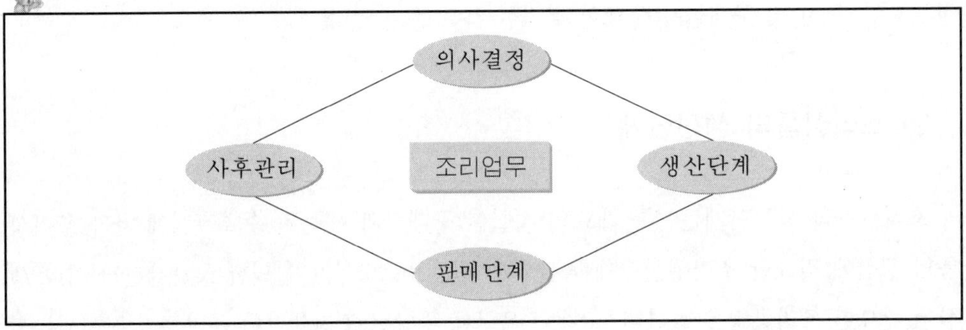

③ 조리업무의 특성

조리상품은 상품자체가 다품종생산이며 주문생산의 형태를 취하고 있기 때문에 일반적으로 생산과 동시에 이루어지는 시간적, 공간적 제약이 따른다. 식품자체가 오래 보관할 수 없는 부패성과 위생에 직결되어 방부제 등의 사용이 사실상 불가능하다. 따라서 일정량 이상을 가공하여 저장 할 수도 없고 다른 일반상품과 같이 대량 생산을 위한 자동화가 불가능하며 조리사에 의한 인적 의존도가 높은 생산상의 제약을 받는다.

고객의 수요예측이 어려워서 대부분 상품이 식당에서 고객의 주문에 의한 생산에 착수하는 형편인데 그것도 신속한 서비스를 위해서는 단 시간내 상품으로 조리하여 고객에게 서비스 해야하는 시간적인 제약에 어려움이 있다.

이러한 조리업무의 특성을 살펴보면 아래와 같다.

첫째, 조리상품은 고객의 주문에 의해 조리되어지므로 계절, 지역, 기호, 일기, 고객층별로 이용 수요가 항상 변하고 고객의 선호도에 따라 메뉴 품목별 이용 식재료가 다르므로 이를 정확히 예측하여 식재료를 구입하거나 음식을 만들 수는 없다. 이는 주방에서 조리하는 식재료는 조리상품이 단시간 내에 판매되지 않으면 안되고 오래 보관할 수 없다. 따라서 정확한 수요예측이 요구되며 식재료의 보관관리상 어려움은 조리업무에 있어서 이중부담의 요소로 제기 된다.

둘째, 조리상의 위생관리 및 품질관리 문제는 실제로 원가에 직결되는 관리상 어려운 문제로서 조리업무 관리활동에 있어서 특별한 숙련과 전문적인 기술을 요하는 주요인이 되고 있다.

셋째, 조리상품은 자동화가 불가능하여 생산성 재고를 위해서는 고도로 숙련된 종사원 양성 및 확보, 즉 능력 있는 조리관리 책임자와 정예화된 조리요원의 인력구성이 필요하다.

넷째, 주방에서 조리상품을 생산하는 데는 많은 기물과 기구를 사용한다. 주방에서 불과 물을 많이 사용함으로 열과습기 등 사용상 특성으로 인해 시설물의 노후화가 빠르며 수명이 단축된다. 특히 은 기물과 같은 것은 정기적인 도금처리를 해야 하며 또 사기나 질그릇, 유리제품 등은 수시로 소모성 용도이므로 손 · 망실율이 높은 기물로써 사용관리상 주의가 요구된다.

다섯째, 식 · 음료는 식당에서 대인적 판매에 의존하는 것 외에도 일종의 상품목록표인 차림표에 의해서 판매하게 된다. 메뉴의 계획과 작성의 관리는 일제조업체에서 찾아볼 수 없는 식당영업의 한 특징이 될 뿐 아니라, 이를 활용함으로써 판매시점 광고와 같은 이익을 가져준다. 이렇게 하기 위해서는 서로 조화가 잘 이루어져야 한다.

2절 조리인의 직업윤리

① 조리인의 직업윤리의 의의

조리직에 종사하기 위하여서는 직업에 대한 가치관과 책임감 등 윤리적 의식이 요구된다. 이러한 확고한 의식은 초보자 시절부터 전문인이 되기까지의 과정을 보다 용이하게 직업에 종사할 수 있도록 할 뿐만 아니라 차기 세대에 보다 발전되고 합리적인 조리기술을 예술성으로 승화시켜 전수할 수 있는 바탕이 되며, 보람된 개개인의 직업생활을 영위하게 해주는 바탕이 된다.

현재의 조리기술은 과거와는 달리 육감적인 느낌으로부터 과학적이고 체계적으로 정리된 기술을 요구하는 시대이다. 따라서 이제는 개인적으로 혼자만이 알고 있는 기술이 많고 적음이 기술의 우수성을 나타내는 것이 아니라 모든 기술에 대한 근본적인 기본원리를 이해하고, 고급기술을 익히는 단계를 거쳐야만 그 기술에 대한 신뢰와 존경을 받을 수 있는 것이며, 직업에 대한 책임을 다하는 것이다. 그러므로 이러한 방법의 지식습득의 요구가 날로 증대되어가고 있다.

우선 초보자의 입장에서 배우려는 의지와 우수한 기술습득에 최고의 가치를 부여함으로써 초보자는 그에 대한 욕구에 동기부여를 받고, 원하는 높은 조리 기술수준에 도달하기 위해 학습의욕이 상승하게 한다.

조리분야에서 전문적인 수준에 이르는 것은 인성개발과 기술습득에 대한 가치분배의 감각 즉, 균형을 유지하는 능력에 좌우된다. 결과적으로 조리업계의 성공적이고 숙련된 경력은 과감한 훈련의 수용과 부단한 자기개발, 인성개발 및 선천적인 능력과 함께 훌륭한 선배의 지도에 따라 좌우되며 교양교육과 동시에 직업교육을 이수해야 한다.

초보자들은 선배를 통한 우애와 충고와 도움을 받아 자신을 얻게되며 그 초보자는 조만간 다른 초보자에게 도움을 줄 수 있는 동료가 될 것이다.

이러한 유기적인 관계 속에서 다른 사람의 기술, 태도, 직업에 대한 고귀함을 전수 받고 인간미와 기술사이의 가치균형이 이루어지는 가운데 조리직은 더욱 발전할 것이다. 따라서 이러한 전통을 창조적으로 실행에 옮기는 참여가 절실히 요구되는 것이다. 이러한 참여가 실행되지 못하면 조리업계는 심각한 인원부족이 발생할 것이고 사람의 미각이 표준화되고 동질화되는 대량생산 시대에 제물이 된다면 조리직을 수행하는 조리사는 사회적인 지탄과 냉소를 받게 될 것이다. 그러므로 이러한 사항을 미연에 방지하고 높은 수준의 기술수준을 유지하는 것이 사회에 기여할 수 있는 조리사들의 사회적인 책임이라 자각하여 조리사의 직업윤리를 확고히 하는 발전적인 계기가 되도록 연구개발의 노력을 하여야 한다.

2 조리사의 태도

개인이 조직에 대해 어떤 태도를 가지고 있느냐에 따라 직무에 대한 조직에 대한 헌신이 달라진다. 따라서 조직구성원의 태도는 개인발전 및 조직발전에 매우 중요한 역할을 한다.

태도형성에 있어서 신념이나 가치의 주요 소재가 되기는 하지만 학습, 문화 등 여러 요인들이 작용한다. 태도는 개인의 감정과 사고에 바탕을 두고 있으며 행동방향을 결정하는 주요한 요인이 되고 있다. 태도여하에 따라서 그 행동을 긍정적으로 나타내기도 하고 부정적으로 나타내기도 한다. 태도는 다음과 같은 개념이 포함되고 있다.

첫째, 태도는 직접 관찰 할 수 없으며 다만 외형적인 행위만 볼 수 있다. 우리는 태도가 한 개인 속에 내재하리라는 가정만을 할 수 있을 뿐이다.

둘째, 한 대상에 대한 태도는 매우 호의적인 면과 매우 비호의적인 면을 지닌 연속선상에서 파악될 수 있다. 우리는 어떤 조리를 할 때 양식, 한식, 중식, 일식 등을 좋아 하든가 무관심 하든가 싫어 하든가하는 어떤 선상에 있다.

셋째, 태도는 행동에 관련이 있다. 즉, 대상에 대한 태도뿐 아니라 그 대상을 만나는 상황에 대한 태도 등이 행동에 영향을 미친다.

이러한 태도는 가족, 문화, 소속집단, 동료, 작업환경 등 여러 가지 요인에 의해 학습된다. 특히 주방은 고객이 보이지 않는 곳에서 요리를 한다는 사실이다. 일부 비양심적 조직사는 식 · 재료의 유통 기간이 지난 음식을 조리를 하는 곳도 있다고 한다. 이것은 누가 본다고 하고 보지 않는다고 안 할 문제가 아니다. 조리사는 자기가 하는 조리는 예술이라는 사명감과 양심을 가지고 자기 가족이 먹는 생각으로 정직하고 바른 조리사의 가치관을 가져야 한다.

3절 조리장의 조직과 운영

1 기본형태의 조직

조직은 공동의 목표를 가지고 이를 달성하기 위해 의도적으로 설립된 체계화된 구조에 따라 구성원이 상호작용하며 경계를 가지고 외부환경에 적응하는 사회집단이다. 조직은 환경에 둘러싸여 환경과 상호작용하며 환경과 경계를 갖고 있는 유기적 개방체제이다. 즉, 조직은 속에 존재하는 것이 아니라 환경과 상호 의존적이며 상호작용하는 관계이다.

과거의 조직이론은 환경과 상호관계를 고려하지 않고 조직의 내부구조와 주된 연구대상으로 삼는 자급자족적인 폐쇄적 체제로 간주되었으나, 현재의 조직은 조직의 성장과 발전, 안전과 존속을 위하여 끊임없이 변화하는 환경과의 지속적인 상호작용을 통하여 인적 · 물적자원, 정보, 에너지를 교환하는 개방체제로 인식하고 있다.

따라서 이들의 기업을 경영해 나가는 데는 여러 가지 경영활동이 필요하다. 이러한 경영활동을 합리적으로 수행하기 위해서는 이들의 여러 활동을 성질에 따라 정리하고 일정한 기준에 의하여 분류함으로써 각 담당자가 분담할 직무를 명확하게 하고, 이들 각 직무간의 관계를 뚜렷이 하지 않으면 안된다.

조직은 각개인 및 집단이 수행해야 할 임무와 그 실현에 필요한 여러 가지 능력을 적절하게 결합하고 그들이 수행하는 직무를 능률적, 체계적, 적극적으로 활용하기 위한 최선의 길을 마련하기 위한 과정이라 정의한다.

다음의 [그림 1-2] 중규모 호텔의 주방조직도, [그림 1-3] 대규모 호텔의 주방조직도은 기본조직도이다. 기업에 특성에 따라 조직형태는 규모에 따라 다소 차이가 있으나 유형은 비슷할 것이다.

1) 구역별 업무내용

(1) 반입 및 검수구역

주방에서 사용하는 식 · 재료는 저장창고와 검수 공간이 있어야 하며 운반이 용이하여야 하고 검수 할 수 있는 저울도 준비하여야 한다. 정확한 식 · 재료의 검수는 원가에 직결되기 때문에 신속 정확한 검수가 이루어져야 한다.

[그림 1-2] 중규모 호텔의 주방조직도

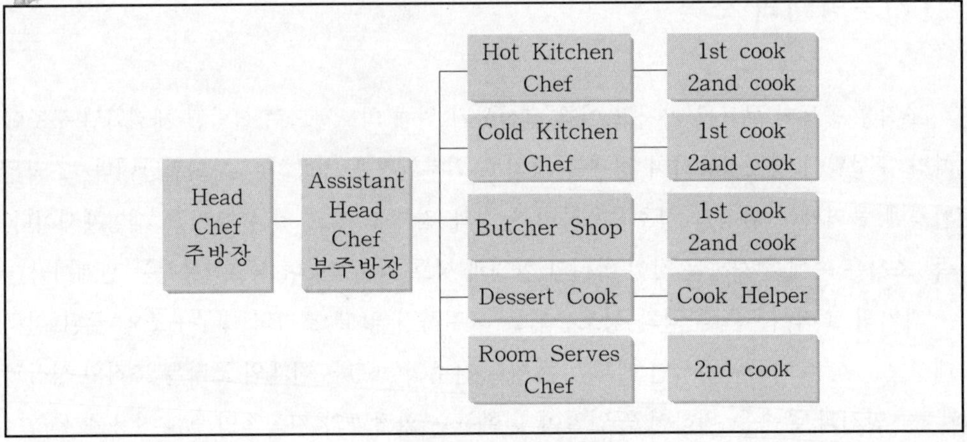

[그림 1-3] 대규모 호텔의 주방조직도

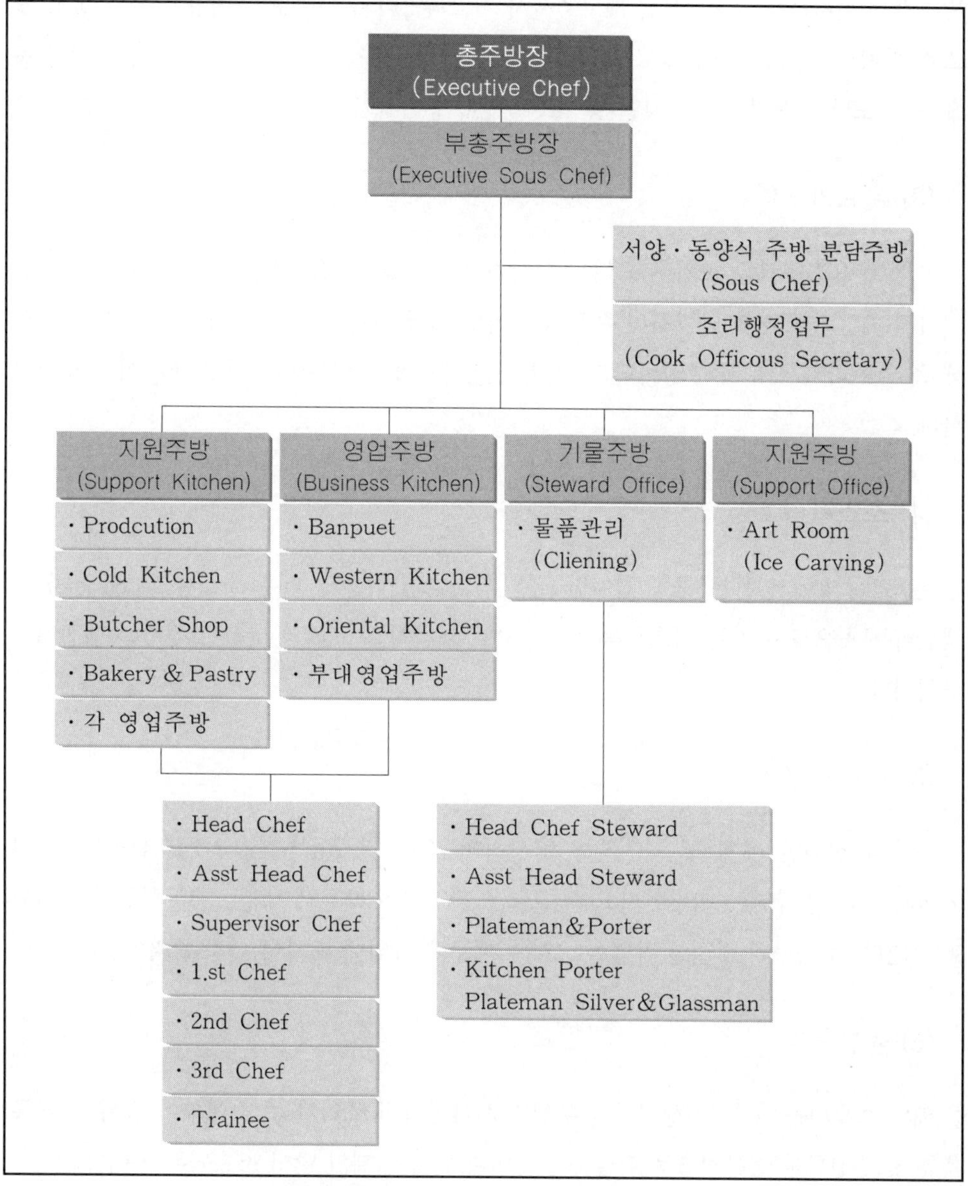

(2) 저장창고

식 · 재료의 저장창고는 청결성을 유지하여야 한다. 신선한 재료는 좋은 요리를 만들 수 있는 원천이므로 식품의 저장도 중요하다 하겠다. 아울러 냉장고와 냉동고의 적정온도를 잘 숙지하고 통풍이 잘되고 햇빛에 직접 닿지 않는 곳과 또한 식 · 재료 저장창고는 방충망을 설치하는 것이 좋다. 재고조사시 재고파악이 용이하도록 냉장고 및 냉동고 청소를 철저히 해주는 것이 좋고, 또한 대형 냉장고는 냉장고 안에서 안전장치가 제일 중요하다. 도난의 방지도 되겠지만 냉장고 출입이 용이하기 때문이다.

(3) 온요리구역

보통 온요리구역은 뜨거운 요리를 담당하는 곳으로서 야채로부터 생선, 육류에 이르기까지 메인의 조리를 담당하며 수프의 조리도 취급한다. 온요리 구역은 뜨거운 불에 의해 조리를 하기 때문에 주방바닥과 벽면, 천장재질에 유의하여야 하고 통풍이 잘되어야 한다.

(4) 소스구역

온요리주방에서 하는 곳도 있지만 구분을 한다면 각종의 더운 소스류 및 Stock류를 생산하는 곳으로서 기본 기초류를 전문적으로 취급하는 요리의 맛을 결정하는 핵심적인 구역이다.

(5) 냉요리구역

각종의 신선한 야채 및 과일류를 담당하며 주로 전채(appetizer) 및 샐러드, 후식(dessert)의 밑 장만이 이루어지고 찬 소스도 담당하기 때문에 냉장 · 냉동시설이 준비되어야 한다. 조리사의 정밀한 작업을 요하기 때문에 작업대 배치에 신경을 써야한다.

(6) 육류구역

매일 소요되는 육류 및 생선류를 부위별로 가공하여 조리가 즉시 이루어 질 수 있도록 육류 및 생선류를 전문적으로 취급하는 곳이며 원가가 제일 많이 소요되는 곳이다.

(7) 제과, 제빵 주방

각 업장에서 필요로 하는 여러 종류의 빵류와 케익류, 초코렛류, 쿠키류, 파이류 등과 각종 후식류 등을 만들어 공급하는 부서이다.

(8) 연회주방

지원주방의 도움을 받아 연회에 필요한 요리를 완성하여 판매하는 부서로서 주로 더운 요리를 만들며 뷔페, 세트 메뉴류, 칵테일류, 출장 파티류 등 각종 연회행사의 파티 요리를 담당한다.

(9) 상설뷔페주방

상설 뷔페식당은 한국에서는 일반적으로 세계 각국 음식을 혼합한 절충식 뷔페와 전문뷔페(주로 한식)식당의 둘로 나뉘어서 영업을 하고 있다.

첫째, 절충식뷔페식당은 각 지원 주방과 동양식 각 주방으로부터 음식지원을 받아 요리를 완성하여 판매하는 주방으로서 자체 주방에서는 간단한 샐러드류, 드레싱류, 카빙류 또는 즉석요리 등과 일부품절된 요리의 보충 등 비교적 제한된 일부 요리만 조리하며 그 대신 영업에 최선을 다하여 음식물 관리를 잘해야 한다.

둘째, 전문뷔페식당은 요리의 특성에 따라 전문적으로 영업을 하는 뷔페식당으로서 이는 대체적으로 한식주방의 자체에서 모든 음식을 만들어 조달 판매한다.

(10) 각 영업장의 주방

각 영업장별 식당을 담당하는 주방으로서 각기 자기 업장 메뉴에 따라 조리를 하며 서양식 주방(프랑스주방, 이태리주방, 스페인주방, 커피숍주방, 스카이주방, 카페테리아주방 등)과 동양식주방(한식주방, 일식주방, 중식주방)을 말한다.

(11) 기물관리부서

각 주방과 식당에서 사용하는 기물을 세척하여 영업을 할 수 있도록 도와주는 부서이다. 외국에서는 기물관리가 주방청소를 담당하지만 한국에서는 외국인 경영 체인호텔을 제외한 호텔이나 일반전문식당에서는 조리사가 담당하고 있는 실정이다. 따라서 상하수도 시설이 잘되어야 하고 장비나 기물의 세척과정에서 냉·온수시설이 철저히 관리되어야 하고 잔반처리 시설이 합리적으로 진행되어야 한다. 위생적인 측면을 염두에 두고 과학적인 처리와 연구가 필요되는 곳이다.

(12) 조각실

주로 얼음과 스티로폴을 이용하여 장식용 조각들을 만들어서 각 레스토랑과 연회장 실내분위기를 연출하여 식사의 미각을 돋구는 역할을 한다.

(13) 메인 주방

메인 주방 운영체계는 호텔에서는 상품생산을 Cold, Butcher, Banquet 등의 주방을 별도로 두지 않는 것이 일반적이다. 이는 중앙 공급식 형태로 된 주방을 말하며, 일반적으로 대규모의 한 개 주방 안에 Sauce, Hot, Cold, Butcher 등의 기능별 작업장으로 구분되어 있다.

2) 주방의 공통업무

① 조리장의 환경관리
② 냉장(동)고의 청결 유지
③ 주요 기기 및 기물관리

2 직무개요

조리 부서의 직무는 특성에 따라 그 내용과 범위가 달라지므로 각 조직구성원의 책임과 권한도 다양하다고 할 수 있다.

보편적으로 조리부서원의 업무는 자기 고유의 직무이외에 보통 두 가지 이상의 일들을 겸하고 있다고 볼 수 있으며, 영업장의 상황에 따라서 매우 가변적이라고 할 수 있다. 즉 주방의 업무는 업장별 또는 맡은 직무별로 세분화되어 있어서 독자적으로 이루어지는 것 같으나 실제로 조리상품을 완성하기 위해서는 이들 각 조직원들의 상호간 연결 및 조화가 무리 없이 이루어져야 한다. 이를 위해서는 각자의 책무를 성실히 수행함과 동시에 조직의 공동목표를 달성하기 위해서는 서로 협력과 노력이 필요하겠고, 모든 분야의 조리부서원은 전문적인 교육을 통하여 조리업무 내용 및 조리방법을 숙지해야 한다. 조리

부서원의 직무분장의 호텔에 예를 들면 주방의 규모, 영업장의 형태나 음식의 종류에 따라서 여러 가지 직무형태가 있을 수 있으나 그 직급별 종류는 다음과 같다.

1) 직급별 종류

(1) Kitchen Director(조리이사)

요즘은 외국과 서울 등 대부분 대규모 호텔이나 전문외식 사업체에서 최고 책임자가 중역진에서 이사의 중책을 가지고 경영을 하고 있는 추세이다.

이는 힐튼 체인이나 일본 오쿠라 호텔 등 세계굴지의 호텔총지배인을 선임할 때 자격요건으로 대부분 조리 부서 근무를 거친 자를 기용하는 것과 뜻을 같이한다고 볼 수 있다. 따라서 경영에 있어서 조리의 중요성으로 인해 조리 부서의 비중이 실로 막대함을 입증하는 것이라 할 수 있다. 이러한 조리이사는 주방경영에 책임은 물론 전체 경영에 참가하여 경영목표를 설정하고 경영전략을 세워서 집행해 나가는 중요한 의사결정 기관인 이사회의 구성원으로서 직무를 수행한다.

(2) Executive Chef(총 주방장)

조리 부서의 총괄관리 책임자로서 그의 지휘하에 참모진과 더불어 전체적인 조리업무가 원활히 잘 협조되어 운영되도록 조정하고 조절해 주는 총책임자이다. 구체적인 직무는 조리 부서의 인력관리, 식 · 재료관리, 메뉴관리, 시설관리, 안전과 위생관리 등의 조리업무에 전반적인 총괄관리 책임자로서 이에 관한 모든 것을 입안하고 정책을 수립하여 집행해 나가는 결정권자이다. 특히 효율적인 메뉴관리를 통해 영업매출을 신장시키고 원가 관리 등의 비용절감을 통해서 기업전반 경영성과에 기여할 수 있도록 최선의 노력을 해야하며 조리부서원의 효과적인 인력관리를 통해 기업이 정한 기준과 영업정책에 따라 음식준비나 이에 관한 서비스를 총괄책임을 진다. 그리고 조리이사의 조직이 있는 대규모호텔이나 대형업소에서는 그를 보조하며 적절한 권한과 책임을 이양 받아 직무를 수행한다.

(3) Sous Chef(부 총 주방장)

기업의 규모에 따라서 여러 가지 직책이 있을 수 있으나 보편적으로 총 주방장을 보좌하며 부재시 그의 업무를 대행한다. 주로 음식준비와 조리 부서의 운영의 기술적인 면과 실무적인 면을 책임지고 특히 각 주방간의 세부관계에 주력해야 하며 직원 조리교육, 연회 업무준비 등을 관장한다.

그의 주요업무는 주방과 서비스 감독, 음식의 품질, 상품의 분량 관리 등이다.

(4) Chef de Partie(조리장)

각 업장별 조리 담당 책임자로서 담당 주방운영에 대한 모든 책임과 권한을 가지고 관리한다. 특히 주방요원의 근무편성표를 작성하고 기술적인 측면과 실무적인 측면에 대해 수시로 교육과 관리를 하여서 업무에 차질이 없도록 해야한다. 또한 식당 지배인들과의 유기적인 관계를 갖고 업장 영업에 최선을 다한다. 그의 주요업무는 업장의 메뉴작성, 식 · 재료주문, 주방인원의 지휘, 감독, 시장조사, 조리 전문기술의 전수, 원가관리, 신제품 개발, 안전과 위생관리에 대한 교육 실시 등의 단위 영업장의 필요한 주방업무를 총괄하여 그 책임을 지고 관리한다.

(5) Assistant Chef de Partie(부조리장)

각 업장별 조리담당 부 책임자로서 조리장을 보좌하여 부재시 그의 업무를 대행한다. 그의 지위는 단위영업장의 중간관리자로서 조리장과 부하직원간의 상하관계 개선과 의사전달 등 중간교역의 역할자로서 자기 업장 주방이 원만히 운영되도록 상호 완충적 역할을 수행하여야 한다. 주요직무로서 조리에 대한 업무감독과 지도, 완성된 요리의 확인 점검 등을 통하여 조리상품의 품질관리를 잘하여야 한다.

(6) 1st-Cook(1급 조리사)조장

각 업장 소단위 구획의 책임자로서 조리 실무면에서 우수한 기능의 소유자를 말한다. 그의 주요직무로서는 메뉴에 따른 담당 구획의 조리업무를 책임지고 조리종사원들을 잘 지도하고 맡은 책임을 완수해야한다. 하급조리사들과 직접 조리에 참여하여 주로 소스류나 육류 등의 전문적인 기술을 요하는 조리를 담당한다.

(7) 2nd-Cook(2급 조리사)부조장

1급 조리사의 지시를 받으며 일반조리사들을 기술 지도하고 협력하여 실제 조리 실무 위주의 직급이다. 냉동 · 냉장고관리, 식 · 재료파악 및 재고관리와 필요한 식 · 재료신청과 조리사의 기술지도 등을 한다.

(8) 3rd-Cook(3급 조리사)

2급 조리사를 도와 직접 요리를 만들고 주방내의 기물과 청결 유지 및 야채준비, 육류준비 등의 영업에 필요한 준비과정을 담당한다.

(9) Cook Helper(보조요리사)

조리사를 보좌하여 야채 다듬기, 식 · 재료 운반, 조리기구 세척 등 주로 잡일을 도맡아야 한다.

(10) Train(견습조리사)

조리를 배우기 위한 가장 초보적인 단계자로서 조리사 보조와 주방의 청결 유지 및 기타 잡일과 심부름을 하면서 조리기술을 습득하는데 주목적이 있다. 즉, 기초 식 · 재료수령, 주방의 청결유지, 기물의 청결유지, 창고의 식 · 자재보관 및 불출 등을 한다.

(11) Chief steward(기물 관리장)

각종 주방용기 및 식기류, 컵 종류 등 식 · 음료의 기물류를 세척 보관 관리 취급하는 부서의 총괄 관리책임자이다. 그의 직무는 이러한 기물류의 효과적인 관리를 위해서 각종 기물의 특성에 맞는 취급, 보관 관리 방법 등의 기술관리와 소속인력 관리 및 교육을 담당한다. 또한 이런 기물류를 필요시 구매의뢰 해야하며 특히, 취급상 손 · 망실을 최소한 줄일 수 있도록 해야한다.

(12) Assistant chief steward(부기물 관리장)

기물 부서의 부기물 관리장으로서 기물 관리장을 보좌하며 부재시 그의 직무를 대행한다. 주 업무는 각종연회행사시 기물공급 및 설치를 관장한다.

(13) Steward(남자 기물관리자)

주방과 식당에서 쓰는 기물을 세척하여 관리하고 영업할 수 있도록 미리 준비해야 하며 주방바닥, 벽, 기물 등을 청소하고 쓰레기도 치워서 주방내의 청결을 유지해야 한다.

(14) Stewardess(여자 기물관리자)

일선영업장에 배속되어 각종 식기류 세척과 Dish washer의 관리를 담당한다.

(15) 기타 기물창고 담당자, 쓰레기 청소자 등이 있다.

참고로 외국인 경영체제하에서는 steward가 주방청소를 맡는가 하면, 한국 대부분의 호텔에서는 조리사가 직접 주방청소를 하고 있는데, Steward가 하는 쪽이 훨씬 유리하다. 이유는 Steward의 임금이 조리사보다 낮기 때문이다.

3 주방의 운영형태

1) 조리 부서의 개념

조리 부서라 함은 경영조직상 부분화된 조직으로써 고객에게 음식을 제공할 수 있는 일정한 물적 시설과 인적 조직을 갖추고 식재료를 이용하여 조리상품 생산활동을 하기 위한 전문적인 시스템을 말한다. 이러한 조리 부서란 특성에 따라서 차이는 있으나 일반적으로 호텔의 주방을 예를 들면 여러 개의 주방들로 구성되어 있으며 상호 각 주방들의 협력체제로 조리 부서의 업무를 수행해 나가고 있다. 여기서 주방이라 함은 일정한 조리 기술을 가진 조리사가 음식을 조리할 수 있는 일정한 시설과 조리기구를 갖추어 놓은 장소로서 조리실 또는 조리장을 의미한다.

2) 조리 부서의 분류

조리 부서의 분류는 호텔 및 대, 중, 소, 업소 규모, 시설, 경영 방식 등의 기업 특성에 따른 주방 운영형태에 따라서 그 종류가 달라질 수 있으나 일반적으로 영업형태에 따라서 지원주방과 영업주방으로 크게 분류할 수 있으며, 요리의 특성에 따라서 세분화하기도 한다. 〈표 1-2〉와 같다.

〈표 1-2〉 조리 부서의 분류

주방의 분류	지원주방	영업주방
주방의 특성	요리의 기본과정을 준비하고 각 영업주방 요청시 지원하는 주방	지원주방의 도움을 받아 각 영업 주방별 요리를 완성하여 판매하는 주방
주방의 종류	· 주 요리 생산주방 · 냉요리 담당 주방 · 육류 및 어류 가공주방 · 제과 · 제빵주방 · 기물관리실 · 조각실	· 연회주방, 일식주방, 룸서비스주방, 커피숍 주방, 중식주방, 뷔페주방, 스카이라운지주방, 프랑스주방, 스페인주방, 이태리주방, 멤버스주방, 한식주방, 카페테리아주방, 기타 나이트주방 등이 있다.

3) 조리 부서의 운영형태

(1) 조리 부서 운영의 특성

주방의 요리생산 업무는 구획별로 독자적으로 이루어지는 것 같으나 실제로는 상품을 창출하기 위해서는 Hot, Sauce, Cold, Butcher의 4개 구획이 상호간의 연결 및 조화가 무리 없이 이루어져야 하므로 합리적인 운영이 필요하다.

(2) 조리 부서 운영의 기초과정

가) 식 자재 청구 및 수령

조리를 하기 위한 최초의 과정으로서 식 자재를 수령한다. 식 자재는 크게장기사용 식 자재와 단기사용 식 자재 두 종류로 구분된다.

① 장기사용 식 자재란?

주방에서 항시 제조하기 위해서는 필요한 재화로서 근래 육류.야채.가공품으로 구분한다. 상 사용되는 식 자재로서 규칙적으로 매일 및 주기적으로 구입되는 식 자재를 말한다.

② 단기사용 식 자재란?

주방장의 제안메뉴작성 및 일정메뉴에 따라 불규칙적으로 사용되는 식 자재를 말한다. 이상의 식자재가 수령되면 검수 및 분류를 통하여 단순저장 식 자재와 가공처리 식 자재를 분류하여 단순저장 식 자재는 창고 등으로, 가공처리가 필요한 식 자재는 1차, 2차 가공해서 냉장고 또는 냉동고에 각각 저장하게 된다. 이때 1차 및 2차 가공된 상태의 식 자재를 반제품이라고 한다.

나) 조리 준비작업(Mise en Place)

조리 준비작업은 음식을 조리하는데 필요한 모든 것을 사전에 미리 해야할 준비작업을 체계화하고 완비하는 것이다. 이러한 조리 준비작업은 지원주방이나 영업주방 어느 곳이든 해당되며 주방에서 조리 되기 전에 주의 깊고 조직적으로 완비되어야 한다. 따라서 정확한 조리 준비작업 목적은 실제로 요리가 시작되기 전에 모든 준비활동을 완결하는 것이다.

조리과정이 단순화시켜서 뜻밖의 주문도 쉽게 해결 할 수 있고, 조리가 되기 전에 조리요원 각자는 완전히 조리 준비작업이 끝났는지 점검할 충분한 시간을 갖는다.

완벽한 조리 준비작업은 업무 내용을 완전히 파악한 후 조리작업과 정돈을 다시 점검하는 것이며, 각 단위 주방의 경우 요리가 주문에 의해 제공될 때 고기가 준비되지 않았다던지, 채소가 준비되지 않으면 정상적인 요리는 나갈 수 없고 요리가 예정시간 보다 늦게 제공될 수 있다. 연회주방의 경우는 사전에 한가지 준비가 빠지면 많은 요리를 단시간내 제공하는데 무리가 따른다. 주방의 조리장은 사전에 조리 준비작업에 대해 관심을 갖고 요리가 사전에 모든 준비과정이 되었는가 점검할 필요가 있다.

조리 준비작업은 각 단위 주방별 또는 소단위 구획별로 사전 준비가 되면 요리가 정상적으로 무리 없이 적은 인원으로 업무능률을 올릴 수 있다. 따라서 주방에서 조리 준비작업이 완벽히 이루어지면 일은 절반을 했다고 할 수 있을 정도로 업무를 효율적, 능률적으로 수행할 수 있는 최소의 기본요건이다. 이러한 조리 준비작업을 주방형태와 구획에 따라 다르기는 하나 대체로 다음과 같이 3가지로 나눌 수 있다.

① 조리 기물류와 린넨류 및 기타 조리를 하는데 필요한 도구나 그릇 등의 준비작업이다.

음식을 만들 때 필요한 모든 기물, 기구, 기기, 도구, 장비 등과 대개 팬, 포트, 집게, 국자, 스푼, 포크, 주걱, 칼, 도마, 그릇류 및 용기류, 기타행주 등이다.

② 주식재료 준비작업이다.

음식을 만드는 데 필요한 주재료로 요리의 기초와 주된 식재료의 준비작업으로서, 주로 육류, 가금류, 어패류, 해초류, 곡류, 야채류, 과일류, 등을 말하며 해당 부서별로 요리의 특성에 따라서 식재료를 청구, 수령하여 손질하거나 1차, 2차 가공하여 반제품 상태의 준비작업을 말한다.

③ 부식재료 준비작업이다.

음식을 만드는데 필요한 부식재료로서 주로 조미료, 향신료, 향초 등의 양념류와 기타 필요한 첨가물 등의 준비작업으로서 주로 향신료, 소금, 후추, 기름, 식초, 술, 버터, 우유, 마요네즈, 토마토 케첩이나 페이스트, 밀가루, 전분 등을 말한다.

다) 조리구획별 조리과정

고객의 주문이 발생되면 각 구획담당은 미리 준비해 놓은 반제품을 중심으로 다음과 같은 경로로 조리를 한다.

① Butcher에서 준비된 육류나 전체요리를 Hot, Cold, Kitchier에서 넘겨준다. Cold 구역은 전채 요리를 준비하여 종사원을 통하여 고객에게 요리를 서비스한다.

② Cold kitcher에서는 Butcher로부터 넘겨받은 전체요리를 준비하여 식음료종사원을 통하여 고객에게 서빙하고 제과로부터 인수한 후식류와 자체 생산한 후식류를 제공한다. 이때 시간적인 식사시간을 고려하여 적절한 시기를 선택해야 한다.

③ 상기의 두 가지 과정은 필히 서비스되기 전에 주방장이나 부주방장의 최종 체크를 통하여 상품의 가치성을 인정받아야 한다.

이상과 같은 조리 부서 운영의 기초과정을 [그림 1-4] 살펴보면 다음과 같다.

[그림 1-4] 조리 부서의 운영기초과정

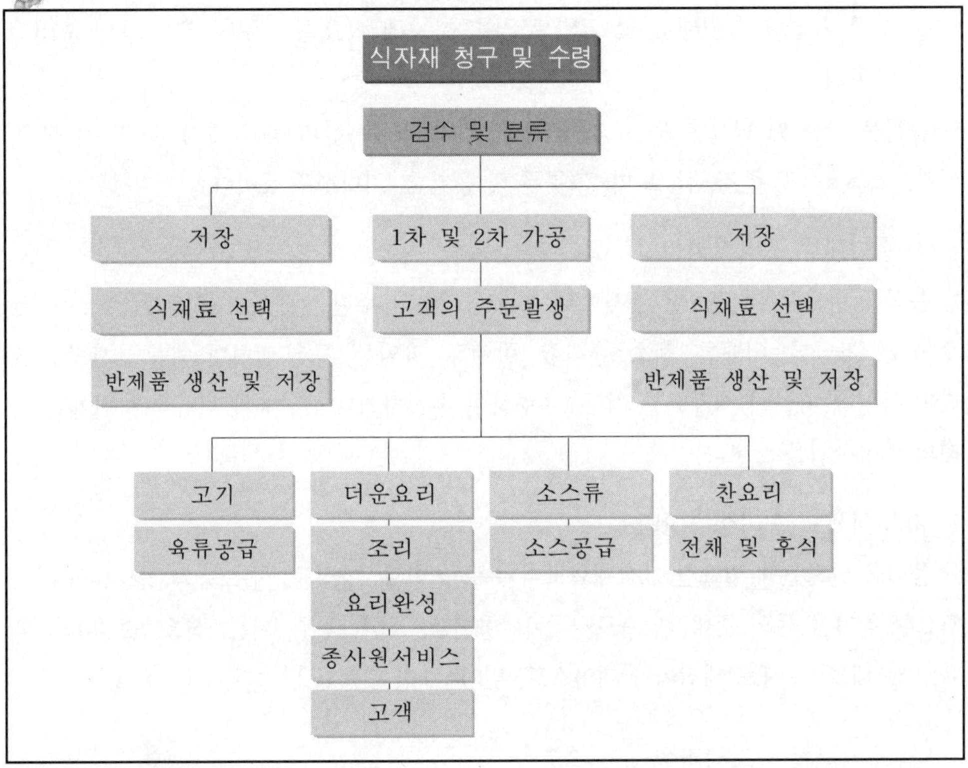

(3) 조리인원 배치

각 구획별로 원활한 업무수행이 이루어지기 위하여서는 주방에서 생산되고 있는 각종 메뉴의 구성 및 성격에 따라 적절한 인원을 배치하여야 한다. 평균적인 구획별 인원배치의 배분비율은 다음과 같다. Butcher : Hot : Sauce : Cold = 2 : 3 : 1 : 4 그러나 업장의 규모에 따라 다소 차이는 있을 수 있다.

4) 조리 부서의 인력관리

(1) 조리 부서의 인력관리 의의

인사관리란 조직이 필요로 하는 인력을 조달하고 유지 개발하며 이를 활용하는 관리활동이라 말한다. 이러한 인사관리 체계는 기본구조에 따라서 기업인사제도 중심으로, 첫째,

인력확보(채용관리 및 직급제도), 둘째, 인력활용(직무제도, 배치전환제도, 지원제도), 셋째, 인력개발(교육훈련제도, 평가제도, 순환근무제도, 배치이동제도), 넷째, 인력보상(승진 및 승급제도, 임금 과 급여제도, 근무시간 및 휴가제도, 복지후생제도)로 분류 할 수 있다.

(2) 조리 부서 인력확보 관리

가) 채용관리

인사관리의 영역에서 채용이라 하면, 지원자 가운데서 조직이 필요로 하는 직무에 적합한 자질을 갖추었다고 판단되는 인력을 고용할 것을 결정하는 과정이라고 말하며, 이에 수반하는 인력의 계획, 모집, 선발, 직급 및 직무의 할당과 오리엔테이션 등의 관리업무 절차를 채용관리라 할 수 있다.

나) 인력의 계획

조리 부서 조직의 목표와 전략 및 계획에 따라 인력의 질적 수준과 양적 수준을 결정하는 활동으로 영업 목표의 분석과 여러 가지 직무수행을 위해 필요한 인력의 산정과 활용 가능한 인력간의 조정에 의해 구체적인 내용이 확정된다.

다) 모집

충원해야할 인력의 질적 수준과 양적 수준이 확정되고 나면 각 직무가 필요로 하는 수준의 인력을 선발하기 위해서는 대상인원을 확보하는 방법으로는 공개모집, 추천모집, 연고모집 등이 있다.

라) 선발

모집활동을 통해서 확보된 선발대상인원을 직무상 필요한 자질과 적성 및 능력에 따라 신중하게 고려하여 필요한 인력을 선발해야한다.

마) 직무 및 직무의 할당

조리 부서의 인사체계를 구조적 차원에서 보면 필요인력의 부문에 따라 직급별로 채용이 이루어지므로 새로 선발된 종사원에게 책임과 권한을 부여하고 필요한 교육을 실시한 다음 자기직무에 배치한다.

(3) 조리 부서 인력의 활용관리

인력의 활용 영역으로 조리 부서의 조직관리의 효율화 부문이라 할 수 있다. 조직의 직무와 역할에 따라 합리적으로 인력을 적정 배분하고 적재적소에 배치 활용함으로 인력의 잠재 능력을 최대한 발휘할 수 있도록 하여 노동생산성을 높일 수 있는 인력활용 방안으로 직무제도, 배치, 전환제도와 지원제도 등을 말한다.

(4) 조리 부서 인력 개발관리

인력개발 영역으로 역시 직무와 역할에 따라 인력의 능력과 잠재력을 개발하여 인력의 효용성을 증진시키기 위한 관리부문으로 교육훈련제도 및 평가제도와 순환근무제도 등이 포함된다고 할 수 있다.

(5) 조리 부서 인력 보상 및 유지관리

인력 보상관리는 인사처우 영역으로서 승진 및 승급제도와 임금 및 급여제도, 근무시간, 휴가제도 및 복지후생제도 부문이 해당된다. 유능한 인적자원을 계속유지, 확보관리하기 위해서는 대내적 공정성과 대외적 공정성을 기초로 하여 적정한 보상이 이루어져야 한다. 또한 인력 보상관리는 종사원의 사기와 근로의욕 증진에 민감한 부문이므로 신중하고 합리적인 관리를 해야한다.

5) 음식물의 준비절차

음식물을 담는 용기는 깨끗한 것을 사용하되, 손가락과의 접촉면적을 최소한으로 줄이고, 소독하여 잘 씻은 용기를 사용해서 오염 가능성을 항시 줄여야한다. 음식물의 준비과정이므로 여러 집기를 사용하여 오랜 시간 주방에서 음식물들이 노출되는 기간이다. 따라서 오염될 가능성이 제일 높은 과정이다. 적절한 히팅 및 쿨링이 미생물과 병균의 번식을 막는 필수조건이다.

(1) 음식물 준비시 주의사항

① 상하기 쉬운 음식물을 녹이는 경우에는 냉장실 내에서 7℃이하로 하든지, 아니면

21℃정도되는 물을 음식물 위로 흘러보냄으로써 녹이거나 마이크로 오븐을 사용하는데, 녹임과 동시에 곧 조리하는 곳으로 옮겨가 중도에 변할 상황을 제거해야 한다. 그렇지 않으면 조리하면서 저절로 녹게 해야한다.

② 음식물은 미리 조리되었던 것은 섭씨 75℃로 올릴 것, 돼지고기는 섭씨 65℃이상으로 올릴것, 냉동된 닭고기는 상온에서 녹이지 말아야 한다.

음식물의 준비과정에서 오염가능성을 최소한으로 줄이기 위해 담당자들은그릇과 기구들이 깨끗하게 소독된 것을 사용하는 자세를 지켜야 한다. 가공하지 않고 제공하는 야채나 과일은 제대로 깨끗이 씻는 것이 중요하다. 왜냐하면 이러한 것들은 포장하거나 운반하는 과정에서 뿐만 아니라 병충해 방지 약품으로 오염되었을 가능성이 높기 때문이다. 변하기 쉬운 음식의 경우 섭씨 60℃이상으로 올려 조리하는 점도 잘 지켜야 한다. 돼지고기의 경우는 65℃이상으로 하여 돼지고기에 기생하는 선모충을 완전히 없애도록 해야한다. 아울러 닭고기류 중 스터프에 넣은 고기류는 60℃이상으로 하여 이러한 고기들에서 흔히 발견되는 특수한 박테리아균 등을 제거하도록 해야한다. 60℃이상으로 익히지 않은 것으로 주문을 받았을 때는 54℃, 또는 그 이하에서 조리해도 무방하다. 우유에 물을 섞어 조리할 때는, 통상으로 조리하거나 빵을 제조하는데 사용되는 우유의 경우보다 주의해야 할 점은, 물을 타는 과정에서 오염되는 것을 방지해야 한다는 점이다. 이미 조리된 음식물을 다시 데워야 할 경우는 일단 74℃이상으로 올림으로써 음식물을 보관하는 과정에서 발생했을지 모르는 오염을 제거하여야 한다. 또한 다시 데울때는 스팀 테이블을 사용해서는 안된다. 왜냐하면 스팀 테이블은 음식을 따뜻하게 보존시키는 것이지 데우거나 조리하는데 사용되는 것은 아니기 때문이다.

(2) 아침식사 준비

아침식사는 점심식사나 저녁식사와는 달리 대부분 경우 빠른 시간에 마쳐야 하므로 미리 마련될 수 있는 음식물들은 그 전날 밤에 준비하여 두는 것이 좋다.

아침식사 준비시 점검사항으로는 다음과 같다

① 오렌지 쥬스 등 마실 것을 냉동실에서 꺼내왔나?

② 캔 쥬스 등은 저장실에서 꺼내 냉장고에 넣어 놓았나?

③ 전날 저녁때 사용했던 우유 등은 상하지 않았는지?

④ 콘 후랙 등이 준비되어 있는지?

⑤ 베이컨, 계란 등은 냉장고에 준비되어 있는가?

⑥ 햄과 아침식사에 쓰이는 육류들도 냉장고에 준비되어 있나?

⑦ 팬 케익, 토스트 재료들은 모두 준비된 상태인가?

⑧ 설탕, 커피, 버터 등은 준비되어 있는가?

⑨ 전날 주방이 깨끗이 정리되어 아침에 바로 음식 장만을 할 수 있도록 한다.

(3) 점심과 저녁식사 준비

점심 · 저녁식사 준비는 보통 오전부터 시작되며, 종류에 따라 하루 전부터 준비하여야 할 것들도 있다. 서비스되기 전에 조리된 음식물이 질적으로 훌륭하다면 그 음식을 찾는 고객으로서는 바랄 것이 없을 것이다. 고객들이 기다리지 않게 하기 위해서는 위의 사항을 조화시켜 준비하는 것이 바람직하다.

(4) 튀김음식의 온도

튀기는 음식물은 섭씨 164~204℃의 온도에서 튀겨야 한다. 섭씨 164℃보다 낮은 온도에서 튀길 경우에는 음식물이 너무 기름져지고 색상이 좋지 않다. 섭씨 204℃보다 온도가 높을 경우 기름의 질이 쉽게 나빠지고, 맛의 손상도 심할 뿐만 아니라 튀김의 색상도 너무 빨리 변한다. 향취가 강렬한 식품을 튀긴 기름에 다른 음식물을 튀기면 원하지 않는 냄새나 맛이 배기 쉽다. 튀기기 한참 전부터 기름을 태워두면 기름의 질도 떨어지고, 에너지 소모도 크다. 기름을 원하는 온도까지 높이는 데는 15분이면 거의 모든 가열기구로 가능하다. 예를 들어 튀김온도 측정방법은 나무젓가락을 튀김속에 넣을때 거품이 조금 난다(160°).

(5) 육류의 조리온도

육류는 높은 온도에서 조리되면 될수록 질기고 딱딱해진다. 고기의 연한 부위는 조리할 때 겉이 쉽게 익고, 익히면 익힐수록 질겨진다. 연한 부위의 고기는 낮거나 중간 정도의 열로 조리할 때 더 연해지고, 고기를 오랫동안 놓아둬도 마르지 않는다. 다음은 고기요리에 알맞는 온도는 〈표 1-3〉과 같다.

〈표 1-3〉 고기 요리에 알맞는 온도(℃)

고기의 종류	요리의 정도	오븐온도	내부온도
쇠고기	약간 덜 익힌것(rare)	121~176	58~60
	중간정도(medium)	121~176	65~71
	많이 익힌것(well-done)	121~176	71~76
돼지고기	잘 익힌것	121~176	71~74
햄	잘 익힌것	149~190	58~60
양고기	중간 또는 많이 익힌것	121~176	60~65
송아지고기	중간 또는 많이 익힌것	121~176	71~74 혹은 76~80
칠면조 혹은 닭고기	중간 또는 많이 익힌것	121~176	80~82

(6) 저압력 찜요리

찌는 조리방법은 인력도 조금 들고 에너지도 작게 소비되므로 효율적인 조리방법이다. 찌는 방법으로 쉽게 조리될 수 있는 음식물은 다음과 같다.

① 야채　② 육류　③ 해산물류　④ 계란, 밥

찌는 조리방법은 구멍이 있는 기구에서 찌는 것과 구멍이 없는 기구에서 찌는 2가지가 있다. 쪄서 국물을 원하느냐, 원하지 않느냐가 그 차이점이다.

예를 들면 야채를 찔 때는 구멍이 있는 것에, 닭 등 육류를 찔 때에는 구멍이 없는 것으로 사용한다.

(7) 고압력 찜요리

고압력의 찜 요리법은 인력을 줄이는 데 매우 효과적이며, 단시간에 다량의 조리를 할 수 있어 흔히 사용되고 있다. 고압력 찜요리에 적당한 음식물들은 저압력 찜요리와 같다. 고압력 찜요리는 병원, 공장, 학교식당 등에서 대량의 음식을 짧은 시간에 조리할 수 있어 많이 이용되고 있다. 고압력 찜요리의 장점은 다음과 같다.

① 조리를 단시간에 할 수 있다 . 즉, 미리 준비해 둘 필요가 없어 잔유 음식이 적다.
② 영양의 손실이 적다.
③ 인력이 적게 든다.
④ 에너지가 절약된다.

(8) 오븐을 이용한 요리

오븐을 이용하여 조리하면 음식물을 골고루 일정하게 익히기 때문에 좋고 에너지와 공간을 효율적으로 사용할 수 있다. 기구가 비싼 단점이 있다. 오븐 요리는 제과점에서 많이 이용되며, 소량의 음식물을 단시간에 조리할 수 있어 레스토랑에서도 많이 쓰인다. 예를 들면 스테이크 로타리오븐은 조리 온도를 정밀하게 조절할 수 있고, 기계의 수명도 비교적 긴편이며, 자주 청소하지 않아도 되는 장점이 있다.

(9) 마이크로 웨이브 오븐요리

금속류는 마이크로웨이브 에너지를 반사시켜 나가도록 하나, 유리, 사기, 종이와 플라스틱류는 마이크로웨이브 에너지를 통과시킨다. 음식물의 수분은 에너지를 흡수하여, 그 수분자들이 마이크로웨이브를 여러 방향으로 움직이도록 유도한다. 이 움직임으로부터 마찰이 생기고, 마찰은 열을 만들어낸다. 그러므로 소요 이상의 마이크로웨이브열을 음식물에 가하면 음식의 수분이 완전히 건조되어 버린다. 따라서 마이크로웨이브 오븐은 규정된 음식물의 양과 시간이 고려되어야 한다. 마이크로웨이브 오븐은 언 음식을 녹이거나 만들어진 음식을 데울 때, 또는 날 음식을 완전히 요리할 때 등에 이용된다. 음식을 미리 만들어 두었다가 필요할 때 필요한 양만큼 데울 수 있어 잔유 음식을 크게 줄일 수 있고, 고객에게 신선한 음식물을 제공할 수 있다. 마이크로웨이브 오븐은 보통 오븐보다 적은 에너지를 필요로 하여 에너지 절약도 된다. 마이크로웨이브 오븐 사용시 주의할 점은 다음과 같다.

① 오븐의 문은 반드시 닫고 난 후 작동시켜야 하며, 사용중 문이 열리지 않도록 주의하여야 한다.
② 오븐의 문 앞에 다른 물건을 놓지 말아야 한다.
③ 오븐에 약간이라도 고장이 생겼을 경우에는 절대 사용을 금지해야 한다.
④ 오븐에 이상이 있을 때는 반드시 전문 기술자로부터 점검이나 수리를 받아야 한다.

가정과 식당 모두에서 널리 사용되어지고 있지만 오븐은 음식물조리기구 중 가장 안전한 것으로 평가되고 있다. 다만 다량의 음식을 한번에 조리하지 못하는 단점이 있다.

(10) 그릴요리

그릴은 주방에 필수적인 조리기구 중의 하나이다. 그릴은 빨리 데워지고, 온도가 고르며, 경우에 따라 부분적으로 다른 온도로써 다른 음식을 동시에 조리 할 수 있다. 항시 그릴의 표면에 음식 찌꺼기가 남겨지지 않도록 사용 후에 잘 청소해 주어야 한다. 미지근한 온도에서 기름을 묻힌 후 휴지나 걸레로 찌꺼기를 닦아낸다. 그러나 상하지 않을 때는 표면에 기름끼가 약간은 있도록 하게 하는 것이 좋다. 조리하기 전 15~20분 정도 그릴을 데우면 된다.

(11) 샐러드 재료의 씻기와 저장법

홍당무, 양상치, 샐러리, 카베츠 등 샐러드를 만드는 데 필요한 재료들을 신선하게 저장 · 보관하는 것은 매우 중요하며, 이에는 전문적인 기술이 필요하다. 양상치는 겉의 잎사귀들을 떼어낸 후 가운데 딱딱한 심지 부분을 도려낸다. 양상치의 머리부터 찬물을 흐르게 하여 흙이나 더러운 것들을 제거한 후 머리 부분을 잡고 흔들어 물기를 제거한다. 공기가 통하지 않는 비닐봉지나 그릇에 넣어 냉장고에 넣은 후 24시간 이내에 사용하여야 한다. 24시간 이상 저장된 것은 수시로 물에 씻어주고 싱싱하지 않는 잎사귀는 떼어낸다. 카베츠, 상추 등 다른 푸른잎 채소들은 물이 가득 고인 싱크대에 담가 씻으며, 다른 용기에 넣기 전 가능한 한 최대로 물기를 제거한다. 이것들도 24시간 이내 사용하여야 좋다. 샐러리는 여러번 씻어야 하며, 잎사귀들과 줄기 위의 딱딱한 부분을 제거한다. 당근과 무우는 껍질을 벗긴 후 물에 씻어 저장한다. 저장 후 3일 이내 사용하는 것이 좋다. 과일은 구입할 때의 상자 안에 그대로 넣어 두었다가 사용하기 하루 전쯤 씻어서 냉장고에 넣어두면 좋다.

(12) 후식의 이용과 저장

파이, 케익, 푸딩과 그 외의 후식들은 그날그날 만들어 고객에게 제공하여야 한다. 잔유 음식이 가장 많이 나오는 음식류이기도 하다. 케익과 파이는 미리 잘라두면 오래 저장할 수 없으므로 고객의 테이블에 놓기 바로 전에 자르는 것이 좋다. 파이는 냉장고에 저장해 두었다가 내놓고, 위에 크림이 덮힌 케익은 온도 변화에 약하므로 세심한 주의가 필요하다. 케익 전체가 크림으로 덮혀야 저장하기 좋고, 이미 잘라진 부분이 있을 경우는 공기가 통하지 않도록 덮게를 씌우거나 차단하는 것이 좋다. 푸딩은 바로 변하기 때문에 고객에게 제공되기 바로 전까지도 냉장되어 있어야 한다. 24시간이 지난 푸딩은 다시 쓰지 않아야 한다. 리 종류의 후식은 저장될 수 있다. 단지 위에 크림이나 과일을 안 섞었을 경우이다. 공기가 통하지 않는 플라스틱 용기에 넣어 저장한다.

(13) 익혀진 채소의 이용과 저장

익혀진 채소가 들어있는 남은 음식물을 저장했다가 다음날 쓰면 색상도 좋지 않을 뿐 아니라 영양가도 없기 때문에 사용하지 않는 것이 좋다. 상하지 않았으면 수프나 스튜 등을 만들 때 함께 넣어 이용한다. 익힌 채소가 섞인 남은 음식은 냉장고에 2일 정도 저장할 수 있으며, 수프나 스튜 등에 사용할 때는 반드시 각각 데운 후 섞도록 한다. 익혀진 감자나 마카로니 등은 공기가 안 통하는 그릇에 넣어 2, 3일 저장할 수 있으나, 우유나 계란이 들어간 것은 24시간 이상 저장할 수 없다.

(14) 구운 쇠고기 이용과 저장

고기류를 잘라 저장해 두면 미각적 · 시각적 면이 감퇴되므로 식사시간 바로 전까지 자르지 말고 기다려야 한다. 가능한 한 주문을 받은 후에 고기를 자르는 것이 좋다. 식사 후 남은 고기를 다음과 같이 처리하는 것이 좋다.

가) 통째로 구운 고기

① 한시간 가량 식도록 고기를 그냥 둔다.
② 구운 그릇에 고기를 놓은 채로 알미늄 호일로 싼다.
③ 위에 날짜와 고기의 종류를 표시한 후 냉장시킨다.

나) 여러 장으로 얇게 썰어진 고기

① 스테인레스나 플라스틱 그릇에 고기를 한 장씩 넓게 깔아 놓는다. 이때 절대로 겹치게 놓아서는 안 된다.
② 유니랩으로 포장한 후 냉장고에 넣는다.
③ 48시간 이상 저장하지 않는다.

다) 얼려야 될 고기

통째로 구워진 고기를 2일 내에 사용하지 않을 경우는 냉동실에 넣어 두어야 한다.

라) 그릴로 구운 고기

그릴을 이용한 육류 조리법은 빠른 시간내 즉석에서 만들어진 음식물을 고객에게 서비스하는 목적에 적합한 때, 잔유 음식이 적은 장점이 있다. 잊어버리지 않도록 유의하여 바로 재사용하는 것이 좋다. 통상 2일 안에 사용하여야 하며, 그래도 소비되지 않을 경우는 다음과 같은 방법으로 처리한다.

① 갈아서 고기 소스나 햄버거를 만들 때 사용한다.
② 얼려둔다.
③ 시간이 많이 경과한 것은 버린다.

(15) 얼린파이와 케익 녹이기

파이와 케익은 서브되기 바로 직전까지 냉동되어 있어야 한다. 한번 녹인 후에는 질과 맛이 떨어지기 때문에 다시 냉동시킬 수 없다. 파이와 케익은 식사시간 3~4시간 전에 냉동실에서 꺼내야 한다. 크림 파이와 곁들여 차갑게 되는 파이나 케익은 고객에게 제공되기 직전에 냉장실에서 꺼내야 한다. 보통 것들은 2시간 전에 꺼내어 실온에서 두었다가 제공한다. 파이와 케익은 녹일 때 반드시 처음 포장된 상태에서 녹인다. 케익과 파이는 반드시 고객의 테이블에 놓게 될 분량만 자르도록 한다. 미리 잘라두면 신선도가 떨어진다. 다시 한번 구워야 될 케익이나 파이는 사용하기 바로 직전에 냉동실에서 꺼내야 한다. 파이는 마이크로웨이브 오븐을 사용하는 것이 가장 좋다.

(16) 야채준비 및 관리

야채는 입고하기 전에 어느 정도 다듬은 상태로 입고되어야 하며, 선반이나 야채를 씻는 싱크대에 올려 씻어야 한다. 특히 야채류는 서로 닿도록 보관할 경우 쉽게 부패된다. 야채는 장기간 보관하면 신선도 등에서 좋지 않으므로 입고하는 당일 사용하는 것이 좋다. 야채를 씻는 지역, 장소는 물의 공급이 용이하고 배수가 잘되는 곳이야 한다.

(17) 고기를 다룰 때의 일반적 사항

고기를 자르거나 다룰 때, 도마에 금이 있어 고기 찌꺼기 등이 그 사이에 끼여 있을 경우가 있으므로 주의하여야 하는데, 이로 말미암아 오염가능성이 높기 때문이다. 특히 언 고기를 녹이기 전에 아무 데나 방치하여 둔다거나, 파리 등이 기생하는 장소에 놓아두면 오염될 가능성이 많다. 도마는 낮 시간을 이용하여 일광으로 살균을 하도록 하고 항시 건조하게 유지하는 것이 좋다.

6) 음식물의 전시 및 서비스

(1) 변하기 쉬운 음식

변하기 쉬운 음식은 섭씨 7℃이하 또는 60℃이상으로 유지하여 전시되거나 제공되어야 한다. 완전히 익지 않게 구운 쇠고기의 경우에는 54℃정도에서도 가능하다.

(2) 양념제공

셀프서비스처럼 고객이 양념이나 드레싱 등을 사용하는 경우에는 조그만 통에 일일이 담아 보관시켜 놓거나 디스펜스를 사용해도 무방하다. 테이블이나 카운터에 보관하는 양념은 각기 병에 옮겨 담아 따로 서브해야 되는데, 예외로서 케찹이나 소스 계통은 원래의 병 그대로 놓아도 무방하다. 설탕은 1회용 설탕봉지에 넣어 놓거나 아니면 디스펜서식 병에 넣어놓아야 한다.

(3) 얼음 제공

고객용 얼음은 반드시 종사원만이 스쿱(scoops)이나 기타 기구를 사용하여 공급하거나 얼음이 자동적으로 떨어지는 기계나 얼음 공급 그릇 등을 사용해야 한다. 얼음 공급기의 손잡이에는 얼음이 닿지 않도록 해야하고, 기계나 그릇을 사용하지 않음으로써 보관하는 동안 오염되지 않도록 조심해야 한다. 통에 담아놓는 얼음들 사이에 공기가 잘 통하게 하여 녹는 물이 잘 빠져나갈 수 있도록 해야한다.

(4) 서브에 필요한 주방용품

음식물 내용에 필요 이상으로 접촉하는 것을 방지하기 위하여 주방용품은 직접 서브하는 종사원과 서브를 받는 고객만이 만지도록 해야 한다. 사용하지 않는 동안 다음과 같이 주의하여야 한다.

① 주방용품의 손잡이가 음식물에 접촉되지 않도록 잘 보관하여야 한다.
② 깨끗하고 건조하게 보관하여야 한다.
③ 흐르는 물 속에 담가두면 효과적이다.
④ 얼려서 만드는 디저트용 용품의 경우는 깨끗하고 건조하게 보관하여야한다.

(5) 음식물의 재사용

원칙적으로 서브하고 남은 것은 다시 사용할 수 없지만 전혀 훼손되지 않았거나 상할 염려가 없거나 제대로 포장이 되어 있는 상태라면 다시 서브해도 무방하다. 한식 반찬처럼 많은 양을 제공하고 난 뒤 다시 사용하는 것은 용납되지 않는다.

(6) 테이블 식기의 재사용

셀프서비스의 경우 고객이 음식물을 가지러 올 때 이미 사용했던 접시를 다시 사용해서는 안 된다. 다만 음료수용 컵은 제외된다.

(7) 식기의 위생관리 및 보관

식기의 위생적인 관리 및 보관은 실제 영업에 못지 않게 중요하다. 깨끗하지 못한 식기에 음식을 담아 고객에게 제공하였을 경우 영업의 신장은 커녕 퇴보를 하게 된다. 식기를 깨끗이 씻어 종류별로 분류하여 놓는 방법을 연구하여 사용 혹은 보관에 용이하도록 해야한다. 세척과 살균을 철저히하여 오염으로부터 방지하여야 한다.

(8) 기타 주의사항

이때까지 여러 사항은 모두 오염방지를 위하여 항상 염두에 두고 고객에게 발생될 수 있는 불의의 사고 가능성을 배제하기 위해 다음 사항을 주의하여야 한다.

① 실내온도에서 크림파이를 전시하는 경우
② 포장하지 않는 빵을 다시 제공하는 경우
③ 한번 사용했던 빵을 다시 서브하는 경우
④ 뚜껑이 없는 통에 설탕을 넣어 제공하는 경우
⑤ 샐러드 바에 충분히 신경을 쓰지 않고 그냥 내버려져 있는 경우
⑥ 샐러드 바에 한번 사용한 접시를 다시 가지고 와서 음식을 갖고 가는 경우
⑦ 포장되지 않는 버터를 손으로 다루는 경우
⑧ 흐르지 않는 물에 아이스크림 스쿨을 그냥 담가 놓는 경우
⑨ 뷔페 서브나 샐러드 바에 깨끗한 접시를 항상 비치해 놓고 고객들이 다시 음식을 가지러 올 때 용이해야 한다.
⑩ 식용유를 사용하고 뚜껑을 덮지 않는 경우

7) 음식물의 운반

음식물을 운반하는 동안에 여러 가지 위험과 오염가능성을 줄이기 위하여 다음사항을 주의하여야 한다.

① 음식물을 완전히 덮은 다음에 운반하여야 한다.
② 같은 건물 내에서라도 오염으로부터 보호하기 위해서는 덮은 상태로 이동하여야 한다.
③ 제대로 운반하고 음식물을 오염으로부터 방지하기 위해서는 항상 특수 기구의 사용을 고안하여야 한다.
④ 운반도중에 엎질러지거나 국물이 밖으로 흐르지 않도록 주의하여야 한다.
⑤ 운반도중에 넘어지는 일이 없도록 웨곤, 기타 기구의 사용시에도 주의를 하여야 한다.
⑥ 운반시 음식이 서로 닿아 모양이 찌그러지거나 한쪽으로 몰리지 않도록 하여야 한다.

8) 제과 주방의 주의사항

빵을 굽는 지역은 빈 종이나 상자, 기타 쓰레기가 없이 깨끗하고 건조하게 유지되어야 한다. 반죽에 필요한 밀가루 등은 바닥으로부터 떨어져 보관하고 원래의 용기가 아닌 것

에 보관하는 경우에는 반드시 품목표시를 하여 보관한다. 빵을 굽는 기계나 밀가루 반죽하는 기계와 주방기구들은 사용하고 난 후 깨끗하게 세척하여 보관하여야 한다. 그릇이나 접시 기타 집기들은 오염이나 다른 음식 찌꺼기들이 들어가지 않도록 보관하여야 하며 변하기 쉬운 재료나 액체로 된 재료 등은 소요량 이상을 도마나 작업대 위에 놓아서는 안 된다. 파이를 만드는데 사용되는 재료는 차갑게 보관되지 않고 실내에 그대로 보관되어 있지는 않는가 등을 살펴보아야 한다. 살충제나 청소하는데 필요한 약품 등을 아무 데나 방치해서는 안 된다.

4절 조리업무의 발전과 기대

1 조리의 중요성

조리업무의 중요성은 인간의 기본생활을 이루는 의식주 중의 하나로 먹어야 산다는 것으로 아무리 조리기술이 우수하다고 하여도 그 요리가 위생적으로 처리가 잘못되었다 하면 그것은 사람의 생명을 해롭게 하고 말 것이다. 또한 영양학적인 면의 조화도 중요하다 하겠다.

1) 위생적인 측면

인류의 질병에 80%가 소화기 질환으로서 직 · 간접으로 식생활에 관련이 되어 있기 때문에 조리와 위생 관계란 절대적으로 중요하다. 이는 특정인, 특정기관에서 주관하는 것이 아닌 사회전반의 문제로 각 개개인이 올바른 지식을 갖고 자주적으로 행동에 옮길 수 있어야 하는 위생개념에 관한 의식이 있어야한다.

2) 사회적 측면

국가 경제가 급속도로 발전됨으로 해서 소득수준이 높아진 부산물의 하나로 성인병이 증가하고 있는 추세에 요리를 생산하는 조리부분도 전근대적인 조리방법을 지양하고 국민체력향상 및 체위발전에 능동적으로 대처해야할 범사회적인 의무를 안고 있다고 볼 때 그 책임은 막중하다 하겠으며 그에 따라 사회변화의 흐름을 정확히 파악, 그 시대 환경에 부합되는 조리가 되도록 해야한다.

② 조리에 대한 기대

현재 외식업이 급속도로 발전하여 외식산업이라는 신종어가 탄생될 정도로 비대해짐에 따라 이 신종 사업에 참여하는 자본 및 경영의 실체가 대규모 및 고급화되어가고 있는 경향이며 이러한 경향은 청결하고 위생적인 면을 고려하는 현대인들의 욕구에 부응하여 상당한 개선을 이룩하였다. 이와 같은 경향은 가정이나 사회를 막론하고 음식을 규격화하는 획일적인 면이 있다는데 그 결점이 있는 것이며 그에 따라 수지타산을 맞추는데 급급하고 이윤추구 만을 목표로 한다는 것이다. 이러한 상황에 미래의 조리에 대한 기대는 국민 식생활을 개선하고 대외적 특징 내지는 개성 있는 조리를 할 수 밖에 없는 것이다.

1) 기존통념의 탈피

조리란 사람이 하는 것이므로 인력이 제일 중요하다. 이러한 인력을 어떤 식으로 개발 지도하느냐에 따라 수준을 높일 수 있다. 좋은 기계 및 기물을 사용한다 하더라도 인력구조가 선진화되지 않는다면 앞으로 상황은 현재보다 더 나아진다는 보장은 못할 것이다. 종래의 통념에 얽매이지 않고 고급인력이 본 직종에 참여 할 수 있는 기반조성이 매우 시급하다고 할 수 있다. 이것은 어느 한 특정인이 해서도 안될 것이고 우리사회 전체가 노력해야 될 일인 것이다.

2) 시설의 고급화 및 현대화

시대 변천에 따라 과거에는 생각하지 못했던 조리 기기 및 기물들이 생산되어 힘들었던 작업들을 대신하여 주고 있다. 이러한 기기 및 기물, 시설은 영업이익을 증대하여 주고 인원을 축소할 수 있는 기업경영의 합리화를 유도하고 있다. 시설을 개·보수한다는 것은 이익을 창출한다는 것과 직결되므로 게을리 해서는 안 되는 것이다.

3) 자기변신의 활성화

환경은 시대에 따라 자연적인 변경이 가능하다. 이에 따라 조리도 시대에 흐름을 파악하여 상황에 대처하는 자기개발이 요청된다.

끊임없는 개발, 개선노력이 없이는 제자리를 걷는 답보상태를 면치 못하는 것이다. 연구와 노력을 통한 자기변신이 요청되는 시대이다.

4) 조리업무의 합리화

(1) 합리화의 중요성

조리업무는 음식을 생산하는 생산활동의 총칭으로 다른 부문의 업무와 마찬가지로 종합적인 생산 합리화를 추진함으로써 본래의 목적이 보다 효율적으로 달성된다. 가치분석을 통하여 새로운 메뉴, 기술을 수용하여 상품의 품질향상과 원가의 절감을 꾀할 수 있다.

(2) 합리화의 한계인식

요리는 곧 인간이라 할 수 있다. 그것은 인간만이 요리다운 요리를 생산할 수 있다는 것이다. 조리업무의 합리화도 업무의 비능률적인 면을 개선하는 합리화를 추구 할뿐이지, 결코 기계나 물량을 도입한 자동 및 대량생산을 하기 위한 방법으로 합리화를 하여서는 안된다. 특히 사회전반의 모든 업무가 기계화되고 자동화된다는 명분하에 조리업무를 합리화한다고 하였을 때 그것은 합리화가 아니라 자동화로서 요리는 규격화되고 동일한 맛을 표현할 뿐일 것이다. 그것은 요리가 아니고 배를 채우기 위한 단순한 식량으로서 배를 채우는 것일 뿐이다. 따라서 합리화의 한계를 명확히 할 필요가 있는 것이다.

③ 조리와 영양

1) 영양과 조리의 개념

현대의 식단계획은 영양중심 식단 시대로 진전하고 있다. 식단은 인체의 요구에 따라 각각 영양소를 평균적으로 보급하는 과학적인 식단작성 방법으로 되어가고 있다. 근래의 조리는 재래와 같이 조리방법만을 익히는 것이 아니고 적어도 식품학, 영양, 조리과학, 식품위생 등의 기초를 토대로 조리방법이 이루어져야 한다.

즉 식단작성은 인체가 요구하는 섭취량을 어떠한 식품에 얼마만큼의 분량으로 식단을 작성하는가에 따라 균형 있는 영양가와 경제성이 부합된 요리를 하는가의 기술은 다음 3가지가 있다.

첫째, 조절식품은 몸의 생리기능을 조절한다.

둘째, 열량식품은 움직이는 힘과 체온을 낸다.

셋째, 구성식품은 근육, 혈액, 뼈, 모발, 피부, 장기 등 몸의 조직을 만든다.

이러한 3가지 식품군을 5가지의 기초 식품군으로 분류하면 〈표 1-4〉기초 식품군과 같다.

〈표 1-4〉 기초 식품군

구 분	군별	식품군	주요식품군
구성식품	1	고기, 생산, 알 및 콩류	단백질
	2	우유 및 유제품, 뼈째 먹는 잔생선	칼슘
조절식품	3	채소 및 과일류	무기질 및 비타민
열량식품	4	곡류(잡곡포함), 감자류	당질
	5	유지류	지방

2) 영양소

(1) 열량소란 탄수화물, 지방, 단백질

(2) 조절소란 무기질, 물, 비타민

(3) 구성소란 단백질, 무기질, 물

(4) 탄수화물

가) 단당류

① 조성은 탄소, 수소, 산소

② 기능은 에너지 급원(4㎉/1g), 단백질 절약작용, 지방대사 조정, 간의 해독작용, 혈당유지(0.1%), 뇌대사와 적혈구 생성에너지 공급

③ 분류

■ 단당류

① 포도당(글루코오스)은 탄수화물의 최종 분해산물로서 건강인의 혈당량 0.1%

· 섬유소 전분, 서당, 유당, 맥아당의 구성성분

· 여분의 포도당은 글리코겐으로 되어 간과 근육에 저장

· 인슐린 부족시 소변으로 당이 배설(당뇨병)

② 과당(프락토오스)은 과일, 꿀의 구성성분이며 단맛이 2배, 서당의 구성 성분

③ 갈락토오스는 유당의 구성성분이며 젓, 우유에 함유, 뇌신경 조직의 구성 성분

④ 만노오스는 곤약에 함유

■ 이당류

① 자당(설탕, 서당, 수크로오스)은 포도당과 과당으로 구성되어 있고 과일, 사탕수수, 사탕나무류에 함유

② 맥아당(엿당, 말토오스)은 포도당과 포도당으로 구성되어 있고 엿기름 속에 많다.

③ 유당(젖당, 락토오스)은 포도당과 갈락토오스로 구성되고 있고 유산균, 젖산균의 정장작용과 Ca의 흡수를 도와준다.

■ 다당류

① 전분 : 식물계의 저장 탄수화물로 곡류, 감자류에 많다. 아밀로오스와 아밀로펙틴으로 구성(2:8)되어 있다.

· 찰쌀과 찰옥수수 : 아밀로펙틴이 100%

· 멥쌀 : 아밀로오스 15%-20%, 아밀로펙틴 85-80%

② 글리코겐 : 동물의 간, 근육, 콩팥에 저장되는 탄수화물(동물성 전분)

③ 섬유소(셀룰로오스) : 체내에서 소화 흡수되지 않아 영양가치는 없으나 배설을 도

와 변비증세를 막아준다. 식품세포막 구성성분으로 채소, 과일, 분류에 많다. 혈당강하작용, 혈압강하작용, 항암효과 등으로 널리 각광받고 있음.

■ 권장량

① 총열량의 65%

② 과잉 : 비만증, 소화불량, 지방과다증

③ 결필증 : 체중감소, 발육불량

(5) 지방

가) 조성

① 탄소, 수소, 산소로 구성

② 지방 = 지방산+글리세롤(글리세린)

나) 기능

① 에너지 급원(9㎉/1g)

② 신체의 구성요소(세포의 구성성분 : 인지질, 당지질, 콜레스테롤)

③ 지용성 비타민의 체내 운반 및 흡수를 도와줌

④ 중요 장기보호 체온조절

⑤ 만족감 : 위 정체시간이 있다.

· 당질 : 1~2시간

· 단백질 : 2~3시간

· 지방 : 3~6시간

다) 분류

■ 포화지방산

첫째, 고체로 동물성 지방에 함유

둘째, 융점이 높아 상온에서 고체

셋째, 고급 지방산

넷째, 스테아릭산과 팔미트산

■ 불포화 지방산

· 식물성 지방에 함유

· 융점이 낮아 상온에서 액체

· 저급 지방산

· 올레산, 리놀레산, 레놀렌산, 아라키돈산

■ 필수 지방산

· 신체의 성장유지 및 생리적 과정의 정상적인 기능에 필요하다.

· 체내에서 합성할 수 없고, 반드시 음식물로 섭취해야 하는 지방산이다.

· 불포화지방으로 리놀레산, 아라키돈산(리놀레산+VB6)등이 있는 것으로 알려져 있다.

· 혈액내의 콜레스테롤의 양을 감소시킨다.

· 비타민 F라고도 한다.

· 결핍시 피부염, 성장장애

■ 권장량

· 총열량의 20%

· 과잉 : 비만증, 동맥경화증, 간질환, 심장병

· 결핍 : 성장부진, 신체쇠약

■ 스테롤류

· 콜로스테롤은 자외선에 의해 비타민 D3로 합성된다.

☞ 동물의 세포, 뇌, 신경조직, 혈액, 간장에 함유

☞ 성호르몬, 부신피질 호르몬, 담즙산 성분으로 생체에 필수영양소임

☞ 과잉섭취시 신진대사를 방해하고 혈관 내부에 축적되어 고혈압, 동맥경화 유발

· 에르고스테롤은 자외선에 의해 비타민 D2가 합성되며, 효모, 버섯등에 함유되어 있다.

(6) 단백질

가) 조성

① 탄소, 수소, 질소, 황, 인등으로 구성

② 질소의 양이 16% 함유

③ 단백질의 양

질소의 양×100/16=질소의 양×6.25(질소계수)

나) 기능

① 체조직 구성성분, 성장촉진

② 혈청 단백질 형성 : 알부민, 글로블린, 피부리노겐

③ 새로운 조직 형성(어린이) 및 노폐조직 보수(노인) : 소모성 질환, 고열환자, 출혈, 수술, 화상, 임산부, 성장기 어린이에 필수적임.

④ 효소, 호르몬, 항체의 성분

⑤ 에너지 공급(4㎉/1g)

⑥ 생리작용 조절

⑦ 체액 혈액 중성 유지

⑧ 조직의 삼투압 조절

다) 분류

■ 영양학적인 단백질 분류

· 완전단백질 : 생명유지, 성장발육, 생식에 필요한 양의 필수아미노산을 포함하고 소화가 잘되고 체내에서 흡수가 잘되는 단백질, 모든 동물성단백질과 두류 단백질(우유의 카제인, 계란의 알부민, 콩의 글리시닌)

· 부분적인 완전단백질 : 생명을 유지시켜 주지만 성장발육은 촉진시킬 수 없는 단백질, 식물성 단백질(밀의 글리아딘, 보리의 호르데인, 귀리의 프로라민)

· 불완전 단백질 : 생명유지의 성장을 촉진시킬 수 없는 단백질(옥수수의 제인, 젤라틴)

■ 화학적 단백질의 분류

· 단순 단백질 : 가수분해되어 아미노산이 생성된다. 알부민(달걀), 제인(옥수수), 젤라틴(머리카락), 글로불린(헤모글로빈)

· 복합 단백질 : 단백질이 다른 비단백질 물질이나 금속에 복합된 것이다. 헤모글로빈(단백질+색소), 카제인(단백질+인), 유신(단백질+당질), 리포프로테인(단백질+지방)

· 유도 단백질 : 물리적인 힘, 가수 분해에 의해 부분적으로 파괴된 단백질

☞ 제1변형 : 응고 단백질

☞ 제2변형 : 분해된 단백질(프로테오소, 펩톤, 펩타드, 폴리펩타이드)

라) 권장량

① 총열량의 15%

② 과잉 : 거의 없다(비만증, 고혈압 치료)

③ 결핍 : 카시오카, 성장정지, 피부, 머리카락의 변색, 병에 대한 저항력 감퇴

(7) 아미노산

가) 필수 아미노산

체내에서 합성되지 않고 음식물로서 섭취해야만 얻을 수 있는 아미노산으로 리신, 이소로이신, 트립토판, 발린, 트레오닌, 메티오닌, 페닐알라닌 등 8종류가 있다. 또 어린이나 노약자에게는 아르기닌, 히스티딘 2종류가 추가된다.

(8) 물

가) 물의 기능

① 체중의 65%를 차지하는 구성물질
(소호분비액, 혈액순환작용에서 체온조절)

② 영양소 노폐물의 삼투압 조절유지

③ 체세포의 삼투압 조절유지

④ 땀, 수분, 소변으로 유실

· 과량상실 : 심한 갈증(계속되면 세포내 탈수현상을 일으킨다)

· 10%상실 : 식욕부진, 구토

· 20%상실 : 사망

⑤ 물은 1㎉에 대해 1ccn 가량 필요(1일 2-2.5ℓ 필요)

(9) 무기질

가) 무기질 기능

① 뼈, 치아의 구성성분
② 산, 알칼리 평행유지
③ 생리작용에 촉매작용
④ 근육의 수축성 전달
⑤ 신경자극 전달
⑥ 세포의 삼투압 조절

나) 무기질의 종류

■ 다량원소

· 칼슘(Ca) : 뼈, 치아의 구성성분, 혈액 응고작용, 뼈째먹는 생선, 치즈, 우유, 푸른잎 채소에 함유
· 인(P) : 뼈, 치아의 구성성분, 체액의 중성유지, 우유, 계란, 고기, 생선, 과일, 푸른잎 채소에 함유
· 마그네슘(Mg) : 칼슘과 인이 결합하여 뼈, 치아의 구성성분으로 탄수화물 대사에 관여 한다. 곡류, 고기, 푸른잎 채소에 함유
· 염화, 나트륨(Na, Cl) : 체액의 삼투압 조절, 신경자극 전달 및 근육의 수축이완 작용을 한다. 소금으로 섭취할 수 있으며, 칼륨의 섭취가 많아지면 나트륨은 체외로 배설(근육 노동자는 나트륨을 다량 요구)
· 칼륨(K) : 삼투압조절, 산 · 알카리성 평행, 근육의 수축, 이완, 신경의 자극 전달, 효모, 커피, 코코아, 감자 등에 함유되어 있다.

■ 미량원소

· 철(Fe) : 헤모글로빈의 구성성분으로 산소와 탄산가스를 운반하는 역할을 한다. 부족하면 빈혈증이 나타나며, 간, 염통, 달걀노른자, 녹황색 채소에 함유되어 있다.
· 구리(Cu) : 철분의 헤모글로빈 구성에 촉매역할을 하는데 부족하면 헤모글로빈의 생산이 감퇴된다. 동물의 내장기관, 간, 말린콩, 조개류에 함유
· 요오드(I) : 갑상선 호르몬(티록신)의 성분으로서 지능발달, 유즙분비, 세포내 열량

대사 관여하여, 과잉하면 바세도우씨병에 걸린다. 해조류, 바닷고기, 간유에 함유되어 있다.

· 불소(F) : 골격 치아(법랑질)에 존재하며, 충치예방에 이용된다.

· 망간(Mn) : 효소의 활성화, 곡류, 두류, 육류에 함유되어 있다.

· 아연(Zn) : 적혈구, 인슐린의 성분으로 육류에 함유되어 있다.

· 코발트(Co) : 비타민 B12의 구성성분

· 셀레늄(Se) : 항산화작용, 마늘, 참치류에 함유되어 있다.

(10) 비타민

필수물질이나 미량이 필요하며 유기물질로 되어 있다. 에너지나 신체구성 물질로 사용되지 않으며, 대사작용 조절물질(보조효소의 역할), 여러 가지 결핍증을 예방 또는 방지하며 대부분 체내에서 합성되지 않으므로 음식물을 통해서 공급되어야 한다.

가) 지용성 비타민

■ 비타민 A

· 항각기성 비타민, 식물체에는 비타민A의 형태로 존재(간장, 내장, 난황, 버터)

· 성장촉진, 눈의 상피 세포의 각화예방, 식물체에는 프로비타민 A인 카로틴으로 존재 (시금치, 당근, 토마토 등 녹황색 채소)

· 1일 비타민 A는 2,500IU, 프로비타민 A인 경우 7,500IU가 필요

· 결핍시 야맹증, 점막조직 파괴(발암)

■ 비타민 D

· 항구루병성 비타민

· Ca와 P의 흡수를 촉진하여 골격과 치아의 발육을 돕는다.

· 에르고스테롤과 콜레스테롤로 존재

· 결핍시 구루병, 골연화증

■ 비타민 E

· 항산화성비타민(불임성 비타민)으로 빈혈을 막아준다.

· 지방, 비타민A, 카로틴, 비타민 C의 산화를 막고 흡수를 도움.

· 부족시 동물은 불임증, 인간은 노화 현상이 생김
· 곡류의 배아, 배아유, 식물성유, 푸른잎 채소에 함유.

■ 비타민 K
· 응결성 비타민
· 결핍시 혈액응고 지연

나) 수용성 비타민

■ 비타민 B1
· 항 각기성 비타민(항신경성 비타민)으로 각기병을 예방
· 탄수화물대사 관여 조효소 역할
· 오트밀, 곡류의 씨눈, 말린콩, 돼지고기, 현미에 함유
· 결핍시 각기병

■ 비타민 B2
· 성장촉진 비타민
· 결핍시 설염, 구각염
· 우유, 달걀, 내장류, 녹색채소에 함유

■ 비타민 B3
· 항 피부성 비타민

■ 비타민 B4
· 항 악성 빈혈성 비타민
· 살코기, 내장에 함유
· 겹핍시 악성 빈혈로 사망

■ 비타민 C
· 항 괴혈성 비타민
· 신성한 과일, 채소, 감귤류, 토마토, 풋고추, 딸기, 완두, 서과, 오이, 감자에 함유
· 결핍시 괴혈병, 피하출혈, 병에 대한 저항력 감퇴

■ 나이아신
· 항 펠라그라 비타민

· 낙화생, 돼지고기, 간, 닭고기, 현미, 쇠고기에 함유

· 결핍시 펠라그라 피부병

Memo

CHAPTER 02

위생 및 안전관리

1절 개인위생

① 주방의 위생

위생이란 건강한 상태 혹은 위생적인 상태를 유지하는 것으로 "Health"의 의미를 내포하고 있는 라틴어 "sanigas"에서 파생한 것으로 미국 위생협회는 "위생은 삶의 한 수단이다. 즉, 위생은 생활수단의 질을 나타내며 위생은 삶의 한 수단이기 때문에 인간으로 말미암아 발생되어지며, 지식에 의하여 구체화되고, 인간관계에서부터 의무와 이상에 따라 진보한다"라고 위생의 중요성을 정의하고 있다.

외식산업에 있어 위생은 음식을 조리하며 고객에게 제공하는 과정에서 위생적 음식 제공을 통하여 인체에 유해한 여러 가지 요인을 미리 예방하여 건전한 식생활의 유지를 그 목적으로 한다. 따라서 위생은 고객에 대한 의무이며 사회에 대한 책임이라는 것을 모든 종사원에게 주지시켜 주며 그 중요성을 일깨워 주어야 한다.

[그림 2-1] **주방의 위생환경**

구분	항목	내용
개인위생	외모	복장, 신발, 악세사리, 보석, 시계류 등
	신체	감염된 상처, 호흡기 및 피부질환 등의 질병
	조리습관	가열, 조작, 기물 취급
식품위생	저장·조리	저장상태 및 온도조절, 조리방법
	해충구제	박테리아, 바퀴벌레, 파리 등
	화학적 유독성 물질	화공약품, 조미려, 향신료
시설위생	쓰레기 및 배수처리	쓰레기 및 음식찌꺼기 배출, 배수상태
	주방설비 및 기구	정상가동, 파손, 수리
	청소	시설물의 청결, 운영 상태

이러한 김기영(1997)연구에서 주방의 위생환경은 [그림 2-1]과 같다.

주방위생은 식음료에 관련된 기계, 설비 및 기기의 청결, 식음료의 검수, 준비와 저장에 있어서 위생, 위생적인 기구 및 위생적 처리, 위생에 관련된 조리사 개개인에 대한 교육 등을 포함한다. 다음에서 개인위생, 식품위생, 시설위생으로 구분하여 살펴보자.

② 개인위생

조리사는 항상 건강하고 청결해야 하며 각종병원균에 감염되어서는 안되며 음식을 만들 때에도 위생적인 조리를 하여야 한다. 음식물을 만드는 조리사가 자기 자신에 대한 위생관념을 지키지 않는다면 제아무리 맛있게 음식을 만드는 실력과 이론을 갖추고 있다해도 그는 일단 기본적인 조리사 자격이 없다고 할 수 있다. 음식물을 관리하는 사람 각 개인의 위생관념과 개인의 청결이 선행되지 않는다면, 그러한 곳에서 제공되는 음식은 오염가능성이 높기 때문이며, 머리카락이 길다든지, 손톱이 불결하면 제아무리 맛있는 음식이라도 먹고싶은 기분이 나지 않을 것이므로, 조리사의 개인 위생을 가장 중요하다고 할 수 있다. 결국 음식을 조리하는 조리사의 평가기준 또는 자격은 개인위생에서 출발한다해도 과언이 아니다. 특히 조리사가 지켜야 할 사항은 다음과 같다.

① 항상 신체를 청결하게 유지하여야하며 위생복을 깨끗히 바르게 입어야 한다.

② 정기적인 신체검사와 예방접종을 하여야 한다. 1년에 1회 이상 보건소나 지정된 의료기관에서 건강진단을 받아야 한다. 식품위생법상 조리에 종사 할 수 없는 자는 〈표 2-1〉과 같다.

〈표 2-1〉 조리직에 종사할 수 없는 질환

구 분	종 류	비 고
소화기 전염병	콜리라, 장티푸스, 파라티푸스, 세균성임질	전염병 예방법 제2조 제1항(제1종 전염병 중)
결핵 및 성병	폐결핵, 성병(배독, 임질, 연성하감, 비임균성, 요도염, 성병육이종, 서혜육아종)	전염병 예방법 제2조 제1항(제3종 전염병 중)
피부병, 기타 화농성질환	자병, 포도상규균, 화농증 등 세균성 피부질환	
B형 감염		전염의 염려가 없는 비활동성 간염제외
후천성 면역결핍증		전염병 예방법 제8조 제2항의 규정에 의하여 성병에 관한 규정에 의하여 성병에 관한 진단을 받아야 하는 영업에 종사하는 자에 한함

③ 손을 항상 청결하게 유지하도록 노력하며 상처가 있을 때에는 즉시 치료 하도록 하고 직접적인 조리는 하지 않도록 한다.

④ 손톱을 짧게 하며 보석류나 시계, 반지는 착용하지 않는다.

⑤ 화장실은 작업 전에 가고 작업 중에는 될 수 있는 대로 화장실에 가지 않도록 하고 용변 후에는 반드시 손을 씻도록 한다.

⑥ 음식을 맛볼 때에는 손가락을 넣거나 조리기구에 입을 대고 맛보지 않도록하고 작은 공기에 담아 맛보도록 한다.

⑦ 조리사는 항상 건강하여야 하므로 과로, 수면부족, 흡연 등은 피하는 것이 좋다.

⑧ 작업도중에 말은 많이 하지 않는다.

③ 개인복장과 위생 및 식품위생법의 조리사고용

1) 손의 청결

식품과 식기의 오염을 방지하고 조리상품의 질적 가치를 향상시키기 위해 조리업무의 필수적인 작업도구인 손의 청결을 유지해야 한다.

2) 비누사용법

① 원액법은 원액을 몇 방울 손에 떨어뜨려서 손 전체에 바르고 30초 이상 잘 문지르고 물로 씻는다.

② 희석법은 역성비누의 3%희석액을 용기에 담고 가제를 한 장 넣은 다음 용기에 손을 30초 이상 담그고 가제를 짜서 손을 닦는다. 희석액은 계속 사용할 경우 효력은 없으나 위험이 있으므로 주의를 요한다. 이외에도 머리카락이나 얼굴 등에 손을 대지 않도록 해야 한다.

3) 위생복장의 청결

조리업무 종사자들은 주방에 들어가기 전에 항상 주방전용의 탈의장의 탈의장에서 깨끗한 조리복을 입고 모자와 앞치마를 착용하고 업무에 임해야 한다.

4) 위생복 착용법

(1) 위생모 혹은 스카프

위생모는 모자 상단 부의 접혀진 부분이 밖으로 노출되어 펄럭이지 않도록 내부로 접고 하단 부의 머리가 들어갈 부분도 밖으로 집어 상부와 하부가 균형 있게 조화되도록 접어서 사용하며 여성의 경우 착모시 옆머리는 보이며 뒷머리는 위생복의 상의 깃에 닿지 않아야 한다. 스카프는 머리카락을 좌우로 붙인 상태에서 이마에서부터 귀의 윗 부분을 따라 뒷목 상 부분에서 매듭을 만들어 착용한다.

(2) 상의

상의는 각자 몸에 맞는 치수를 골라 입어야 하나 이때 약간 크다고 생각되는 것을 선택하여 착용 후 양쪽 소매는 작업시 불편하지 않을 정도로 손목이 5cm정도 노출이 되도록 접어서 올린다.

(3) 하의

하의는 허리 사이즈에 따라 선택하며 하의 끝 부분이 복숭아 뼈를 약간 가릴 정도의 길이로 골라 입으며 길다고 접어서 입지는 않는다. 이때 필히 벨트를 착용한다.

(4) 앞치마

앞치마는 전후를 구분하여 벨트선 이상으로 올라가지 않도록 위치를 조정하며 매듭은 반드시 복부중앙에 매고 남는 끈은 너덜거리지 않도록 양옆의 끈에 밀어 넣어 보이지 않도록 한다. 만약, 벨트선 상의 속으로 빠지기 때문에 재차 고쳐 입어야 하는 번거로움이 따른다.

(5) 머플러

머플러는 항상 목에 착용하여야 하나 고객 앞에 나서지 않는 경우는 착용하지 않아도 무방하다. 매듭은 전면에 노출이 되지 않도록 밖에서 안으로 감아 올린다.

(6) 안전화

안전화는 발등을 감싸고 있는 가죽내부에 안전장치가 들어있는 것을 필히 착용하여 불의의 사고를 당하더라도 부상을 입지 않도록 반드시 규정된 신발을 착용한다.

5) 식품위생법의 조리사의 고용

(1) 식품위생법

제34조 [조리사] 대통령령이 정하는 식품접객 영업자와 집단급식소의 운영자는 조리

사를 두어야 한다. 다만, 식품접객 영업자 또는 집단급식소의 운영자 자신이 조리사가 되어 직접 음식물을 조리하는 경우에는 그러하지 아니한다.

① 고용완화 / 「기업활동 규제완화에 관한 특별 조치법」 제28조 제2항에 의하여 식품위생법 제34조에 규정된 "집단급식소의 조리사 의무고용제도"는 중소기업자와 중소기업 외의 자로서 제조업을 영위하는 자에게는 자율 고용제도로 완화되어 있다.

② 벌칙 / 법 제34조의 규정에 위반한 자는 2년 이하의 징역 또는 1천만원 이하의 벌금에 처하거나 이를 병과 할 수 있다.

영 제18조 【조리사를 두어야 할 영업 등】 집단급식소와 다음 각 호에 해당하는 영업의 경우에는 법 제34조의 규정에 의하여 조리사를 두어야 한다. 다만, 기업활동 규제 완화에 관한 특별조치법 제28조의 규정에 의한 중소 기업자 등이 운영하는 집단급식소의 경우에 대하여는 조리사를 두지 아니할 수 있다.

· 제7조 제8호의 식품접객업 중 복어를 조리, 판매하는 영업
· 제7조 제8호의 식품접객업 중 허가면적이 120㎡이상의 업소, 다만 식사류를 조리하지 아니하는 경우를 제외한다.

(2) 관광진흥법 시행규칙 제14조 관광 식당업 자격기준

① 한국전통음식을 제공하는 경우에는 국가기술 자격법에 의한 해당조리사 자격증을 소지할 것.

② 특정외국의 전문 음식을 제공하는 경우에는 다음의 요리 중 1개 이상의 요건을 갖춘 자를 둘 것.

· 당해 외국에서 전문조리사 자격을 취득한자.
· 국가 기술자격법에 의한 조리사 자격을 소지한자로서 동종분야에서 조리경력이 3년 이상인자.
· 당해 외국에서 6월 이상 조리교육을 이수한자. 다만 페스트푸드점의 경우 당해 외국에서 2주 이상 조리교육을 받은 자로서 조리경력 6월 이상 인자.

2절 식품위생

1 개요

1) 식품위생의 의의

세계보건기구(WHO)의 정의에서는 식품위생이란 식품의 생육 · 생산 · 제조로부터 최종적으로 사람에게 섭취될 때까지의 모든 단계에서 식품의 안정성 · 건전성 · 악화방지를 확보하기 위한 수단을 말한다. 식품위생법의 정의에서 식품위생이라 함은 식품 및 첨가물, 기구, 포장을 대상으로 하는 음식에 관한 위생을 말한다.

2) 식품위생의 목적

식품으로 인한 위생상 위해를 방지하고 식품영양의 질적 향상을 도모함으로써 국민보건 향상 증진에 기여함을 목적으로 한다.

식품접객업소는 많은 사람을 대상으로 음식을 조리 · 판매하기 때문에 위생관리에 소홀히 하게 되면 경구염 전염병이나 식중독으로 건강을 해치는 경우가 있어 사전에 예방하고 위생적으로 안전한 음식을 제공할 수 있는 철저한 위생관리체계가 요구된다.

부패, 변패된 식품과 유해미생물, 유해화학물질 등을 함유하는 유해식품을 배제하여 식품을 통한 건강증진과 안전을 지키는데 있다.

3) 식품과 미생물

(1) 의의

음식물을 제대로 보호하는 것을 이론적으로 이해하고 실천하기 위해서는 식당운영 및 조리를 하는 조리사들이 미생물에 대하여 숙지하고 있어야 한다. 따라서 미생물이 어떻게 번식하고 소멸되는가를 중심으로 미생물의 성질, 미생물학에서 사용되는 용어들에 대하여 알아보고자 한다. 미생물은 육안으로는 보이지 않지만 현미경을 통해서 파악될 수 있는 생물입자이다. 음식물서비스 분야에 관계되는 미생물입자를 분류하면 다음과 같다.

가) 박테리아의 종류

박테리아와 그와 유사한 미생물은 다음 4가지로 분류할 수 있다.

① 베니피샬(beneficial) 혹은 유용한 박테리아 : 버터, 밀크나 치즈, 포도주나 피클류의 음식을 발효시키는 데 사용된다.

② 베나인(benign) 혹은 해가 되지 않는 박테리아 : 도움도 안되고 해도 안되는 박테리아를 말한다. 대부분의 박테리아가 이 부류에 속한다.

③ 스포일레이지(spoilage)박테리아 : 음식물의 분해를 일으키게 하는 박테리아를 말하는데, 이로 인하여 음식물이 건강에 해를 미칠 정도로 변하게 하지 않는다 하더라도 음식물이 상해가는 상태를 만들어 음식물을 사용할 수 없게 하기 때문에 많은 손실을 가져오게 된다.

④ 페소제닉(pathogenic) 혹은 포이소노우스(poisonous)박테리아로 인하여 질병을 일으킬 가능성이 있는 것으로 음식물서비스 분야의 종사원들이 관심을 가져야 하는 것들이다. 겉으로 보아서는 독성이 있는 것을 알 수 없을 정도로 외관상으로는 아무런 차이가 없다.

나) 박테리아 발육조건

다른 미생물과 마찬가지로 박테리아도 특정의 알맞는 상태하에서만 번식한다. 알맞는 상태라함은 수분, 온도, 영양분과 일정한 기간을 말한다.

① 영양분은 질병을 유발하는 박테리아는 산성이 아닌 음식을 더 좋아한다. 박테리아가 좋아하는 음식물들은 우유 · 계란 · 생선과 같은 고단백질 음식물들이다. 과일이나 야채처럼 어느 정도 신맛이 나는 음식물들은 박테리아가 급속히 번식하도록 허용하지 않고 있으며, 피클된 야채나 과일에서는 박테리아가 거의 번식을 할 수 없는 것이다. 이러한 산성의 정도를 P.H(수소이온농도)는 일반적으로 세균은 중성 또는 약 알카리성에서 잘 자라고 효모나 곰팡이는 산성을 좋아하는 경우가 많다. 일반적으로 변하기 쉬운 음식물은 밀크나 우유 가공류, 계란, 쇠고기, 돼지고기, 생선, 껍데기가 단단한 어패류, 식용갑각류 등인데, 이것들을 합성 음식물들에서 어

떤 형태로든 먹을 수 있는 것들 중 독성이 있는 미생물의 성장을 돕거나 번식 속도를 빠르게 할 수 있는 음식물이라고 할 수 있다. 특히 원래의 상태가 아니거나 제대로 관리가 되지 않았을 경우에 변하기 쉽게 됨을 명심해야 한다.

② 수분은 일반 부엌에서 사용되는 재료들인 마른콩이나 시리얼(cereals), 밀가루나 설탕같은 것들은 박테리아의 번식을 촉진할 충분한 수분을 갖고 있지 않다. 그러나 조리하는 과정에서 이러한 음식물은 충분한 수분을 가지게 된다.

③ 온도는 대부분 박테리아는 섭씨 15℃에서 50℃사이에서 잘 번식한다. 따라서 음식물은 섭씨 7℃이하나 60℃이상에서 보관하는 것이 좋다.

④ 산소는 지구상의 생명체로서 호흡에 절대적으로 필요한데 산소를 필요에 따라 종류를 구분할 수 있다. 산소를 필요로 하는 것들은 호기성균(박테리아, 이스트, 곰팡이 등), 산소를 필요하지 않는 균을 혐기성균(낙산균)이라 한다. 미생물은 호흡하기 위하여 산소를 필요로 하는 것과 산소가 있으면 오히려 저해를 받는 것도 있다.

⑤ 박테리아는 일정한 기간을 거쳐 그 수를 배로 증식시킨다. 박테리아의 세포벽이 갈라지면서 2개로 늘어난다. 늘어난 세포들이 계속 늘어난다. 얼마나 빨리 증식되는가는 앞에서 살펴본 조건들에 달려있다.

· 지단계 – 증가 없음

· 급속한 증가단계

· 천천한 증가단계

· 안정상태 – 세포의 죽는 속도가 생성속도와 같음

· 감소단계 – 세포의 죽는 속도가 생성속도보다 빠른 경우

박테리아 번식에는 수분, 온도 및 영양분이 필수적인 요소이다. 그렇다고 해서 조리하는 모든 음식물을 무조건 건조시키거나 신맛을 갖게 할 수는 없다. 변하기 쉬운 음식물의 경우 조리된 후 즉시 섭씨 7℃나 그 이하로 냉장 보관해야 하는 것도 그 이유다. 한꺼번에 많은 양의 음식물을 만들 때나 음식물 덩어리 자체가 큰 경우에는 음식물을 빨리 저어주거나 기타 다른 적절한 방법을 사용하여 섭씨 5℃이하로 식히는데 4시간 이상 걸리지 않도록 해야한다.

다) 박테리아의 소멸

박테리아는 시간이 흐르거나 자체 영양을 모두 소모함으로써 소멸하거나 다른 미생물

과의 싸움에서 져서 죽는다. 음식물 서비스분야에서 박테리아를 없애는 방법은 열을 충분히 가하거나, 그릇이나 기타 집기 등을 씻어주고 소독하여 죽이는 것이다. 요즘의 처리방법은 열을 가하는 방법보다 소독약을 써서 화학적으로 처리하고 있다. 열을 가할 때 온도를 높일수록 소멸 속도가 짧아지고, 반대일 경우는 오래 걸린다.

라) 박테리아 균에 의한 질병과 증세

① 보튤리늄(Botulinum)이란 음식물을 먹은 후 2~72시간 안에 증세가 오며, 두통, 속쓰림, 어지러움, 몸에 마비증세가 일어나며, 눈이 잘 안 보인다. 최악으로는 사망까지 이를 수 있으며 오염된 식수와 비위생적으로 만들어진 통조림 등이 원인이 된다.

② 포도상구균(Staphylococcus)이란 1~11시간 안에 복통, 속쓰림, 구토, 설사 등의 증세가 나타나며, 손을 깨끗이 하지 않았거나 비위생적인 환경 등이 그 원인이 되며, 부패된 케익, 육류, 야채, 우유 등에서 발생한다.

③ 살모넬라균(Salomonella)이란 6~72시간 안에 두통, 구토, 열, 복통, 설사 등의 증세가 나타나며 단백질이 많은 음식에서 발생하기 쉽다. 재채기 또는 음식물 앞에서 기침 등에 의해 병원균이 옮겨질 수가 있다.

(2) 이스트

미생물의 두 번째 부류는 이스트이다. 이스트는 균으로 인한 질병을 유발하지 않지만, 음식물에 피해를 준다. 제대로 씻어주고 위생관리하면 이스트의 발생을 차단시킬 수 있다. 이스트의 번식에는 수분과 당분이 필요하기 때문에 과일 쥬스의 산성화를 유발시킨다. 쉽게 죽이는 방법은 끓이는 것이며 이스트는 빵을 만들고, 맥주와 포도주를 발효시키는데 유용하게 사용되기도 한다.

(3) 곰팡이

곰팡이는 온도, 습도, 산성도 등 기타 어떤 조건에 관계없이 번식한다. 따라서 어떤 조리형태의 음식이든 곰팡이는 번식할 수 있는 것이다. 곰팡이균은 공기를 통하여 번식되기도 하는데, 곰팡이가 있다는 것은 작업환경이 깨끗하지 못하고 환풍이 제대로 안되고 소독처리가 완전하게 안되었다는 것이다.

(4) 기생충

기생충이란 다른 동물에 기생하여 그 영양분을 빼앗아 먹는 벌레를 말한다. 식당에서 일반적으로 관심을 가져야 하는 것들은 토끼와 돼지고기의 힘살에 기생하는 것들이 많다. 기생 유충들은 적당한 온도에서 처리하면 모두 죽일 수 있다. 돼지고기는 다른 고기들보다 평균 12℃ 높은 70℃이상에서 요리하는 것도 이런 이유 때문이다. 일반적으로 오염된 물에서 발견되는 것으로 설사병을 유발하는 다른 종류의 기생충은 그다지 어렵게 처리할 것들은 아니다. 따라서 배관시설을 확인하는 것이 중요하다고 할 수 있다.

(5) 바이러스

바이러스는 극히 크기가 작아 일반현미경으로 확인할 수 없다. 음식물에 의해서 아니면 음식물을 조리 · 운송분야에 근무하는 종사원을 통하여 옮겨지기도 한다. 감염자는 일단 바이러스 질병이 나아도 한동안 보균자로 남아 있게 된다. 화장실에 다녀온 후 손을 씻지 않는 등 잘못된 위생관념의 경로가 되는 것이다.

(6) 해수세균

해수에는 식염(NaCl)으로서 1~3%정도 염농도에서 증식하는 해수세균이 있다.

해수중의 세균수는 깊은 바다보다 표층, 또는 먼바다 보다 연안에 많다.

그러므로 어항 및 어시장 조류의 해수에는 미생물 오염이 상당히 높기 때문에 이 물로 어패류 또는 어조등을 씻고 있는 것은 대단히 위험한 것으로 지적되고 있다.

우리나라 연안 해수 중에는 장염비브리오균과 유사한 균속이 많으므로 생선, 어패류를 취급 할때는 언제나 이들 균의 2차 오염에 주의하여야 한다.

(7) 공중낙하균

공기중에 부유하는 미생물의 기원은 토양이며 이들은 건조와 자외선에 강한 것들로서 효모의 포자 세균의 아포 및 구균등이 대부분이다.

(8) 분변(糞便) 세균

수세식 화장실이 보급되고 말단정화처리가 완비되어 있는 구미제국에서는 분변세균에 의한 식품 오염을 최소한도로 방지하고 있으나, 정화처리가 완벽하지 못한 우리나라에서는 토양 및 하천오염은 일반화된 문제이다.

우리나라의 식품중에 대장균 검출율이 높은 이유가 여기에도 있을 것이며, 분변이외에 땀, 침, 머리카락, 손 등도 식품과 접촉하여 오염원이 되고 있고 조리사는 화장실 사용후 손을 반드시 비누로 씻도록 한다.

(9) 식품의 처리가공에서 미생물의 오염

곡물, 야채, 과실은 수확되면서, 우유는 착유하고, 어패류는 바다에서 잡히고, 또는 가축은 도살되면서 이미 자연환경으로부터 1차 오염을 받고 있다. 사람에 의한 운반, 공장에서 가공원료를 취급할 때, 또는 시장, 주방 및 가정에서 2차오염이 시작되어 최후 단계까지 계속된다. 따라서 식품원료는 청결하게 취급하여 충분한 위생시설을 갖추어야 한다.

가) 변질과 보존법

■ 식품의 변질

식품의 변질로 기존식품의 가치를 저하시키고 원가관리에도 막대한 손실을 줄뿐만 아니라 변질은 인체에 직접적인 원인이 되는 식중독 등은 어떤 물질에 의해 일어나는 것이냐에 따라 달라진다.

· 변질 : 장기간 방치하면 변화하여 외관이 변하고 성분이 파괴되며 향기, 맛 등이 달라져 원래의 특성이 손상되어 식용이 불가능한 상태를 말한다.

· 부패 ; 미생물에 의해 단백질이 분해되어 악취가 나고 인체에 유해한 물질이 생성되는 현상을 말한다.

· 산패 ; 식품성분 중 유지성분이 분해되어 식품위생상 좋지 않는 물질을 생성한 현상을 말한다.

· 변패 ; 식품성분 중 탄수화물이나 지방이 분해되어 식품위생상 좋지 않는 물질이 생성하는 현상을 말한다.

■ 식품보존의 목적

식품을 적정한 온도와 양만큼 보존하는 의미는 주방에서 사용하는 식품과 식 · 재료를 변질과 부패되지 않고 일정기간 보존하도록 하는 목적은 다음과 같다.

· 식품의 손실을 줄인다.

· 영양가를 그대로 줄인다.

· 생산지로부터 소비자까지 공급

· 위생상의 위해 사고 방지

이러한 식품보존 방법에는 기술적인 방법이 대부분이나, 경우에는 천연적인 방법도 있다. 기술적인 방법은 미생물을 살균하거나 증식을 억제하는 것이 대표적이다.

■ 물리적 처치방법

① 건조법(탈수법)

· 일광건조법

태양열과 풍력을 이용한 건조법으로서 천연 건조법이며 어패류, 김, 오징어, 명태, 건포도 등의 건조에 많이 이용하고 있다.

· 직화 건조법(배건법)

보리, 찻잎, 커피 등을 불에 의해 건조하는 방법

· 동결건조법

한천, 당면, 두부 등 냉동 후 건조하여 공기 또는 진공으로 건조하여 보존하는 방법

· 분무건조법

분유, 인스턴트 커피, 분말 쥬스 등을 가루로 분해하여 보존하는 방법

· 진공동결 건조법

채소, 분유, 달걀 등을 진공상태에서 건조하여 보존하는 방법

② 냉장 냉동법

식품의 보존 보관은 일반적으로 냉장고, 냉동고, 온장고, 식품창고 등을 활용하는 것이 대부분이다.

· 움저장

감자, 고구마, 채소 등과 같은 식 · 재료를 굴속에 넣어둔다든지 또는 땅을 파고 묻어두는데 평균적으로 온도는 10℃를 유지 보존하는 방법이다.

· 냉장고

식품을 0~10℃의 저온으로 단기저장 보관하는 방법이다. 채소, 과일, 율무, 우유, 난류 등 가능한 냉장고의 온도가 5℃이하로 유지되도록 해야하며, 2~4℃ 정도가 가장 이상적인 보존 온도이다.

· 냉동고

식품을 -15℃이하로 급속히 냉동시켜 보존하는 방법이다. 내부온도를 -18℃ 이하로 유지시켜 주는 것이 좋다. 어패류

· 온장고

식품을 65~85℃의 고온으로 보존한다. 한번 가열된 조리식품을 고온에서 그대로 보존하는 시설로 세균의 발육온도 이상으로 하는 것이 필요하며, 보존 식품의 변질에 유의해야한다.

③ 가열살균법

· 저온살균법

61~65℃에서 30분간 가열 후 급냉시키는 보존방법이다. 우유, 술, 쥬스, 소스 등이 이용되며 멸균되지 않는다.

· 초고온 순간 살균법

130~140℃에서 2초간 가열 후 급냉시키는 방법이다. 우유, 과즙류 등

· 고온 단시간 살균법

70~75℃, 20초 내에 가열 후 급냉시키는 방법이다. 우유, 과즙 등

· 고온 장시간 살균법

95~120℃에서 30~60분간 가열하여 보존하는 방법이다. 통조림등

· 초음파 가열 살균법

초음파로 단시간 처리하는 보존 방법이다.

④ 조사살균법

자외선, 방사선 등을 이용 미생물을 살균하여 보존시키는 방법이다.

⑤ 발효처리에 의한 방법

· 세균, 효모의 이용

치즈, 주류 등 발효식품이나 절임식품을 만들어 보존하는데 이용하는 방법으로서, 식품에 유용한 미생물을 번식시켜 유해한 미생물의 증식을 억제시키는 것이다, 보존이외의 맛과 향을 돋우게 한다.

· 곰팡이의 응용

식품에 특정한 곰팡이를 발효시키는 과정에서 유해한 미생물을 저지시키는 것으로서

치즈 등과 같은 식품에 주로 응용된다.

⑥ 화학적 처리에 의한 방법

· 염장법

해산물, 채소, 육류 등의 저장에 이용되는데 10%정도의 소금농도에서 미생물발육을 억제시켜 보존하는 방법이다.

· 당장법

젤리, 잼, 가당연유 등 저장에 이용되는 방법으로서 소금과 마찬가지로 탈수작용에 의해 미생물의 발육을 저지시키는 방법이다. 설탕의 농도가 50%정도에서 약간의 산을 가해 주면 저장이 된다.

· 산저장법

초산, 구연산, 젖산 등을 이용하여 저장하는데, 미생물의 발육에 필요한 PH의 범위를 벗어나게 하는 것이다.

· 화학물질 첨가

산화방지제, 합성 보존제, 살균제, 피막제 등을 이용하여 보존하는 방법이다. 특히 인체에 해가 없다.

⑦ 종합적 처리에 의한 방법

· 훈연법

연기 속에 살균력이 있는 포름알데히드, 메틸 알콜올, 페놀 등을 식품 조직 속에 침입시켜 저장하는 방법이다.

· 냉훈법

연어, 드라이 소시지 등에 이용되는데, 보통 15~30℃의 온도에서 적당하다.

· 온훈법

햄류의 제조에 이용되는 방법이다. 보통 50~70℃의 온도가 적당하다.

· 액훈법

훈연성분을 용해시킨 수용액에 식품을 넣어 훈연에서와 같이 효과를 얻도록 하는 방법이다. 기타 염건법, 조미법, 밀봉법 등이 있다.

2 식중독

1) 식중독의 의미

음식물을 경구적으로 섭취하였을 때 일어나는 급성위장염을 주요증상으로 하는 질환을 식중독이라고 한다. 그러나 식중독에는 영양 실조증이나 장티푸스 · 이질 · 콜레라와 같은 전염병, 기타 물리적 타살목적으로 음식물에 혼합된 상태에 것을 섭취함으로써 오는 중독은 식중독 범위에서는 포함되지 않는다. 즉, 유독 유해한 물질이 창자로부터 흡수되어 몸에 이상을 가져오는 현상이다.

2) 식중독으로 발생하는 질병

조리사에 있어 여름철에는 항시 고객의 건강을 해치는 복병인 식중독을 염두에 두어야 하는 계절이다. 특히 식중독은 6월에서 8월 사이에 가장 많이 발생한다.

하절기에 음식물을 잘 관리 · 보관하지 않을 경우, 높은 기온과 습도 때문에 식중독을 일으키는 각종 세균들이 폭발적으로 번식되어 고객의 건강과 생명을 위협한다. 장마까지 겹치는 여름철에 음식물에서 매개되는 질병들로는 장티푸스, 이질, 식중독 등을 꼽을 수 있으나, 이중에서도 식중독이 대표적인 질환이다. 식중독은 미생물로 오염된 식수에서 직접 감염되어 발생하는 수도 있지만, 그보다는 음식물의 조리과정이나 조리후의 오염으로 발생하는 경우가 더 많다. 덜 끓인다거나 상한 음식을 제공한다든지, 냉장 · 냉동시설을 설치하지 않을 경우 등에 주의하여 철저한 위생관리가 요구된다. 식중독의 증상은 심한 구토와 설사, 복통 및 고열을 유발하며, 혼수상태, 경련, 급성 위통 증상, 정신장애, 신경계이상, 출혈 및 저혈압 등의 증상을 동반하기도 하며, 심한 경우 생명까지 잃는 예가 있다.

3) 식중독의 분류

식중독은 원인에 따라 세균성, 자연독, 화학성 등 크게 3가지로 나누어 분류할 수 있다.

(1) 세균성 식중독

① 포도상구균은 공기 중에 떠다니면서 식품을 오염시키므로, 이 균에 의한 식중독이 가장 많이 발생한다. 일단 음식물에 번식하면 독성을 생성, 위나 장에 흡수되어 급성장염을 일으킨다. 샐러드, 슈크림, 크림빵 등 단백질과 당분과 수분이 적당히 섞인 식품에서 잘 번식하므로 주의하여야 한다.

② 살모넬라균은 닭, 돼지 등 가축이나 사람의 장에서 번식, 인분에 섞여 배출된 후에 하천이나 야채 등에 오염되어 있다가 다시 식품에 묻어 인체에 침입한다. 이 균이 가축의 장에서 번식할 때 혈액으로도 침투하므로 여름철엔 돼지고기, 닭고기 등을 잘 익혀서 먹지 않으면 감염될 우려가 많다. 이 균에 감염된 닭이 낳은 달걀도 오염 가능성이 있으므로 날 달걀을 먹는 것도 되도록 피해야 한다. 수박, 참외등 여름철 과일을 깨끗하지 않은 칼로 자르거나 껍질을 벗길 경우, 또는 장기간 보관하면 이 균에 오염될 가능성이 있다.

③ 비브리오균은 바닷물에 번식하는 균으로 어패류에 의해 옮겨지는 것이 특징이다. 어패류는 바닷물을 깨끗이 씻어내고 조리해서 제공하여야 한다. 절대로 날 것을 제공하여서는 안된다. 식중독은 장티푸스를 제외하고는 면역이 생기지 않으므로 부주의하면 몇 차례 계속 걸리는 수가 있다.

(2) 화학적 식중독

식품 중에 우연 또는 과실로 인해 유해화학물질이 섞여서 일어나는 것으로, 수은이나 카드뮴 같은 중금속 물질이나 유해착색, 방부제 등에 의해 발생한다. 또한 이것들은 체내에 오랫동안 축적된 뒤 발병하는 것이 특징이다.

① 유해성 금속에 의한 식중독

② 농약에 의한 식중독

③ 불량 첨가물에 의한 식중독

(3) 자연적 식중독

복어알 또는 산란기의 바지락, 홍합, 굴 등을 먹었을 경우 일어난다. 자연산 식중독은 세균성과 달리 음식물을 섭취한 후 곧바로 중독현상이 나타나고 치사율도 높다.

가) 복어중독

독성물질은 테트로톡신(tetrotoxin)이라 불리우는 독소(치사량 2mg)이며, 복어의 난소, 간, 내장, 피부등의 순으로 다량 함유되어 있다. 식후 30분부터 5시간 내에 발병하며 증상은 구토, 근육마비, 촉각, 미각 둔화, 호흡곤란, 의식불명 등이며 사망율은 50~60%이다.

나) 조개류 자연독

섭조개등의 삭시톡신(Saxitoxin)이 원인 물질이며, 이는 유독 플랑크톤을 섭취한 조개류에서 검출된다. 식후 30분에서 3시간 사이에 발병하며 증상은 신체마비, 호흡곤란 등이다.

다) 독버섯 중독

독성물질은 무스카린(muscarine), 무스카리딘(muscaridine), 팔린(plaline), 자극성 유지류 등이며 중독 증상에 따라 다음과 같은 4군으로 나눈다.

① 무당버섯, 큰 붉은 버섯, 화경버섯, 미치광이버섯 등에 의하며, 증상은 구토, 설사, 복통 등의 위장 장해를 일으킨다.

② 콜레라형 중독 : 알광대버섯 등에 의하며, 증상은 중추신경 마비, 광증, 침흘리기, 땀내기, 근육경련, 혼수상태 등을 일으킨다.

③ 혈액형 중독 : 콜레라형 위장 장해가 계속되다가 용혈작용을 나타내어 황달, 혈색뇨 등을 일으킨다.

이러한 독버섯의 감별법으로는 버섯의 살이 세로로 쪼개지는 것은 독이 없으나, 색이 아름답고, 선명하며, 악취와 신맛이 나고, 유즙분비 점액성 및 은수저가 검게 변하는 것은 유독성 버섯이다.

라) 감자중독

감자의 발아부위가 녹색 부분에 솔라닌(Solanine)이란 독이 있는데 증상은 중추신경 장해, 용혈성을 일으킨다.

마) 청매 중독

설익은 매실등에는 아미그달린(amygdaline)이란 독이 있는데 증상은 중추신경 장해를 일으킨다.

[그림 2-2] **식중독 전파 경로**

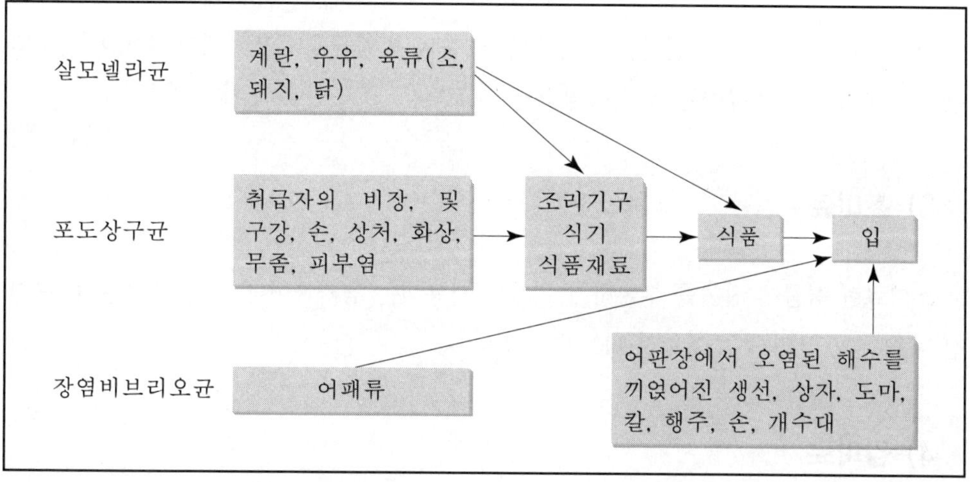

이러한 식중독의 전파 경로는 [그림 2-2]와 같다.

③ 식품 첨가물

WHO의 식품첨가물의 정의란 식품외관, 향미, 조직 또는 저장성을 향상시키기 위한 목적으로 식품에 미량으로 첨가하는 비영양 물질이라고 한다. 우리나라에서는 식품첨가물은 식품의 제조, 가공 또는 보존함에 있어서 식품에 첨가, 혼합, 침윤 또는 기타 방법에서 사용되는 물질이라 정의하였다. 식품첨가물에는 다음과 같다.

· 천연화합물 - 후추, 생강, 소금, 효모, 치자색소

· 화학적 화합물 - 시카린, 타르색소, 클루타민산나트륨

1) 보존료(방부제)

보존료란 식품의 변질 및 부패를 방지하고 신선도를 보존하여 영양가의 손실을 막는다. 그 종류에는 ① 디하이드로 초산 ② 소르브산 ③ 안식향산 ④ 파라옥시안식향산 부틸 ⑤ 프로피온산 나트륨이 있다.

2) 살균료

살균료란 식품의 부패 원인균 또는 전염병 등의 병원균을 사멸시키기 위하여 사용되는 첨가물이다 그 종류에는 ① 치아염소산 ② 표백분 ③ 고즈 표백분이 있다.

3) 조미료

조미료란 식품에 진미를 부여하기 위하여 사용되는 첨가물이다 그 종류에는 ① 구연산 나트륨 ② 글리신 ③ 호박산 나트륨이 있다.

4) 감미료

감미료란 식품에 감미를 부여하기 위하여 사용되는 첨가물이다. 그 종류에는 ① 사카린산 나트륨 ② 사카린 나트륨제제 ③ D-소르비톨액 ④ 클리시리진산 2 나트륨이 있다.

5) 산미료

산미료란 식품에 산미를 부여하기 위하여 사용되는 첨가물이다. 그 종류에는 ① 구연산(결정) ② 구연산(무수) ③ 빙초산 ④ 이산화탄소 ⑤ 젖산 ⑥ 초산 ⑦ 호박산 ⑧ 푸마르산 1나트륨이 있다.

6) 강화제

강화제란 식품의 영양을 강화하는데 사용되는 첨가물이다. 그 종류에는 ① 구연산철 ② 구연산칼슘이 있다.

7) 착색료

착색료란 가정공정에서 상실되는 색을 복원하거나 외관을 보기 좋게 하기 위하여 착색하는데 사용하는 첨가물이다.

(1) 주의사항

① 순도가 좋고 확실한 제품을 사용할 것
② 색소 개개의 성질을 이해하여 그 성질에 맞게 사용
③ 분말상태로 사용하지 말 것
④ 사용하는 물의 수질에 주의 할 것
⑤ 배합색을 조제할 때에는 각각의 색소분말을 용액으로 만들어 혼합할 것
⑥ 수출식품의 착색시에는 수출 대상국의 허용색소를 확인
⑦ 착색식품의 포장에는 첨가된 색소를 명기할 것
⑧ 색소의 취급을 신속하게 하고 사용 후에는 밀폐하여 보관할 것

(2) 종류

① 구리클로로 필린 나트륨 ② 식용색소 녹색 제3호 ③ 식용색소 황색 제4호

8) 발색제(색소 고정제)

발색제란 스스로 색을 못 나타내지만 식품중의 색소성분과 반응하여 그 색을 고정(보존)하든가 또는 나타내게(발색)하는데 사용되는 첨가물이다. 그 종류에는 ① 아질산 나트륨 ② 질산 나트륨 ③ 황산 제1철(건조) ④ 황산 제1철(결정)

9) 착향료

착향료란 식품자체내의 냄새를 없애거나, 변화시키거나, 강화하기 위하여 사용되는 첨가물이다. 그 종류에는 계피 알데히드, 민트, 허브, 바닐린 등이 있다.

10) 팽창제

팽창제란 빵, 과자 등을 만드는 과정에서 CO_2, NH_3등의 가스를 발생시켜 부풀게 함으로써 연하고 맛을 좋게 하는 동시에 소화되기 쉬운 상태가 되게 하기 위하여 사용하는 첨가물이다. 그 종류에는 ① 명반 ② 탄산수소나트륨 ③ 탄산 암모늄이 있다.

11) 표백제

표백제란 식품본래의 색을 없애거나 퇴색을 방지하기 위하여 흰 것을 더 희게 하기 위하여 사용하는 첨가물이다. 그 종류에는 ① 과산화수소 ② 황산염이 있다.

12) 소맥분 개량제

소맥분 개량제란 제분된 밀가루의 표백 및 숙성기간을 단축시키고 제빵 효과 저해물질을 파괴시키며 살균 등을 하기 위하여 사용되는 첨가물이다. 그 종류에는 과산화 벤조일(희석)이 있다. 이것은 소맥분, 압맥의 사용금지 브롬화칼륨

13) 품질개량제(결착제)

품질 개량제란 식품의 결착력 증대, 변색 및 변질방지, 맛의 조성, 풍미향상, 조직의 개량 등을 위하여 사용하는 첨가물을 총칭하여 일컫는 말이다 그 종류는 면류 첨가의 알카리제는 제조방법이 규제이다.

14) 호료(증정제) 및 안정제

호료 및 안정제란 식품을 첨가하면 매끈하고 점성이 커지며, 그 밖에 분산안정제, 결착보수제, 피복제 등의 역할을 하는 첨가물이다. 종류에는 젤라틴 있다.

15) 유화제(계면활성제)

유화제란 서로 혼합이 잘되지 않는 2종류의 액체를 유화시키기 위하여 사용하는 첨가물이다. 종류에는 대두 인지질 및 지방산 에스테르의 4종이다.

16) 방충제

방충제란 곡류의 저장시 곤충이 서식하는 것을 방지하기 위하여 사용되는 첨가물이

다. 그 종류에는 피페로닐 부록사이드가 있다. 곡류 외 사용금지

17) 훈증제

훈증제란 훈증이 가능한 식품을 훈증에 의하여 살균하는데 사용하는 첨가물이다. 종류에는 에틸렌옥사이드이다. 천연조미료의 훈증제로만 사용

18) 소포제

소포제란 식품의 제조공정에서 생기는 거품을 소멸, 억제하기 위하여 사용하는 첨가물이다. 종류에는 규소 수지이다.

④ 식품위생 대책

1) 식중독 발생시의 대책

(1) 발생시의 대책

① 보호자는 환자구호, 확대, 가검물 보존, 보건소에 신고, 의사의 진단실시, 재발방지, 위생 관리
② 보건소는 원인조사 실시, 가검물 수거, 행정계층을 통한 보고
③ 시 · 도지사는 식중독에 대하여 조사를 하였거나 보고를 받은 때에는 지체 없이 보건사회부장관에게 보고하여야 한다.

(2) 예방대책

가) 세균성식중독

신선한 식품사용, 세척, 시설개량, 급수위생 관리, 폐수시설 위생관리, 손 청결, 복장청결, 보균 및 환자의 작업종사 금지, 화농성질환자 작업 종사금지, 건강진단실시, 식품의 저온보관, 가열살균, 조리와 가공의 신속한 처리.

나) 화학물질의 식중독

불량기구 및 용기의 사용금지, 기구 및 용기의 청결, 농약의 위생적 보관, 농약의 사용방법 준수, 사용금지된 첨가물 무사용

다) 자연독의 식중독

유독한 동식물의 감별에 주의, 유독한 부위의 제거.

2) 식품의 오염대책

폐수처리시설, 수확된 일정기간 동안 농약의 사용금지, 방사성물질 격리, 연성세제 사용 등에 의해 식품이 오염되지 않도록 하고 오염된 식품은 오염원인 조사로 확대방지, 오염된 식품의 폐기 등을 실시한다.

3) 식품의 감별법

(1) 농산식품과 가공법

가) 쌀

① 충분한 건조
② 단단한 것
③ 색의 윤택성 유지
④ 형태는 타원형, 굵고 입자가 정리된 것
⑤ 무취
⑥ 잡물이 없는 것

나) 소맥분

① 가루의 결정이 미세한 것
② 끈끈한 전분이 함유된 것
③ 색이 희고 밀기울이 섞이지 않는 것
④ 가루가 뭉쳐지지 않거나 벌레가 없는 것

⑤ 건조가 양호하고 냄새가 없는 것

다) 야채, 과실류

① 상처가 없을 것
② 본래의 형태를 갖추고 있을 것
③ 고유의 색과 냄새일 것
④ 건조되지 않고 신선한 것

(2) 수산식품과 그 가공업

가) 어류

① 색이 선명한 것
② 고기가 연하고 탄력이 있는 것
③ 눈이 빛나고 아가미가 붉은 것
④ 신선한 것은 물에 가라앉고, 오래된 것은 물에 뜬다.

나) 연제품

① 표면에 점액이 나오는 것은 오래된 것, 손으로 비벼서 벗겨지는 것은 썩은 것
② 염산수를 만들어서 연제품에 살짝 대었을 때 연기가 나오는 것은 오래된 것

(3) 축산식품과 그 가공품

가) 육류

① 신선한 것은 색깔이 곱고 습기가 있다.
② 오래된 것은 암갈색으로 점차 말라가고 탄력이 없다.
③ 썩기 시작하면 녹색으로 되고 점액이 나온다.
④ 병에 죽은 소와 돼지의 고기는 피를 많이 함유하여 냄새가 난다.
⑤ 고기를 얇게 잘라서 투명하게 비쳤을 때 반점이 있는 것은 기생충이 있는 것

나) 계란

① 껍질은 꺼칠한 것이 신선하고, 매끄럽고 광택이 있는 것은 오래된 것

② 빛을 쬐었을 때 밝게 보이는 것은 신선하고, 어둡게 보이는 것은 오래된 것
③ 물에 넣었을 때 누워있는 것은 신선하고 서있는 것은 오래된 것
④ 6%의 식염수에 넣었을 때 뜨는 것은 오래된 것
⑤ 알을 깨뜨렸을 때 노른자가 그대로 있고 흰자가 퍼지지 않는 것이 신선한 것

다) 우유

용기나 뚜껑이 위생적으로 처리 보기에도 깨끗하며 날짜가 오래되지 않는 것, 이물질이나 침전물이 있는 것, 색깔이 이상하거나 점루성이 있는 것 또는 신맛, 쓴맛이 있는 것은 좋지 않다.

라) 버터

외관이 균일하고 곰팡이가 슬었거나 반점이나 무늬가 있는 것은 좋지 않다.

마) 통조림

외관이 정상이고 라벨에 의해 내용, 제조자명, 소재지, 제조년월일, 무게, 첨가물의 유무 확인

바) 알콜음료

① 작은 기포가 있는 것은 좋지 않다
② 신맛이 나는 것은 불량
③ 청량 음료수
④ 걸르지 않는 것, 흐르지 않는 것
⑤ 병을 투명하게 보았을 때 선 같은 것이 있는 것은 불량

4) 소독법

전염병의 예방과 세균성 식중독의 예방을 위하여 식품이나 용기 등에 부착된 병원균을 사멸시켜야 하는데 이와 같은 병원 미생물을 사멸시키는 것을 살균이라고 하며, 모든 미생물을 사멸시키는 것을 멸균이라 한다. 식품위생에서 소독이란 병원 미생물 및 부패(腐敗), 변패(變敗)의 원인이 되는 미생물을 사멸시키는 것을 말하는데 살균과 같은 의미로 사용된다.

소독방법으로는 가열살균법, 여과법, 자외선살균법, 화학적 살균법, 방부(防腐)(미생물의 증식억제)등이 있다.

(1) 가열살균법

① 화염 : 불에 태워도 타지 않는 물건을 소독할 때.
② 소각 : 세균에 오염된 물건을 태운다. 예) 쓰레기 소각.
③ 건열멸균 : 견열 멸균(乾裂)기에 넣어 150-160 에서 30분간 가열하는 방법.
④ 증기멸균 : 살균 솥에 넣어 100 에서 1시간동안 가열하는 방법.
⑤ 간헐멸균 : 1일 1회씩 3일은 연속하여 100 의 습한 열에서 15- 20분간 가열하는 것으로 아포를 죽일 때 사용한다.
⑥ 고압증기멸균 : 오토클레브에 넣어 2기업(15파운드, 온도는 120)에서 15-20분간 처리하는 것으로 멸균 효과가 매우 좋아 통조림 등의 살균에 이용된다.
⑦ 자비소독 : 자비소독(煮沸消毒)이란 끓는 물에 5-30분간 가열하는 것으로 식기, 행주, 등을 소독할 때 이용되는 가장 손쉬운 방법이다.

(2) 여과법

균을 죽여 없애는 것이 아니라 액체식품, 물, 공기 등에서 균을 여과기로 걸러내는 것을 말한다.

(3) 자외선 살균법

자외선을 이용하는 살균으로서 파장의 범위가 2600-2800A일 때 가장 살균력이 강하다. 햇빛을 이용하여 일광소독을 하기도 한다.

(4) 화학적 살균법

수은화합물, 할로겐유도체, 산화제, 방향족화합물, 지방족화합물, 등의 화학적 성질을 이용한다.

(5) 할로겐유도체(Halogen 誘導體)을 이용한 살균

① 염소(鹽素) : 주로 음료수에 사용하는데 잔류 연소가 0.1-0.2ppm이 되도록 한다. 채소 · 과일이나 가열이 부적당한 용기, 기구를 소독할 때에는 유효 염소량을 50-100ppm으로 희석한 용액에 2분 이상 적용시킨다.

② 표백분(漂白粉) : 우물 수영장등의 소독에 사용한다.

(6) 산화제(酸化劑)

① 과산화수소 : 3% 수용액을 사용하여 소독한다.

② 오존(Ozone) : 산성이 강하며 살균뿐 아니라 악취제거에도 사용한다. 물이 있을 때 살균력이 강해진다.

(7) 방향족화합물(芳香族化合物)

① 석탄산(石炭酸) : 3-5% 수용액을 사용하여 기물이나 오물 등을 소독한다. 순수하고 안전 하므로 살균력 표시의 기준이 된다.

② 크레졸(Cresol) : 50% 비누액을 물에 타서 1-2%의 용액으로 만든 후 수지 등을 소독할 때 사용한다.

③ 역성비누 : 보통비누에 비해 세척력은 약하지만 살균력이 강하고 냄새가 없으며 자극성이나 부식성이 없어서 수지, 식기, 행주, 도마 등의 소독에 쓰인다.
원액(10%용액)을 200-400배로 희석해서 5-10분간 처리하는데 단 유기물이 있으면 살균효과가 떨어지므로 세제로 일단 씻어낸 후에 사용해야 하고 보통 비누와 함께 사용하면 역시 살균효과가 떨어지므로 섞어서 사용하지 않도록 한다.

(8) 지방족화합물(脂肪族化合物)

① 알콜(Alcohol) : 70-75%의 에틸알콜을 탈지면에 적셔서 사용하는데 주로 수지소독을 할때 사용한다.

② 포르말린(Formalin) : 가스 또는 용액의 상태로 사용한다. 포자살균력은 강하지만 자극성이 있어서 식품을 소독할 때는 잘 쓰지 않는다.

3절 시설위생

1 시설위생의 개요

조리장에서의 시설이라 함은 주방이 차지하고 있는 공간에서부터 식품을 다루는 모든 기구와 장비들을 총칭하는 말로서 이에 대한 청결 관리를 시설위생이라 하며 이는 현대화된 주방을 운영하기 위하여서는 필수적인 사항으로 대단히 중요한 것이다.

2 시설위생의 필요성

어떠한 사업체내의 조리장이라 하더라도 조리장내의 각종 기기와 기구의 관리보수를 담당하는 부문은 영선 및 시설 혹은 그 외의 명칭을 갖고 있는 담당 부서에서 관리를 하여주나 주방내의 모든 시설은 조리사들이 이용하는 것이기에 각종 시설에 관한 일차적인 책임은 조리사에게 있으므로 위생적인 시설유지 관리는 결국에는 소속사업체의 재산관리 및 이익에 영향을 주므로 각종시설을 위생적으로 관리할 필요가 있다.

3 시설위생의 목적

① 위생적인 음식생산
② 각종장비의 청결 관리로 시설수명연장
③ 식 · 자재의 안전한 유지 보관 및 원활한 사용
④ 부식성 없는 금속으로된 용기 등 사용
⑤ 주방에서 온도 16°~20℃, 습도는 70%가 적합하며 조명도는 50~100Lux가 적합.

④ 시설 위생의 유지사항

1) 주방 청소

① 적어도 매일 1회 이상은 청소한다.(영업시간에 따라 조정)

② 천정, 바닥, 벽면도 주기적으로 청소한다.

2) 냉장고, 냉동고

① 내부는 항상 깨끗하게 사용하며 온도관찰에 유의한다. 특히, 영업종료 시간 후 익일 영업개시까지

② 선반과 구석진 곳은 특별히 청결하게 하며, 냉장고 청소 후에는 내부를 완전히 말린 후에 사용한다.

3) 기기류

① 사용 후에는 지체 말고 깨끗이 닦는다.

② 기계내부 부속품에는 물이 들어가지 않도록 한다.

③ 기기 내의 칼날을 비롯한 부속품은 물기를 제거하여 곰팡이나 병원균이 서식할 수 없도록 한다.

④ Deep fry의 경우 기름은 매일 뽑아내어 거르고 용기는 세제로 세척하여 찌꺼기가 남아있는 일이 없도록 한다.

⑤ Grill면은 영업 종료 후 금속고유의 윤이 나도록 닦는다.

⑥ Steam솥은 조리 후나 세척 후 물기가 남지 않도록 세워둔다.

⑦ Bain marie는 물때가 끼지 않도록 자주 닦아낸다.

4) 기물류

① 각종 기물이나 소도구는 파손되지 않고 분실되지 않도록 하고 사용 후는 세척 후 제자리에 놓는다.

② 주방 냄비는 사용상태에 따라 정기적으로 대청소를 한다.(세척후 불에 서 물기를 제거한다.)

③ Broiler(고기굽는 기구)와 쇠꼬챙이는 사용 후 세척하고 탄소화되어 눌어붙은 부분은 쇠솔로 깨끗이 닦아낸다.

④ Oven속에서 자주 사용하는 pan은 음식물과 기름이 눌어붙어 탄소화되지 않도록 매번 닦는다.

⑤ 금속제질이 알미늄이 아닌 것은 과도한 열을 주지 않는다.

⑥ Fry fan사용 후는 다음 사용자를 위하여 깨끗이 세척하여 열처리를 마친 후 제자리에 보관한다.(이때 세제는 사용치 않는다)

⑦ 칼은 사용 후 재질에 따라 물기 제거후 깨끗이 손질하여 보관한다.

⑧ 도마는 사용 후 깨끗이 사용하고 물기를 제거하여 둔다.(나무도마의 경우는 일광소독을 하도록 한다)

⑨ 모든 기물은 부피가 적은 것이라도 함부로 던지지 않는다.

⑩ 모든 기구나 기물은 주방바닥에 내려놓은 채로 방치하지 않는다.

⑪ 기물 세척시 재질이 상이한 기물은 분리하여 세척한다.

5) 세제종류 및 사용용도

주방시설물에 사용하는 세척제는 매우 다양하다. 사용하는 용도와 사용방법에 따라 사용자가 주요사항을 철저하게 습득한 후에 사용하는 것이 매우 안전하고 위생적으로 처리 할 수 있다. 특히, 환경오염 문제가 사회문제로 대두되고 있는 현실을 비추어 세제사용은 가급적으로 자제하는 방향으로 흘러가야 한다. 세제는 제조할 때 그 사용 목적에 맞게 첨가한 물질의 성질에 따라 알칼리성, 중성과 산성으로 구별해 볼 수 있다. 알카리성과 산성 정도를 나타내는 수치를 pH로 나타내는데, 물은 pH7로 중성이라고 한다. 7보다 수치가 높으면 알칼리성, 낮으면 산성이다. 그 차이는 수치가 1식 달라질 때 10이 되므로 pH10에 비교하면pH11은 알칼리도가 10배, pH12는 알칼리도가 100배가 된다. 이러한 산도나 알칼리성 정도를 시험하는 데는 리트머스 시험지가 응급용으로 사용된다. 세제의 농도는 제품에 따라 다르므로 정해진 비율에 비해 묽게 사용하는 것이 세제를 효과적이고 경제적으로 사용하는 길이다. 세제의 사용자는 화학적 성질에 맞는 기본적인 사용법을 알아야 한다. 완전히 이해한다는 것은 쉬운 일이 아니지만, 사용상 특히 유의해야 한다. 보호장갑을 사용하지 않으면 작업자의 개인위생이나 손을 거칠어지게 하거나 피부염을 일으키게 되므로 장시간에 걸쳐서 세정작업을 할 경우 반드시 보호 장갑을 착용하고 작업 후에는 반드시 손을 씻도록 한다. 주방시설물을 사용하는 세제의 종류와 사용 용도는 다음과 같다.

(1) 디스탄(Distan)

디스탄은 계면활성제로서 은도금류로된 모든 기물의 정기적인 세척에 사용한다. 사용방법은 은도금류의 묻은 오물을 제거하고 3~5초 동안 디스탄용기에 담구었다가 더운물(90℃)에 행군다. 은도금류를 마른 수건으로 닦아내는 순서에 따라 세척후 공기를 차단하여 보관한다.

(2) 린즈(Linze)

린즈는 계면활성제로서 식기류 세척제이다. 사용된 식기가 세척기에 빠져 나올 때 건조시켜 주는 작용을 하며, 100ppm미만의 소량을 사용하는 것이 좋다.

(3) 사니솔(Sanisol)

염소가 다량으로 함유되어 있는 약알카리성 계면활성제이다. 강력한 세척, 살균, 악취제거제로서 식기를 세척한다든지, 주방바닥을 청소하고자 할 때는 60~70℃의 뜨거운 물에 0.2~0.3%만 물과 혼합하여 사용한다.

(4) 오븐 크리너(Oven cleaner)

오븐 크리너는 계면활성제이면서 강알카리성 세제이다. 오븐이나 그릴 등을 세척하고자 할 때에는 온도를 80~90℃정도 달군 다음 사용한다. 세정액 50cc정도를 고루 바른 후 1분 정도 솔을 사용하여 문질러야 한고, 뜨거운 물로 깨끗하게 씻은 다음 마른행주로 닦고 기름칠해야한다. 오븐 크리너는 강한 알카리성이므로 사용할 때 피부나 눈에 닿지 않도록 주의하고 장갑을 끼고 사용해야 한다.

(5) 론자(lonza)

론자는 계면활성제로서 수질의 부패방지 및 이끼 세척제로서 사용하는 것이다. 특히 세척기의 기계에 사용하고자 할 경우에는 약 10분 동안 가동한 후 사용해야 한다.

(6) 팬크리너(Fan cleaner)

팬 크리너는 계면활성제로서 배기용 후드 등 기름때가 많이 있는 벽이나 타일 등의 세척시 사용하는 것이다. 물과 크리너의 비율은 1:3 정도로 희석하여 사용하는 것이 좋다.

(7) 액시드 크리너(Acid cleaner)

액시드 크리너는 특수세제와 액시딕 포스페이트의 혼합물로서 오물세척 작용과 스케일제거 작용에 강하다. 특히 청량음료 50~70℃에서 1ℓ 에 10g정도를 10분 정도 사용할 수 있으며, 일반적으로 가정에서 사용할 수 있는 특징을 갖고 있다.

(8) 디프스테인(Dipstain)

디프스테인은 알카리성 세제로서 문지르거나 손으로 비비지 않고 간단하게 씻어낼 수 있는 특수 세척제로서 플라스틱이나 도자기, 유리 그릇류, 프라이팬, 타일, 벽 등에 사용하는 세척제이다.

6) 기타

① 쓰레기통은 잔반과 쓰레기를 분리하여 사용하되 뚜껑은 항상 덮어둔다.
② 주방의 하수도 통로는 주기적으로 닦는다. (악취 및 병원균의 온상이 되지 않도록)
③ Hood Filter와 Duct는 조리중 음식물에 이물질이 떨어지지 않도록 항상 청결히 한다.
④ 스텐레스 작업대 선반이나 내부에 산화되기 쉬운 용기는 장기간 적채 하지 않는다.
⑤ 작업대나 벽과 작업대 사이는 음식물 부스러기가 들어가지 않도록 틈새를 좁히거나 고무로 틈을 메운다.

⑥ 음식을 담는 도자기류는 긁히지 않도록 항상 주의한다.

⑦ 음식 조리 중에는 벽이나 천장에 충격을 가하지 않도록 한다.

따라서 주방의 위생관리를 위해서는 주방 종사원에 대한 정기적인 위생교육 실시와 매일 정기적으로 점검하여 모든 시설물의 청결을 유지함이 최선의 방법이다. 이러한 위생점검 항목을 요약하면 〈표 2-3〉과 같다.

〈표 2-3〉 위생점검 항목

구 분	항 목	점 검	비 고
장비기기 기물설비	· 용기 : 접시 그릇, 수저, 기타 음식이 직접 닿는 모든 것의 청결 상태 · 음식(얼음)의 취급 : 분배기구 · 씻거나 헹구는 물 : 깨끗한 물, 냉수, 온수 · 씽크대 : 3단계 소독처리 · 행주:깨끗하게 위생처리하여 보관 · 설비나 기구 : 청결한 보관 및 취급 · 기타 음식이 닿지 않은 볍분의 청결상태 · 배수 처리 : 하수도 · 쓰레기 처리 : 뚜껑장치, 충분한 배수 · 곤충, 쥐, 벌레서식 소독, 방지기구		
식품	· 식재료 : 손상된 것이 없이 신선한 상태 · 저장상태 : 냉장고, 냉동고, 적정온도		
공동사용 시설	· 화장실문의 자동잠금장치를 부품, 깨끗하고 위생적인 보존상태 : 비누, 타올, 티슈, 손 말리는 장치, 적절한 쓰레기통 · 출입문의 용이성, 편리성		
바닥, 벽, 천장	· 바닥 : 청결, 배수, 먼지 발생 억제 · 벽, 처짱, 부속설비 : 청결, 먼지발생억제		
개인위생	· 전염병의 소지가 없는 사람 · 청결하고 위생적인 습관(특히 손) · 깨끈한 복장, 단정한 머리		
환기	· 주방, 영업장 : 규정대로 배출되는 설비기능		

4절 주방의 안전관리

주방은 불과 칼을 사용하고 조리작업의 특성으로 100%열효율이 안되는 가스를 주된 원료로 사용하는 동시에 외부로부터의 방열이 높고 주방내부로부터의 습도로 인한 고온다습의 환경을 가지고 있다. 따라서 주방설비나 기기의 안전관리는 물론이고 배수, 배기, 통풍이 잘되어야 하며 전기, 가스화기 및 주방기물의 취급 등으로 나눌 수 있다. 작은 사고에서부터 대형사고까지 발생할 수 있는 문제점이 항상 도사리고 있는 장소라고 볼 수 있다. 안전수칙을 무시한 종사원에 실수 또는 부주의로 인하여 엄청난 인명 피해와 재산 손실을 가져오는 경우를 항상 명심하여야 하며, 작업 안전사항에 유의해서 임무에 임하여야 한다. 특히 최근에 있어서는 건물의 대형화됨에 따라 주방에서의 작은 사고가 대형사고로 번지는 경향이 많으므로 항시 화기에 조심하여야 한다. 주방책임자는 조리 · 청결문제 못지않게 안전사고 예방에 대한 노력을 기울려야 한다. 화재는 재산 손실뿐만 아니라 인명피해를 준다는 사실을 명심하고 주방에서의 안전사고 예방은 매우 중요하다고 하겠다.

따라서 안전이란 위험이나 상해의 염려가 없는 상태를 말하는데 주방에서 안전관리는 조리작업 중 발생할 수 있는 각종 산업재해 예방을 위해서 위험한 시설물에 안전장치를 설치하고 종사원의 안전교육확립으로 상해나 화재 등의 인적 · 물적 피해방지를 위한 제반관리 활동이라 할 수 있다.

일반적으로 안전 사고와 재해의 원인으로는

① 안전설비가 불안전하여 발생한 사고

② 주방 기물 및 시설에 대한 조리사의 부주의 및 지식결여로 인한 사고

③ 음식물 관리의 부주의와 취급 소홀로 인한 식중독 사고

④ 가스 · 전기 · 화기에 의한 화재사고

⑤ 정기적인 안전 점검 소홀로 인한 사고 등으로 나눌 수 있다.

그러므로 주방에서는 바닥, 천장, 배수시설 등과 기계 · 기구와의 상관성을 고려하여 항상 안전하게 유지시켜야 하며 조리기기 및 용기도 성능, 내구성, 유지관리, 경제성 등을 위하여 필요한 지식과 기술을 숙지하여 정기적으로 점검해야 한다.

따라서 주방의 안전한 주방환경을 위해서는 관리자, 조리사 및 주방 구성원은 다음 사항을 고려하여 안전관리에 중점을 두어야 한다.

① 자격 있는 안전 점검자에게 정기적 안전점검

② 모든 사고를 기록화

③ 모든 장비, 기계, 시설물의 손질

④ 바닥은 항상 건조한 상태 유지

⑤ 소화장비의 배치장소와 사용방법을 알아두며 정기적인 검사로 소화장비 관리

⑥ 깨끗한 유니폼을 착용하여 느슨한 소매나 앞치마 끈은 사고의 원인이 된다.

⑦ 오븐, 프라이어 등으로 조리 작업을 할 때는 화상을 입지 않도록 조심 하여야 하며 분쇄기나 고기 써는 기계 등을 사용시 사용하는 방법을 숙지하여 찰과상이나 부상을 입지 않도록 조심하여야 한다.

⑧ 조리사의 생산성 향상과 작업에 대한 주의를 숙지시키기 위해 정기적인 안전교육이 실시되어야 한다.

1 개인 작업시 안전수칙

① 칼을 사용할 때는 정신을 집중하고 안정된 자세로 작업에 임하고 칼을 사용하는 도중에는 칼날이 도마 안쪽으로 향하도록 한다.

② 주방에서 칼을 들고 다른 장소로 옮겨갈 때는 칼끝을 정면으로 두지 않으며 지면을 향하게 하고 칼날은 뒤로 가게 한다.

③ 칼로 통조림을 따거나 기타 본래의 목적 외에 사용하지 않으며 칼을 들고 장난을 해서는 안 된다.

④ 칼을 보이지 않는 곳에 두거나 물이 든 싱크대 등에 그릇과 함께 담가 두어서는 안 된다.

⑤ 칼을 떨어뜨렸을 경우 잡으려 하지말고 한 걸음 물러서면서 피한다.

⑥ 칼을 사용하지 않을 때는 깨끗이 닦아 안전함에 넣어서 보관한다.

⑦ 주방바닥은 미끄럽지 않은 상태로 유지하고 뛰어다녀서는 안 된다.

⑧ 뜨거운 용기를 가지고 옮길 때는 마른행주를 사용하고 주변 사람들의 주의를 환기시켜 충돌을 방지한다.

⑨ 청결하고 몸에 맞는 유니폼과 안전화, 안전장갑을 착용한다.
⑩ 구급함을 상비하고 구급품을 정기적으로 점검하여 교환 또는 보충해 두어야 한다.

2 주방기기의 안전

1) 일반적 안전 수칙

① 손에 물이 묻어 있거나 물이 있는 바닥에 서 있을 때는 전기장비를 만지지 않는다.
② 전기장비를 다룰 때는 스위치를 끈 다음 만진다.
③ 각종 기계는 작동방법과 안전수칙을 완전히 익힌 후에만 사용한다.
④ 스위치가 꺼진 것을 확인하고 조작하거나 닦는다. 기계가 작동을 완전히 멈출 때까지는 기계에서 음식을 만지지 않는다.
⑤ 전기장비와 전기장치를 점검하고, 전기코드를 꽂을 때 기계 자체에 부착된 스위치가 꺼져 있는가를 먼저 확인한다.
⑥ 작업이 끝나면 장비에 부착된 스위치를 먼저 끄고 전기 코드를 뽑는다.
⑦ 고기 슬라이서(Meat Slicer)를 청소할 때는 절단하는 칼날에 손이 닿지 않도록 거리를 두고, 기계를 사용하지 않을 때는 칼날을 닫아 놓고 스위치는 항상 꺼둔다.
⑧ 평소 냉동실의 문을 안에서도 열 수 있는지 확인하고 작동상태를 점검한다.
⑨ 무거운 것을 들 때에는 안정된 자세로 들거나, 도움을 청한다.
⑩ 호스로 물을 뿌릴 때 전기 플러그, 각종 기계의 스위치에 물이 튀지 않도록 주의한다.
⑪ 화재발생 경보시 당황하지 말고 다음과 같은 수칙을 지킨다.
- 모든 기기의 전원을 차단한다.
- 소화기는 눈에 잘 띄는 곳에 비치하고 사용법을 숙지해 두어야 한다.
- 화재발견시 소화기로 즉시 대처함과 동시에 곧바로 비상연락을 취한다.
- 안전수칙에 따라 건물을 빠져 나온다.

2) 전기 사용시 주의사항

① 콘센트에 플러그를 완전히 삽입하여 접촉부분에서 열이 발생되지 않도록 한다.

② 스위치 및 콘센트, 플러그의 고정나사가 장기 사용으로 풀려 흔들릴 경우 위험하므로 사용을 중지한다.
③ 스위치, 콘센트, 전기기구의 부근에 가열물질, 인화물질이 없도록 한다.
④ 한 개의 콘센트에 여러 개의 전기기구를 사용하지 않는다.
⑤ 전기용량을 정격치보다 초과하여 사용하지 않는다.
⑥ 스위치, 콘센트에 충격을 가하지 말고 물을 뿌리지 않는다.
⑦ 물 묻은 손으로 스위치, 콘센트, 전기기구를 다루지 않는다.
⑧ 비닐 코드선은 사용하지 않는다.
⑨ 전기기구 사용 중에는 자리를 비우지 말고 사용 후에는 플러그를 빼 놓는다.
⑩ 커피포트 및 전기 히터 등 용량이 많은 전열기는 사용하지 않는다.

3) 가스 사용시 주의 사항

① 도시가스(LNG)는 냄새가 있어 새는 것을 쉽게 알 수 있으며 공기보다 가벼우므로 (LPG의 경우에는 공기보다 무겁다) 가스가 새면 높은 곳으로 몰리기 때문에 사용 전 반드시 환기를 시켜야 한다.
② 연소 기기 부근에서는 불이 붙기 쉬운 가연성 물질을 두어서는 안 된다.
③ 콕과 연결부, 호스 등을 비눗물로 수시 점검해 가스가 새는지 여부를 확인 해야한다.
④ 가스의 사용을 중단할 경우에는 연소기구의 콕, 밸브를 확실하게 닫아 둔다.
⑤ 가스가 새 냄새가 날 때는 즉시 부근의 화기를 꺼버림과 동시에 콕, 밸브, 용기 밸브를 모두 닫고 창이나 출입구를 열어 통풍을 시키며 비상 관제실에 통보한다.
⑥ 가스를 사용할 때는 자리를 비우지 말고, 끓어 넘쳐 불이 꺼지는가를 감시하여야한다.
⑦ 가스가 나오면서 호스, 배관 등에 화재가 났을 경우 먼저 중간 밸브로 차단하고 소화기로 불을 끈다.
☆주의★ 가스가 나오는 상태에서 불을 끄면 폭발 위험이 있음.

4) 영업장의 화재

영업실적이 아무리 좋아도 화재가 발생하면 재산뿐만 아니라 인명피해까지 따르게 된다. 화재는 대부분 가스나 전열기구, 그 밖의 부주의로 인한 것이 많다. 일단 화재가 발생하면 침착하게 행동해야 한다.

(1) 화제예방

음식물을 다루는 곳에서는 음식물과 조리할 때 필요한 고열, 기름, 전기, 가스 때문에 화재의 위험이 높다. 주방 안의 모든 기구에 기름끼가 끼게 되므로 화재가 나면 그 위험성은 높을 것이다. 소화기에 대한 전문지식을 숙지함으로서 화재시 긴급 대처할 수 있으며, 화재로 인한 손실을 방지할 수 있다.

(2) 화재발생시의 조치방법

① 침착하게 행동한다
② 주위의 근무자에게 통보한다.
③ 가까이 설치된 소화기로 진화한다.
④ 소화전 연결송수관을 사용하여 진화한다.
⑤ 고객을 비상통로로 유도하여 대피시키고 안정시킨다.
⑥ 가스 밸브, 알콜, 석유, 전열기구 등을 안전 조치한다.
⑦ 필요시 배연구 조작을 한다.

(3) 화재의 종류

가) A급 화재

종이 · 섬유 · 나무 등과 같이 가연성 물질에 의해 발생하는 화재로써 연소 후 재가 남는다.

나) B급 화재

페인트 · 알콜 · 휘발유 · 가스등의 가연성 액체나 기체에 의해 발생하는 화재로써 재가 남지 않는다.

다) C급 화재

전선 · 전열기구 등에 의해 발생하는 전기화재.

라) D급 화재

금속분 A인 알루미늄 · 마그네슘 등과 같은 물질이 공기중에 부유하고 있을 경우 점화원이 접촉되어 발생하는 화재이다.

마) E급 화재

가스(압축, 액화)로 발생하는 화재이다.

(4) 소화기의 종류

가) 하론소화기

압축식 용기 안에 액화할로겐가스로 충전하여 누름판 조정만으로 방출되며, 분사구를 화염에 분사한다. 주방의 열기구 옆에 항상 비치한다.

나) 분말소화기

① 압축식 용기 안에 불연성 가스를 충전하여 필요할 때 레버 조정으로 움켜쥐면 방출된다.
② 사용방법은 안전핀을 빼고 호스 끝의 노즐을 화점으로 향해 움켜쥐면 되는데, 바람을 등지고 사용해야 한다.
③ 주의할 점은 직사광선 · 습기 등에 유의하고, 일정기간이 경과하면 사용하지 않았더라도 교체해야 한다.

5절 주방과 환경

1 음식물의 쓰레기 실태

국내 외식산업이 급성장하면서 음식물 쓰레기로 인한 자원낭비와 환경공해로 사회문제가 되고 있다. 현재 우리나라의 쓰레기는 매일 2만 6천톤, 5톤 트럭으로 환산해보면

5,000대 분의 막대한 양이 쏟아져 나오고 있다. 이같은 쓰레기 발생량을 돈으로 환산하면 1년에 약8조원 규모가 된다. 한국 음식업중앙회(1993년)가 조사한 자료에 의하면, 한 식당에서 제공된 반찬 중 평균적으로 남기는 양은 국 30.4%, 김치찌개 28.9%, 김치 44.6%에 이르는 것으로 나타나 식당에서 사먹는 음식의 3분의 1을 그냥 버리는 꼴이 되고 있다.

국민생활문화를 개선하고 외식문화를 정착시키기 위해서는 식당에서 음식물쓰레기 줄이기 운동이 뿌리내리지 않으면 안 된다. 이를 위해서는 무엇보다도 1회용품 사용을 억제해야 한다. 1회용품이 사라지면 쓰레기량이 줄어들 뿐 아니라 경제적으로 도움이 되므로 업주 스스로 실천하는 자세가 있어야 한다. 식당에서 사용하는 1회용품인 폴리에스텔 용기, 나무젓가락, 종이컵, 물수건, 비닐접시, 스티로폴그릇 등은 식당쓰레기의 30%를 차지하고 있다는(1993년 환경처) 통계이다.

주방에서 함부로 버려지는 음식물 쓰레기는 수질오염의 주범이 될 뿐 아니라 환경오염의 원인으로 지적되고 있다. 음식물 쓰레기는 대개 탄수화물이기 때문에 BOD(생화학적 산소요구량)농도가 높다. 따라서 음식찌꺼기는 하수구로 흘려 보내지 말고 분리수거하여 쓰레기통에 버려야 한다. 이같이 쓰레기를 분리수거하는 한가지 방법으로 싱크대 위에 프라스틱 소쿠리를 하나 준비해 두는 것이 좋다. 싱크대 배수구에 설치되어 있는 걸름망도 음식찌꺼기를 걸러내는 데 큰 역할을 한다. 그러나 이 걸름망을 자주 치우지 않으면 역시 수질오염의 원인이 된다. 걸름망에 음식찌꺼기를 가득히 담은 채 물을 흘려 보내면 거름망을 지나면서 음식찌꺼기에 오염된 물들이 하수구에 흘러 들어가기 때문이다. 걸름망을 바로 치우는 것이 위생적으로 좋다. 생선을 조리할 때와 같은 경우는 도마 아래에 신문지나 광고지를 깔고 작업하는 것이 좋다. 떼어낸 내장 따위는 싱크대에 집어넣지 말고 옆으로 놓았다가 나중에 따로 쓰레기통에 버린다. 걸름망은 아주 작은 음식찌꺼기들을 제대로 걸러내지 못한다. 따라서 걸름망 바로 위에 헌 스타킹을 절반 또는 3분의 1로 잘라 만든 망으로 덮어씌우는 것도 수질오염을 줄이는 지혜가 될 수 있다. 헌 스타킹을 사용할 경우 하천의 BOD나 부유물질 농도를 3%정도 줄이는 효과를 얻을 수 있으며, 질소성분도 20%정도 감소시킬 수 있다. 물 설거지 이전에 고무주걱이나 신문지, 키친타올로 접시나 냄비의 음식찌꺼기를 닦아내야 한다. 그냥 물로 닦았을 때와 음식찌꺼기를 한번 걸러낸 후 설거지를 했을 때와의 차이는 크다. 특히 주방에서 버려지는 쓰레기 중 폐식용유는 환경오염의 주범으로 지적되고 있다. 따라서 폐식용유를 종이나 신문지로 흡수시키거나 양이 많을 때에는 폐식용유와 가성소다를 넣고 가열한 후 응고시키면 비누로 사용할 수 있는 방법이 있다. (조선일보,1994년8월20일)음식물의 오염 실태를 보면 〈표 2-2〉와 같다.

〈표 2-2〉 음식물의 오염실태

품명(cc)	BOD(ppm)	정화하는 물 (1800cc컵)	품명(cc)	BOD(ppm)	정화하는 물 (1800cc컵)
우유(180)	103,500	20,700	라면(200)	18,000	4,100
야쿠르트(60)	100,500	6,700	된장찌게(300)	56,000	18,000
사이다(350)	51,500	20,000	설렁탕(500)	10,400	5,700
오렌지쥬스(350)	623,500	24,000	육계장(500)	9,200	5,100
소주(355)	252,500	99,000	갈비탕(500)	5,400	3,000
막걸리(355)	106,500	42,000	해물탕(500)	2,600	1,400
맥주(550)	71,500	43,000	간장(100)	83,000	92,000
			식용유(500)	1,000,000	55만

2 쓰레기 및 폐기물

쓰레기 및 폐기물을 담는 통은, 해충이나 쥐가 침입할 수 없고 물이 새거나 흡수되지 않으며, 쉽게 청소할 수 있는 견고한 것이어야 한다. 쓰레기통을 씻을 때는 음식물을 조리하는 곳에서 멀리 떨어져 씻어야 한다. 쓰레기통은 반드시 뚜껑을 닫아야 한다. 많은 양의 쓰레기가 나오는 경우에는 충분한 쓰레기 및 폐기물 통이 준비되어 있어야 하며, 쓰레기통은 벌레 및 쥐가 침입하지 못하도록 깨끗이 씻어야 하며, 견고하게 만들어져 있어야 한다. 실외에 설치되어 있는 쓰레기 및 폐기물 보관장소는 충분한 용적이 되어야 하며, 청소하기에 용이하여야 한다. 쓰레기 보관장소는 수시로 청소하거나 점검하여 깨끗이 유지되어야 한다. 쓰레기 및 폐기물은 자주 버려져야 하며, 냄새나는 것을 방지하고, 쥐나 벌레가 기생하지 않도록 자주 소독을 실시해야 한다. 따라서 다음 사항을 주의하여야 한다.

① 뚜껑을 열어 놓고 쓰레기를 보관하는 경우

② 쓰레기통을 자주 씻지 않았을 경우

③ 쓰레기통 주위가 더러운 경우

④ 음식물과 가까이 있는 경우

⑤ 부패성이 많은 음식물을 장시간 방치하는 경우

⑥ 쓰레기 및 폐음식물을 다루고 손을 씻지 않았을 경우

③ 음식물 쓰레기 재활용

외식업체가 해결해야할 과제중의 하나가 바로 음식물 쓰레기 문제다. 음식물 쓰레기는 일반생활쓰레기와 달리 물기가 85%정도를 차지하기 때문이다. 잘 타지도 않고 부패하기 쉽기 때문에 수거와 운반 도중에 악취가 풍기며, 재활용되지 않는 특성을 갖고 있다. 썩으면 침출수가 발생하며 매립지를 오염시키고 미래에는 지하수에 막대한 지장을 준다는 사실이다.

환경오염의 주범이다. 식당내부의 문제로 심각한 위생문제, 무분별한 식단, 일관성 없는 주방관리, 원가상승, 고객에게 바람직하지 못하는 이미지를 안겨 주고 있다. 환경처가 집계한 자료에 의하면 1993년 현재 전국에서 발생하는 생활쓰레기는 62,940톤이며, 이중 음식물 쓰레기는 19,764톤으로 전체 생활쓰레기의 31.4%를 차지하고 있다. 따라서 바람직한 음식문화가 정착되기 위해서는 위생차원이 아니라 경영차원에서 음식물 쓰레기 문제에 대하여 관심을 가져야 한다.

① 식단계획을 짠 후 꼭 필요한 식품만을 적정량을 구입

② 식품구입시 선도가 좋은 식품을 선택

③ 음식 조리시 표준 목록표을 감안하여 알맞게 장만

④ 찌개류는 꼭 먹을 만큼만 조리해 준다.

⑤ 식사시에는 소형 찬그릇을 사용하여 필요한 양만큼 먹는다.

⑥ 음식점에서 남겨진 음식물은 청결하게 포장하여 싸준다.

⑦ 주문 식단제를 도입한다.

⑧ 음식물쓰레기는 거름으로 만들어 사용

⑨ 이물질과 물기를 제거하여 퇴비 · 사료로 재활용될 수 있도록 분리 배출

⑩ 조리방법의 과학화 · 계량화를 이룩해야 한다.

⑪ 환경의식을 고취한다.

⑫ 좋은 식단 국민운동으로 뿌리내릴 수 있도록 홍보한다.

따라서 무엇보다도 식당경영주 · 종사원 · 고객의 의식개혁이 선행되어야 한다는 점이다. 조리방법 · 급식방법 등 구매단계에서부터 음식이 고객에게 서비스 될 때까지 전 단계를 철저한 관리가 이루어져 환경문제와 원가절감의 차원에서 실행되어야 한다.

4 쓰레기의 보관 및 처리

음식을 만들고 다듬고 하는 과정에서 포장지, 음식물 찌꺼기 등의 쓰레기가 많이 생긴다. 따라서 쓰레기통이나 그 보관을 잘못함으로써 음식물이 오염되는 경우가 많기 때문에 각별한 주의가 요구된다. 또한 대수롭지 않게 방치되는 수가 많으며, 이에 대한 점검의 손길이 미치지 않는 경우를 흔히 볼 수 있다. 다음 사항을 수시로 점검하여 오염되지 않도록 하여야한다.

① 바닥이 방수되지 않는 콘크리트이거나 청소하기에 용이한 구조인가?
② 쓰레기통 바깥쪽이 깨끗하며 냄새가 나지 않는가?
③ 사용되지 않을 때 쓰레기통 뚜껑을 잘 닫아 놓았는가?
④ 쓰레기들이 적합한 쓰레기통에 보관되어 있으며, 깨끗이 유지관리되고 있는가?
⑤ 쓰레기를 자주 치우지 않아 흘러 넘치지는 않는가?
⑥ 쓰레기장이나 쓰레기통을 보관하는 지역에 쥐가 서식했던 흔적은 없는가?
⑦ 쓰레기를 장기간 방치하여 썩는 냄새가 나지 않는가?
⑧ 쓰레기통이 음식을 만드는 곳에 가까이 있지는 않는가?
⑨ 쓰레기를 비운 후 물로 씻거나 소독하고 있는가?
⑩ 쓰레기통을 씻기 위하여 온수, 솔, 세척제 등이 준비되어 있는가?
⑪ 쓰레기 보관지역을 수시로 소독하고 청소하는가?

CHAPTER 03

조리부서의 식 · 재료 관리와 메뉴관리

1절 식 · 재료 관리

1 개요

기업의 조리 부서의 경영에 있어서 식 · 재료의 효율적인 사용관리는 영업이익을 창출하는데 중요한 과제라 할 수 있다. 이러한 식 · 재료 관리란 음식을 조리하기 위해 필요한 식 · 재료를 주문에서부터 구매, 검수, 사용, 보관, 재고관리 등의 제반 관리 행위를 말한다. 그러므로 모든 음식은 부패, 부결, 기타오염으로부터 보호되어 사람이 먹는데 안전하여야한다. 따라서 재료는 신선하고 오래되지 않은 것을 구입 · 보관하여야하며 음식물은 재료의 신선도에 따라 음식의 맛과 향에도 밀접한 관계를 가진다. 이러한 목적은 식 · 재료의 관리과정에서 발생할 수 있는 불필요한 낭비와 손실을 방지하여 비용을 절감하고 양질의 좋은 식 · 재료의 구매와 효율적인 사용보관 관리로 신선도를 유지하며 조리상품의 질을 높이는 데 있다.

② 식 · 재료 관리의 흐름

식 · 재료 관리방법은 식 · 재료 수량을 위주로 관리하는 수량관리법과 수량을 유사한 것끼리 한데 묶어 기호로 표시하고 금액으로 처리 집계하는 금액관리법이 있고 금액관리법을 간략한 것으로 대조기간도 월 1회 정도로 하고 월말에 매상집계를 내고 구매량도 월말에 대조하는 간이 관리법 등이 있다. 일반적으로 식 · 재료 관리의 주 요소를 구매관리, 검수관리, 재고관리로 나누어 볼 수 있는데 구체적인 관리의 흐름을 살펴보면 [그림 3-1]과 같다.

[그림 3-1] 식재료 관리의 흐름도

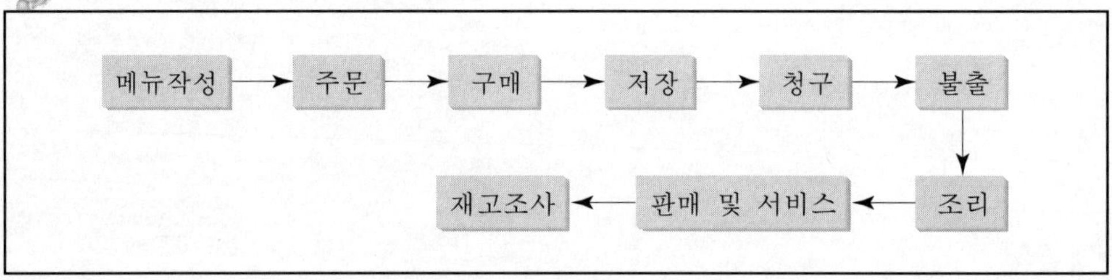

2절 식 · 재료 구매관리

① 구매관리의 의의

구매란, 요구되는 품목에 대하여 정해진 질적 수준한도 내에서 최소 가격을 제시하는 공급자에게로 주문을 결정하는 행동이다. 따라서 식 · 재료의 구매관리란 필요한 식 · 재료를 경제적 주문량의 결정으로 적당한 시기에 적정한 양을 적정한 기준에 맞게 적정한 가격으로 해당 업장에 원활히 공급하는 관리과정을 말한다. 이러한 식 · 재료는 최소비용의 효율적인 구매관리를 통해서 기업경영상 부가적인 투자 없이 이윤을 창출시킬 수 있는 중요한 관리분야로 인식하고 있다.

② 구매관리의 중요성

생산시설의 기계화, 고도의 산업문화로 인하여 구매활동은 기업활 동면이나 가정 활동 면에서도 매우 중요한 위치를 차지하게 되었다.

생산시설이 고도로 기계화되고 자동화되어 있기 때문에 제품의 가격 중 노무비가 차지하는 비중보다 재료비가 차지하는 비중이 커지게 되어 필요한 원재료를 언제, 어디서, 누가, 어떻게 구입하느냐 하는 문제가 영업에 미치는 영향이 커지게 되었다.

이러한 의미에서 전문적인 구매 담당자가 책임 있는 구매업무를 수행해야함은 물론이려니와 구매담당자는 첫째, 청렴해야 하며, 둘째, 신뢰성이 있어야 하고 셋째, 적극적이고 자발적이어야 한다. 넷째, 근면하고 성실하며 다섯째, 임기응변과 재치가 있어야 하며 여섯째, 성격이 치밀하고, 대인관계가 원만해야 하며 일곱째, 효율적인 직무 수행능력이 있어야 한다.

③ 구매관리의 과정

효율적인 식 · 재료의 구매관리를 위해서는 정기적인 시장조사를 실시하여 표준구매명세서에 의해서 용도에 적합한 식 · 재료가 구매되도록 하여야한다. 한편, 양질의 식 · 재료를 구매하기 전에 한국물과표준에 의한 가격목료에 의한 조사를 한후 시장조사를 병행실시하여야한다. 또한 업체 선정시 A, B업체를 선정하고 복수거래를 하는 것이 좋을 것이다. 이러한 해당업체를 주기별로 평가하여 우량업체를 선정하고 납품의 품질, 수량, 규격, 시간, 기일 등의 기준을 준수하도록 거래처 관리를 정확히 해야한다.

식 · 재료의 유효기간은, 포장상태 등 보존기간의 특성을 파악하여 저장기간과 구매시점을 적절히 관리하고 특히 수량 및 규격과 품질미달, 식 · 재료의 수정납품 또는 반품처리 등의 방안을 강구하여야 한다. 구매관리 과정은 업체의 규모나 관리형태에 따라서 다소 다를 수 있으나 일반적으로 〈표 3-1〉 식 · 재료 구매관리 각 단계별의 피이드 백은 다음과 같다.

〈표 3-1〉 식 · 재료의 구매관리 각 단계별 피드백

방침설정	메뉴	소요량예측	주문	구매	입고	저장	생산	판매	통제
· 고객 특성 결정 · 구매 대상 설정 · 구매 품목 의 질 · 원가 및 판매 가격	· 품목의 수량 결정	· 구매량	· 영업장 별의 요구	· 업자 신용도 · 업자 선정 · 업자의 공급 능력 · 계약	· 품목의 질 · 품목의 양 · 검수	· 건조 · 냉장 · 냉동 · 출고 및 재고 관리	· 위생 · 경제성 품질 관리	· 적절한 원가 · 고객 만족	· 업장별 성과 관리 · 영업 실적

④ 구매방법과 종류

① 거래방법에 따른 분류로 현금구매와 외상구매가 있다.

② 구매방식에 따른 분류로 직접구매와 위탁구매가 있다. 직접구매에는 필요한 식 · 재료를 한 업소에 집중시켜 구매하는 집중구매와 해당업소별로 분산해서 구매하는 분산구매 방법이 있고, 위탁구매에는 일괄위탁구매와 분산 위탁구매 방법으로 장기 계약위탁과 단기 계약위탁이 있다고 하겠다.

③ 사용시기나 목적에 따른 분류로 저장구매와 비 저장구매 방법으로 나눌 수 있다. 저장구매방법에는 조미료, 향신료, 오일, 가공품 등의 저장성 재료를 장기간 계속적으로 사용되는 정기 저장구매와, 성수기 때 또는 가격이 낮을 때 비축했다가 사용할 목적으로 구매하는 투자적 구매방법이 있다. 비 저장성 구매에는 야채, 과일, 생선, 유제품 등과 같이 주로 부패성이 강한 비 저장성 식 · 재료들을 필요에 따라 일일구매와 일시 구매하는 방법이 있다.

④ 구매방법들은 호텔이나 전문식당 특성에 따라서 구매방법이 다양하다고 할 수 있으나 일반적으로 위탁구매 형식을 취하여 식 · 재료사용 시기에 따른 정기저장 구

매와 일일구매와 일시구매방법을 병행하여 운영하고 있다.

5 구매업무절차

구매업무는 이것을 수행하는 업체의 규모나 소요되는 물품의 종류와 물량에 따라 각각의 여건에 알맞게 조정되므로 그 내용이나 구해 절차에 다소의 차이가 있을 수 있겠으나 다음과 같은 내용을 일반적 기초로 할 수 있다.

1) 구매의 필요성에 대한 인식

외시기업의 식자 재 부서에서 필 요되는 특정품목이나 소요량을 구매부가 공식적인 과정을 통하여 인식하게 되는 것을 의미하며 신선한 식자 재 주문을 위한 일일 식자 재 구매명세(Daily Market List), 일반 자재의 주문을 위한 구매요청(Purchase Request), 급한 식자재의 구매를 위한 긴급발주(Urgent Order Sheet) 등의 양식을 통해 무책임한 구매요청을 방지하고 재고관리 부서는 일정 재고량의 유지를 위해 물품구매청구서를 구매부에 제출할 필요성이 요구된다.

2) 납품업자의 선정

효과적인 구매기능을 위해 납품업자를 선정할 때는 다음의 절차를 하도록 한다.
① 납품업자의 과거실적에 대한 정보를 획득한다.
② 납품업자를 대면하여 신뢰성을 파악한다.
③ 시험주문을 행한다.
④ 납품업자가 제공할 수 있는 특별서비스가 무엇인지 질문한다.

3) 구매방법

① 집중구매-기업에서 필요로 하는 물품을 한개 업소에 집중시켜 구매하는 방법.
② 분산구매-각 업소별로 필요한 물품을 분산해서 구매하는 방법.

③ 정기구매-계속적으로 사용되는 물품의 구입시 이용되는 방법.
④ 수시구매-구매요청서가 들어 올 때마다 수시로 구매하는 방법.
⑤ 시장구매-시장변동 상황에 따라 구매하는 방식
⑥ 투자적구매-시장상황이 좋을 때 필요량 이상으로 다량 매입하여 가격이 상승할 때 일부를 전매할 목적으로 물품을 구매하는 방식
⑦ 장기계약구매-물품이 대량으로 필요한 경우에 장기 계약을 체결하고 일정 한 시기마다 일정량씩 납품토록 하는 방식
⑧ 당용구매-당장 필요한 물품을 그때그때 즉시 구매하는 방식
⑨ 일괄위탁구매-물품이 소량이면서 다양한 경우 특정업자에게 구입원가를 명백히 책정하여 일괄 위탁하여 구매하는 방식

4) 구매계약

채권, 채무의 발생을 목적으로 쌍방의 의사가 합치함으로써 성립되는 법률행위를 바탕으로 가격 결정을 위한 내용을 분류하고 계약의 방법을 통해 계약기간을 설정한다.

5) 구매가격

① 가격의 종류-경쟁가격, 교섭가격.
② 가격결정에 영향을 미치는 요인-상품의 원가 및 성질, 시장의 특수성, 시장수요의 탄력성, 경쟁업체의 가격, 유통과정의 마진, 마케팅전략, 심리적 요인.
③ 가격결정의 원리-원가법, 시장법에 의한 구매가격을 결정한다.

3절 식 · 재료의 검수관리

1 검수관리의 의의

검수란 구매요청서에 의해서 주문되어온 물품이 구매하려는 해당 식 · 재료와 일치하는가 검사하고 받아들이는데 따른 관리활동이다. 검수 요원은 식 · 재료에 대한 표준구매명세서를 정확히 숙지하고 있어야 하며 품질, 규격, 수량, 수율 등을 해당 검수 기준표에 의해서 정확히 검사하고 가격, 계약조건 및 제반 조건을 검토하여 반입시킬 것인지 반품할 것이지를 신속히 결정하는 능력을 갖추어야 한다.

식 · 재료원가 요소 중에서 최대의 원가요소가 직접재료비라는 것을 감안할 때 기준미달 품질의 식 · 재료를 인수함은 곧 낮은 수율이나 식 · 음료 품질저하를 초래함으로서 긍정적인 비용의 상승을 가져와 식 · 음료 원가관리의 효율성을 떨어뜨리며 기업경영성과에 차질을 가져오게 된다는 점에서 중요한 의미를 갖게된다.

따라서 검수란 구매요청서에 의해서 주문되어 배달된 물품의 내용(품질, 규격, 성능, 수량 등)이 구매하려는 해당 식자재와 일치하는가를 검사하고 받아들이는데 따른 관리활동이다. 따라서 검수담당자는 무엇보다도 주문 상품에 대한 요구 품질 내용을 숙지해야 하며 그래야만 그가 배달되어 온 물품의 품질, 수량, 구매명세서, 가격은 제요소에 비추어 정확하게 검사하고 평가함으로써 그 물품을 받아들인 것인지 반품시킬 것이지를 결정할 수 있게 될 것이며, 이때 가격의 검토는 대개 식자 재와 함께 보내온 송장(invoice)과 구매요청서의 내용을 비교함으로써 이루어진다.

2 검수관리의 방법 및 기준

1) 전수검수법

납품되는 모든 식자 재를 일일이 검수하는 방법으로 식재로가 소량이면서 고가인 경우나 희귀한 아이템의 경우가 여기에 해당된다.

2) 발췌검수법

납품된 식자재중에서 몇 개의 샘플을 뽑아 사전에 설정된 그 식자재의 표준기준과 비교하는 방법이다.

3) 송장검수법

가장 널리 사용되는 검수방법으로서 구매명세서의 송장에 기록한 내용에 따라 수량, 품질, 특성, 가격 등을 검수하여 입고시키는 과정이다.

4) 표준순위 검수법

송장검수법과 거의 유사한 방법이다. 그러나 송장검수법에 비해 느슨한 점이 있다. 송장대신 배달 티켓이 물품과 함께 검수원에게 보내는 방법으로 동일한 물품을 정기적으로 보낼 때 사용한다.

5) 무표식 검수법

물품의 정보 외는 다른 정보가 없어 품목별 이름, 가격, 수량, 특징 등만을 기록하여 보내진 재료를 보고 검수하는 방법이다.

6) 우표배달 검수법

주문한 물품이 우편이나 항공에 의해 배달되는 경우에 화물표가 송장대신 역할을 하기 때문에 신뢰성을 유지하는 거래업자와의 관계에서 성립하는 검수법이다.

7) 대금상환검수법

검수원이 배달원으로부터 물품을 직접 받는 동시에 대금을 지불하는 방법이다.

각품목별 검수시 고려사항은 다음과 같다.

① 야채 : 크기 및 색깔, 다듬기, 신선도, 품종고유의 향기등.
② 과일류 : 크기, 형태, 숙성도 및 등급, 향기, 색깔, 신선도, 산지, 등.
③ 육류 : 종류, 등급, 육질, 다듬기상태, 지방 및 힘줄 점유율, 신선도 등.
④ 계란류 : 크기 및 중량, 미세한 균열, 신선도 및 영양상태, 수량 등
⑤ 어패류 : 신선도, 살아있는 정도, 깨끗함 정도, 크기, 산지 등
⑥ 생선류 : 크기 및 중량, 자연산과 양식여부, 원산지, 신선도, 살의 탄력성등
⑦ 냉동식품 : 냉동방법, 포장상태, 유효기간, 원산지 등을 점검하나 주방에서 해빙후 하자가 발생시 반품의 전제조건이 있어야 한다.
⑧ 공산품 : 유효기간, 포장상태, 포장단위, 국내산과 수입산 여부 등
⑨ CAN제품 : 유효기간, 포장상태, 상표, 실 중량, 녹의 유무 등

3 검수 관리과정

① 구매요구서, 계약서와 견적서에 의하여 배달된 자재의 수량 및 가격을 점검한다.
② 표준명세서를 근거로 하여 주문물품의 내용을 검수하고, 불일치가 발생할 경우 반품 내지는 신용장에 기록한다.
③ 검수 요원은 검수를 거쳐 인수한 식 · 음료 자재에 대한 일일 검수 보고서를 작성한다.
④ 검수 결과에 대한 내용을 기록하고 확인 서명한다.
⑤ 검수가 끝난 식 · 음료자재는 신선도를 유지할 수 있는 적당한 창고 위치로 신속하게 옮긴다.
⑥ 검수 담당자는 검수 과정을 거쳐 인수한 식 · 재료에 대한 검수 내용을 기록한 일일 검수 보고서를 작성하여 해당 부서에 송부해야 하며, 검수의 승인이 있고 난 후부터 기업의 자산으로 평가된다.

4 검수시 유의사항

① 운반해오는 차량의 외관상태를 적어둘 것. 진흙, 먼지, 물, 기름 등이 얼마나 묻어

있는지 보아야한다. 만약 운반차량이 냉동하여야 하는데도 이를 위반하여 운반했다면 음식물이 새어나오면서 오염될 가능성이 높기 때문이다.

② 차량에서 냄새가 나는지 확인할 것. 불결한 냄새가 나면 음식물을 싣기 전에 제대로 청소를 하지 않았거나 관리가 잘못되었을 경우이다.

③ 포장상태를 점검할 것. 만약 파손되었거나 깨졌을 경우에는 운반과정에서 문제가 생겼던 것으로 추정해야되며 그러한 것들은 오염되었을 가능성이 높다.

④ 물품 검수가 끝나면 곧바로 분류하여 창고 또는 주방으로 입고시켜야한다. 이는 검수한 후 오랜 시간 방치되면 오염될 가능성이 높아질 우려가 있기 때문이다.

4절 식 · 재료의 재고관리

1 재고관리의 의의

재고관리란 조리 및 판매에 필요한 재고를 어떤 품목으로 얼마나 보유할 것인가를 결정하고 효과적인 자본효율을 달성할 수 있도록 적정 수준을 운영하며 구매한 식 · 자재를 적기 적소에 공급이 가능하도록 저장 분배하는 과학적 관리의 기술이라 정의할 수 있을 것이다. 이러한 재고관리의 목적은 고객에 대한 서비스 수준향상과 조리의 판매기능 확립, 재고투자의 적정화, 안전조업의 확보, 수량관리의 향상, 품질관리의 향상 등이다.

2 재고관리의 목적

식자재 재고관리의 목적은 첫째 수요에 신속히 대처하여 메뉴 개발에 활성화를 도모하고, 둘째 재고를 최적 상태로 유지 관리하여 가능한 최소의 재고로 품질을 최상의 상태로 유지하여 손해 발생을 최소화시키며, 셋째 유지비용 및 발주에 따른 제비용을 최저화 시키는 데 있다.

③ 재고관리의 과정

1) 식 · 재료의 주문관리

(1) 경제적 주문량결정

구매량을 결정하는데는 여러 가지 변수를 고려해야 한다. 식 · 재료의 경우에는 일반 자재와는 달리 저장상의 문제, 예측의 어려움, 계절성, 구매시장의 조건 등과 같은 변수가 구매하여야 할 적정량의 결정에 영향을 미치기 때문에 현실적으로 납득할 수 있는 수치적인 구매량의 결정은 어려운 것이 사실이다. 구매와 운반에 소요되는 비용을 최소화하기 위해서 결정하여야 할 1회 주문량이 있는데 다음과 같은 공식에서 얻어진다.

· 경제적 주문량 = 2FS÷CP

· F : 1회 주문에 소요되는 고정비용 S : 연간매출액 C : 관리비용(보험, 이자, 저장) P : 단위당 구매원가

· 재고총액에 대한 백분율

예 년간사용량 1,000kg 관리비용이 재고 가치의 15%, 단위당 구매 원가 12원 주문에 소요되는 고정비용 8원

EOQ = 2×8×1,000÷15%×12

EOQ = 16,000÷1.8

EOQ = 8,888

EOQ = 94kg

결국 관리비용과 주문에 소요되는 고정비용을 최소화하기 위한 경제적인 주문량을 매 주문시 94kg이다. 즉, 1,000÷94kg = 10.6회가 된다. 대략 34일 (365÷10.6)마다 주문한다는 것이다.

(2) 재고회전율을 이용한 발주량 결정

식 · 재료의 재고 표준율은 년간 매출에 대한 예측치와 재고회전율에 의해 결정된다. 즉, 매출 예측치를 대비하여 총 소요량을 예측하는 방법이다. 매달 말 재고의 실시결과를 바탕으로 월 재고 회전율을 계산하는 공식은 다음과 같다.

· 월 재고회전율 = 총 매출원가÷평균 재고액

· 총 매출원가 = 월초재고+당기매입−월말재고

· 월 평균재고 = 월초재고+월말재고÷2

예 월초재고(전달의 월말재고) = 5,650,

월말재고(다음달의 월초재고) = 5,350

총 매출원가 = 9,900

월 재고 회전율 = 9,900÷5,500 = 1.8회

월 평균 재고 = 5,650+5,350÷2 = 5,500

년간 1.8×12 = 21.6회

(3) 적정 구매량

· 총 재료 소요량 = 매출예측치+기말재고

· 조리예산수량 = 총재료 소요량−기초재고

· 구매량 = 조리예산수량×단위당 재료 소요량

조리의 특성상 여러 가지 재료가 사용되므로 메뉴품목별로 판매량을 예측해야 하고 이에 기초한 동일재료에 대한 소요량을 합산해야 되므로 대단히 복잡하고 어렵다고 하겠다.

2) 저장관리

식자재의 저장관리란 검수과정을 거쳐 입고된 식자 재를 손 실없이 보관하여 출고가 원활히 이루어지도록 관리하는데 있다. 적량의 식자 재를 유지하고 품질을 최상의 상태로 보존하여 부패와 절도에 의한 식자재의 손실 발생을 최소화하기 위해 식자 재 창고를 운영하는 것이 바람직하다.

식자 재를 효율적으로 저장. 관리하기 위해서는 다음 사항을 고려해야 한다.

① 물자의 저장위치를 명확하기 하기 위해서 재고위치제도를 적용 물품별 카드에 의거하여 물자의 소재를 언제든지 손쉽게 찾을 수 있도록 한다.

② 재료의 명칭, 용도, 규격, 및 기능별로 그 종류를 분류하여 저장해야 한다.

③ 품질보존 차원에서 재료를 저장함에 있어 사용가능한 상태로 보존할 수 있어야 한다.

④ 재료의 저장기간이 짧으면 짧을수록 재고재산의 회전율이 높고, 자본의 투자가 효율적으로 이루어질 수 있다. 따라서 재료는 먼저 저장된 순서에 따라 불출 되어야 하면 그렇게 하기 위해서는 입고순서에 따라 불출이 가능하도록 적재되어야 한다.(선입선출법)

⑤ 저장시설에 있어 가장 중요한 것은 보온 및 충분한 저장 공간이다. 저장 공간은 저장물자의 양과 부피에 따라 결정되며, 물자 자체가 점유하는 점유공간 이외에도 물자운반 장비의 가동공간이 고려되어야 한다.

5절 식 · 재료의 저장 및 출고관리

1 저장관리

식 · 재료의 저장과 보관관리의 주요목적은 적정재고를 유지하고 품질을 보존하여 낭비나 부패에 의한 식 · 재료의 손실발생을 최소화하려는데 있다. 음식물의 조리를 준비하거나 서브할 시간을 제외하고는, 일단 용기에서 꺼낸 후에는 항상 깨끗하고 뚜껑이 있는 그릇에 보관하여야한다. 이를 위해서는 좋은 저장시설과 보관계획 방법을 강구해야한다. 한편저장은 검수 직후에서 식재료를 사용하기 전까지의 문제로서 품질보존의 안전성을 확보하기 위하여 식재로의 종류에 대해 적절한 온도, 습도, 등의 조건하에서 보존하는 품질 관리를 말한다.

양질의 식품을 안전하게 구입했다 해도 저장 상태가 부적절하다면 생각지 않은 손실을 초래하게 되며 급식 운영에 있어서도 커다란 손실을 가져온다. 또한 급식 시설의 실정에 맞게 저장설비를 정비하지 않으면 이러한 손실을 초래하게 된다.

일반적으로 저장 설비는 다음의 3가지가 있다.

첫째 식품창고 - 곡물, 건물류, 조미료류, 근채류, 등 상온에서 보존이 가능한 식품을 저장한다.

둘째 냉장고(실) 보존의 적온이 5~10 이하에서 식품을 저장한다. 생선류, 어류, 육가공품, 버터나, 마가린 등의 고형 유지류, 우유, 유제품, 마요네즈, 와 같은 것 등은 상온에서 품질의 저하를 초래하기 쉬우며, 냉동에는 적당하지 않은 식품류이다.

셋째 냉동고(실) 냉동보존에 적당한 식품을 저장한다.(냉동식품등 식품류저장)

① 음식물을 보관할 때는 바닥으로부터 최소한 15cm높이 위에 있어 오염되거나 먼지 등이 묻어나는 것을 방지해야한다.

② 음식물은 상하수도 설치지역이나 사람들이 드나드는 현관 등에 보관되어서는 안 된다.

③ 음식물 중 씻지 않고 생으로 서브되는 것들은 그에 적절하게 보관하여 다른 음식물에 오염되지 않도록 한다.

④ 샌드위치 등은 포장되었다 하더라도 얼음과 직접 닿게 해서는 안 된다.

⑤ 누구나 쉽게 알아볼 수 있는 경우를 제외하고는 한꺼번에 많은 양을 담아놓고 쓰는 기름, 시럽, 설탕, 밀가루, 간장, 식초 등은 각각 내용물을 표시하여야 한다.

⑥ 고기를 보관하는 장소 밑에 야채 등의 식품을 보관하는 경우는 부패의 위험이 높다.

⑦ 우유 등을 엎지르고 난 뒤 치우지 않고 음식물을 방치해서는 안 된다. 우유는 단 시간내 부패하기 때문이다.

1) 건조음식물의 저장

건조음식물의 보관은 적절한 온도와 습도를 고려하여 분류 저장하여야 한다.

음식물은 선반이나 단을 이용하여 바닥으로부터 떼어 저장하고 항상 청결상태를 유지하고 점검을 하여야 한다. 저장장소에 대한 환풍장치의 고려, 쥐나 벌레등의 서식처가 되지 않도록 주의하여야 한다. 먼저 입고된 음식물 재료부터 사용하는지 여부를 확인하고 무거운 물품은 아래에 저장하여야 한다. 살충제 등의 저장은 철저한 관리와 점검을 하여야 한다. 저장품 중에서 오래된 것이 없는지 항시 제품의 유효기간을 점검하여야 한다. 밀가루나 메밀가루 등은 그 속에 벌레등이 기생할 수 있으므로 항시 적정량의 재고 이하를 유지할 필요가 있고 사용하지 않더라도 수시 점검하여야 한다.

다음은 건조음식물의 저장시 주의 사항이다.

① 음식물은 바닥으로부터 떼어놓아 저장함으로써 바닥을 씻기 편하게 하며 오염으로부터 보호한다.

② 음식물은 노출된 하수도나 상수도선 끝을 습기가 묻어나는 벽 옆에 저장해서는 안 된다.

③ 살충제, 비누, 세척제를 포함하여 모든 독성이 있는 물질은 음식물류와 떨어져 저장시켜야 한다.

④ 포장이 뜯어진 것들은 표시를 하여 뚜껑을 닫아 저장시켜야 한다.

⑤ 바닥과 선반은 항시 깨끗하고 건조하게 유지한다.

⑥ 저장지역은 정기적으로 청소한다.

⑦ 구입한 물품의 날짜를 기록하여 먼저 구입한 것을 먼저 쓰도록 한다.

⑧ 자주 쓰는 물품은 아래 선반과 입구 쪽에 저장한다.

⑨ 무거운 물품은 아래 선반 쪽에 저장시킨다.

2) 냉장음식의 저장

냉장음식은 건조음식과 달리 온도가 맞지 않을 경우 부패될 위험이 높다. 냉장고 온도는 1일 2회 이상 정기적으로 확인하여야 한다. 정전이든지 기계고장 등에서 오는 비상사태를 사전에 확인하는 데 있다. 특히 주의사항은 윗간에 저장되어 있는 식품 중에서 물기가 흘러내리는 종류가 있을 경우 이것은 아래 부분에 저장되어 있는 음식을 부패시키는 결정적인 요소가 되므로 최초 저장시 주의하여야 한다. 우유 및 우유가공 음식물류는 강한 향취가 나므로 이런 것들은 분류하여 저장한다. 냉장 저장시는 다음사항을 주의하여야 한다.

① 조리된 음식이나 원래의 통에서 옮겨진 음식물은 깨끗하게 소독되어 있고, 뚜껑이 있고, 내용물 설명이 표시되어 있는 상태에서 저장되어야 한다.

② 포장된 음식은 얼음에 닿지 않도록 해야한다.

③ 냉장고 온도는 정기적으로 확인해야 한다. 일반적으로 적용되는 온도는 완제품은 섭씨 7℃이하, 우유 및 고기는 섭씨 4℃이하, 해산물은 섭씨 영하 10℃이하이다.

④ 큰 고기 덩어리와 면적이 큰 음식물들은 그 표면에 찬 공기가 잘 통할 수 있어야 한다.

⑤ 음식물은 바닥에 직접 닿지 않게 한다.

⑥ 정기적으로 장비와 냉장 저장지역을 청소한다.

⑦ 모든 음식물은 입고 저장된 날짜를 기록하여 먼저 입고된 것을 먼저 쓰도록 한다.

⑧ 야채와 과일은 상하지 않았는지 매일 점검한다.

⑨ 우유 및 가공식품은 강한 향취가 나는 류의 음식물과 분류하여 저장한다.

⑩ 생선류는 다른 음식과 간격을 두고 저장한다.

3) 냉동음식의 저장

냉동저장은 육류 등의 품목이 대부분이라 할 수 있다. 이것들은 대부분 커다란 덩어리로 저장되는 경우가 많다. 이때 얼기 전에 사용하기에 적당한 크기로 분류하여 냉동실에 넣어놓으면 편리하다. 냉동실은 항시 영하의 온도를 유지해야하기 때문에 냉동실에서 작업할 때는 동상에 주의하여야 한다. 각 품목마다 ① 품목 ② 구입일자 ③ 구입처 ⑤ 중량 등을 기록하여 놓는다면 편리하다. 입고 전에 검수 또는 냉동실에 비닐로 포장하고 난 후 누구나 보기 쉽게 꼬리표를 부착하여 놓는다면 찾기가 쉽다.

다음은 냉동저장시 주의 사항이다.

① 냉동 음식물은 섭씨 영하 18℃나 그 이하에 즉시 저장되어져야 한다.

② 냉동실에 설치된 온도계를 자주 점검하여야 한다.

③ 음식물을 잘 쌓아놓아 냉동으로 인해 음식물의 표면이 상하지 않도록 해야 한다.

④ 필요에 따라 냉동실에 낀 성애를 제거해야 하는데 가능한 한 저장된 음식물이 최소 적재되었을 때 실시한다.

⑤ 냉동실 문을 자주 열지 않도록 하여 차가운 공기를 낭비하지 않도록 한다.

⑥ 성애를 제거할 때는 남아있는 음식물을 다른 냉동실에 옮겨 철저히 내부청소를 할 수 있도록 하고 내용물을 건조하게 유지할 수 있도록 한다.

⑦ 모든 적재물은 구입일자를 명시하고 선입선출을 사용하며 항시 물품정리정돈은 철저히 한다.

⑧ 선반과 바닥은 항시 깨끗이 유지 관리한다.

⑨ 냉동장비를 효율적으로 가동시킬 수 있는 방법을 연구하고 점검표를 작성 기록한다.

② 식 · 재료 출고관리

1) 출고관리의 목적

출고관리는 첫째 식자 재를 방출할 수 있는 적정의 권한이 있어야 하며, 둘째 매일 적절한 절차에 의해 식자 재 출고량을 정확히 산정하는데 있고, 셋째 재고량 파악 및 관리, 넷째 매일 식료구매량을 결정하는데 목적이 있다.

2) 출고절차

창고로부터 식자 재를 수령하려면, 첫째 각 영업장 책임자는 식자 재 출고, 청구서(Store Request)를 작성하여, 둘째 부서장(주방장)에게 의뢰하면 부서장은 검토하여 Sign, 셋째 식자 재 재고관리 직원에게 제출하여, 넷째 출고를 확인받고 수령Sign을 한 후 원본은 재고 관리과에 사본은 수령부서가 보관한다.

3) 출고에 따른 관리활동

① 물품청구서에 대한 신속한 처리를 위해서는 서류 접수 및 처리에 대한 시각적 한계를 일정하게 정해 두는 것이 바람직하다.

② 창고에서의 출고 업무 담당자는 수입 품목과 국산 품목에 대한 청구서를 각각 구분한다.

③ 모든 식자 재청구서의 처리는 제출된 순서에 의하여야 하며, 따라서 물품의 출고도 또한 이에 따라 이루어져야 한다.

④ 일의 능률을 위해서나 물품의 위생적 취급을 위해서도 손수레 등을 이용하는 것이 바람직하다.

⑤ 물품청구서에는 이를 접수한 계원의 사인을 받아 둔다.

⑥ 물품청구서는 원가관리부서에 보내는 외에도 그 사본을 창고 관리 장부에 보관하도록 한다.

⑦ 매일 출고 업무의 종료와 하께 출고된 식자 재를 그 형태별로 또는 품목별로 집계한다.

식 · 재료 출고관리란 구매행위가 생산활동으로 연결되는 최종단계로 저장창고로부터 식자재가 인출되는 것을 말한다. 따라서 출고 관리는 식 · 재료를 청구하고 출고하는 일련의 업무를 뜻하며 이때 불출분이 해당영업장의 원가로 계산한다. 이 시점부터 영업장의 재고에 관심을 갖고 관리해야 하며 주방간의 재료이동 상황까지 관리하게 되며 업장의 원가를 계산하는데 중요한 자료로 이용된다.

식 · 재료의 출고관리 절차는 필요한 업장에서 먼저 물품청구서에 해당 식 · 재료를 기재하고 위임권자의 승인을 득한 후 식재료 창고에 접수하여 물품을 수령하게 되며 불출자와 인출자가 서명 확인한다.

식 · 재료 출고관리자는 반드시 선입선출(FIFO : First In First Out)원칙에 의해 입고 순서에 따라 출고하여야 하며 부패가 되었거나 유효기간이 만료된 식 · 재료는 적절한 절차를 거쳐서 반품 또는 폐기처분 하여야한다.

출고자는 당일의 총 입 · 출고 상황을 정리한 창고 출고 금액명세를 해당원가 관리자에게 보내어 단위영업장의 원가계산에 협조하여야 하며 원가 관리자는 실제 불출품목, 수량, 금액을 정확히 계산하여 착오가 없는지 확인한다.

③ 업장단위 주방의 재고관리

각 업장의 주방에서 사용하는 식 · 재료는 매일 일일 구매되어지는 식 · 재료와 창고에서 불출한 식 · 재료로 구분되어질 수 있다.

원가관리를 위해서는 각 단위 주방간의 식 · 재료 및 음식이동에도 관심을 갖고 정확한 이동 전표를 기재하여 관리하여야 한다.

④ 식 · 재료의 재고조사 관리

식 · 재료 창고의 재고 조사는 보통 원가관리자와 자재관리 직원이 공동으로 실시하고 각 단위 업장의 주방재고는 원가관리자와 주방요원 공동으로 실시한다.

재고조사의 종류는 정기 재고조사, 임시 재고조사, 월말 재고조사와 일일 재고조사, 창고 재고조사와 각 업장 재고조사 등이 있다.

재고조사는 공정하게 품명, 수량, 규격 등을 정확하게 해야하며 반제품까지도 조사되어야 한다. 재고금액으로 환산시에는 식 · 재료의 구입과 불출기장법에 의한 식품수불부에 따라서 합리적인 재고 관리가 되도록 해야한다.

⑤ 식 · 재료의 적정재고 유지관리

식 · 재료의 재고회전율을 이용하여 적정재고 수준을 유지할 수 있다.

재고량과 재고회전율의 관계는 일반적으로 재고량이 많으면 회전율이 낮아지고 재고량이 적으면 회전빈도도 높아진다. 재고회전율이 너무 높다는 것은 재고 고갈을 초래할 위험이 있으며 회전 보관비용의 과다 지출을 가져온다. 재고 회전율이 너무 낮다는 것은 매출에 비해 필요이상으로 재고를 보유하고 있다는 뜻이며 거액의 자금이 묶이게 되어 기회 이익이 상실되며 재고 유지비용이 증대된다. 따라서 적정한 재고 회전율의 관리를 강구해야하며 일반적으로 식품사업에서 재고회전율의 범위는 월 평균 2~4회 회전율을 하고 있다.

6절 조리 부서의 메뉴관리

① 메뉴란 무엇인가?

메뉴란 그 영업장의 얼굴로서 고객들이 쉽게 음식을 선택 할 수 있도록 그 업소에서 판매되고 있는 상품을 세부적으로 소개하는 안내서이다.

초창기의 커피숍 혹은 레스토랑들은 메뉴를 사용하지 않았으며, 오직 웨이터나 웨이츄레이스의 기억에 의존했다. 그러나 판매되는 품목이 많아지고 단순히 기억에 의하여 판매되는 것이 어렵게 됨으로서 문서로 기록한 메뉴가 생기기 시작했다. 메뉴가 처음 생기게 된 것은 1498년 프랑스 한 귀족으로부터 생겨난 착안이라고 하나 1541년에 프랑스의 헨리 8세 당시 "부랑위그" 공작의 관사에서의 연회 때 생겨난 것이라고 한다.

② 조리 부서의 메뉴관리

1) 메뉴관리의 의의와 중요성

현대에 전 세계가 공통적으로 사용하고 있는 메뉴란 식 · 음료 상품의 가장 기본적인 판매수단으로 고객이 필요로 하는 상품의 이름과 내용 및 가격이 기록되어 있는 차림표 또는 식단을 말한다. 메뉴는 고객에게 판매할 상품을 알리기 위한 목록이상으로 중요하다 하겠다. 왜냐하면 메뉴는 외식서비스에서 고객이 가진 욕구를 충족시키는 수단으로서 적절하게 설계된 메뉴는 특정기업에 목표달성을 하는데 도움을 준다. 메뉴는 가격, 이용 가능한 항목, 제조기법과 서비스방법 등에 관련된 정보를 알려준다. 좋은 메뉴 설계와 창조는 고객의 구매의사 결정에 상당한 영향을 미치며 특정 기업이 가진 전반적인 이익을 최대화로 가져준다. 또한 메뉴는 광고 도구로서 사업의 지속성을 개발시켜주며 설비의 선택, 설계와 시설 계획 등에 영향을 미치는 중요한 요소이다. 따라서 식 · 음료 영업의 모든 것은 메뉴로부터 시작된다고 할 수 있다. 메뉴는 내부마케팅이며 식 · 음료 경영관리의 기본이며, 식 · 음료 영업활동에 미치는 영향을 구매, 시설의 설계와 공간의 분배, 조직, 생산성, 서비스, 수입통제, 원가관리 등 모든 분야로 보았다. 즉 메뉴란 고객에게 이미지를 전달하고 요리사에게 어떤 음식이 어떻게 준비되어야 하고, 식 · 음료를 어떻게 서비스하고, 구매관리자는 어떤 식 · 자재를 구매하고, 시설관리자는 어떤 시설물을 설치하며, 규모, 공간, 인력배치 등 조직구성과 주방의 시설, 레스토랑의 인테리어 등의 모든 운영이 메뉴에 달려 있다고 해도 과언이 아니다. 따라서 메뉴관리란 메뉴작성을 위한 계획, 구성, 가격결정 등의 제반관리 활동을 말하며 그 목적은 효과적으로 개발하고 원가 및 품질관리를 합리적으로 하여서 고객에게 만족을 주는 경영성과에 기여하는데 있다.

2) 메뉴의 종류

메뉴의 종류는 분류방법에 따라 여러 가지 형태로 구분할 수 있으나 일반적으로 영업형태에 따라서 분류하면, 커피숍, 양식당, 한식당, 일식당, 중식당 등의 각종 영업형태에 사용하는 메뉴와 연회장행사나 출장파티에 사용하는 연회메뉴, 상설뷔페 메뉴, 룸서비스 메뉴와 계절별로나 분기별로 필요시 개발하는 특선메뉴, 기획메뉴 등으로 크게 나누어 볼 수 있다.

메뉴는 영업형태에 따라 분류하면 수없이 많다고 하겠다.

3) 메뉴의 개발관리

메뉴의 개발계획의 기본원리는 다음과 같이 3가지로 살펴볼 수 있다.

(1) 미시적 측면

메뉴는 단편적으로보다는 전체적으로 조화있게 구성하여 음식의 색상, 재료, 질감 등이 다양성있게 배합되도록 계획하여야 한다.

(2) 경제적 측면

메뉴를 계획할 때는 비용을 고려하여 식당과 고객 수준에 맞도록 하여야 한다.

(3) 실제적 측면

식당, 주방, 설비, 인원 등을 고려하여 필요한 시간 내에 음식을 조리하여 낼 수 있도록 서비스 형태에 맞는 메뉴를 개발하여야 한다.

4) 메뉴를 개발할 때 고려해야 할 사항

메뉴의 역할은 식당경영성과에 절대적인 영향을 미치는 바 메뉴의 개발작성에는 많은 자료와 전문지식 및 능력과 경영자의 노력이 필요하다. 특히 새로운 메뉴를 개발하고자 할 때는 다음과 같은 사항을 고려해야한다.

① 메뉴의 다양화는 원가관리의 목적에 반하기 쉬우므로 목표원가를 달성할 수 있는 범위 내에서 개발하여 기존의 메뉴를 주기적으로 교체하는 방법 등을 택하여 다양화를 기할 수 있는 메뉴개발을 해야한다.

② 음식의 맛, 질, 모양 및 분량 등의 품질에 관심을 가지고 고객이 선호하는 메뉴를

개발하여 수요시장에서 품질경쟁력을 확보할 수 있도록 해야한다.

③ 식당의 수익성, 이미지 및 영업전략을 고려하여 합리적인 가격수준의 메뉴를 개발하여 판매시장에서 가격 경쟁력을 확보할 수 있도록 해야한다. 이상과 같은 내용을 바탕으로 영업장 형태, 고객의 욕구, 영양적 요소, 설비시설, 조리인원, 음식의 다양성과 풍미의 조화 및 계절성, 예산의 범위 등을 충분히 고려하여 메뉴에 사용되는 용어를 선택하고 메뉴의 내용을 구성하여 장기적인 안목을 가지고 경제성 있는 메뉴를 개발하도록 노력하여야 한다.

5) 메뉴의 원가관리

(1) 메뉴의 원가관리의 의의와 원가에 미치는 영향요인

최고의 메뉴를 개발하여도 조리과정에서 효율적으로 운영되지 않으면 원가의 상승으로 이윤극대화를 기대하기 어렵다. 특히 메뉴의 판매가격은 판매량이나 원가에 미치는 영향이 크므로 경쟁사의 유사한 가격을 모방하는 것은 위험하며 판매의 예측치를 고려하여 판매 메뉴의 식 · 재료 원가, 계절적 식 · 재료비의 상승요인, 대중인기도 등을 충분히 고려하여 소비자의 만족도를 높이는 선에서 가격을 결정해야할 것이다. 메뉴의 원가에 영향을 미치는 요인은 메뉴의 작성과 구성 및 가격결정과 식 · 재료의 구매, 검수, 저장 및 재고관리, 전문 인적자원, 시설 등을 들 수 있다. 비용은 수익을 창출하는데 기여한 소멸원가를 의미하며, 손실은 수익을 창출하는데 아무런 기여도 하지 못하고 소멸된 원가를 의미한다. 이러한 비용과 손실은 모두 손익계산서에서 수익으로부터 차감된다.

[그림 3-2] 원가의 정의는 다음과 같다. 따라서 메뉴의 원가관리란 원가에 영향을 미

[그림 3-2] 원가의 정의

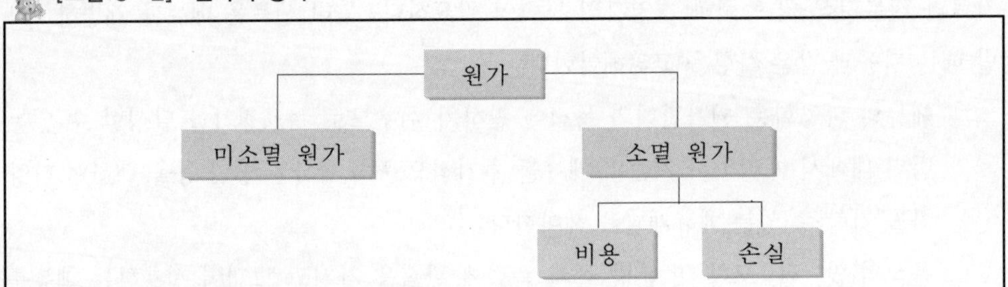

치는 요인을 효율적으로 관리하여 불필요한 낭비나 손실을 방지하기 위한 관리활동을 말한다.

(2) 메뉴의 원가관리 방법

주방에서 만들어지는 모든 음식에 대한 원가관리 방법은 식 · 재료를 이용한 판매수익과 원가를 각 재료에 따라 부분별로 원가요소를 계산하고 부분별로 원가분석을 하여 관리하는 것이다.

음식의 원가관리는 단위생산원가를 계산할 수 있도록 되어 있어 특정상품의 판매일지라도 재료비는 그 재료의 양을 결정할 수 있게 하여 주는 것이다. 실질적으로 음식의 소비된 식 · 재료를 구분하는 원가관리는 어려운 일이다. 그러나 이 방법이 원가관리의 기초적인 정보제공 자료이기 때문에 원가를 절감할 수 있는데 사용하고 있다.

가) 표준원가 관리방법

표준원가란 표준 조정법에 의해서 미리 재료의 소요량과 재료비를 결정하여 사전에 원가를 계산하고 이것을 목표로 실제 원가와 비교함으로써 원가 관리를 관리하는 방법이다.

표준원가 계산을 위해서는 표준구매 명세표, 표준양 목표, 표준산출량, 표준분량의 크기, 메뉴품목별 판매수량 집계표, 메뉴품목별 판매가격, 사용 식 · 재료의 매입원가 등이 분석자료가 필요하다.

나) 양 목표에 의한 원가관리

음식에 대한 단위별, 품목별 가격과 수량이 정확하게 명시되어 있는 명세서는 원가분석에 기초자료가 되며 판매가격을 결정할 수 있는 유일한 원가관리의 자료가 된다. 소량의 1인분에 대한 원가계산은 많은 양의 재료를 가지고 만들 때, 소비되는 원가를 계산하여 판매상품별로 개수를 나누면 1인분의 원가를 산출할 수 있다. 양 목표에 의한 원가관리를 하는 것은 조리사의 조리업무를 합리적으로 수행할 수 있게 하고 원가의식을 직접적으로 보여줄 수 있는 현실적 방법이며 식 · 재료의 소요량을 계산할 수 있는 이점이 있다.

표준원가 관리의 필요성은 식 · 재료의 원가절감, 식 · 재료 품목별 표준원가의 공정한 계산, 메뉴 및 표준 원가카드의 작성, 원가에 대한 판매분석용이, 변동원가에 대한 계산의 용이, 인건비의 합리적인 계산, 원가보고서 작성, 경영성과 분석에 관한 적정이익관리를 들 수 있다.

다) 비율에 의한 원가관리

식 · 재료의 대한 원가를 비율에 의한 방법으로 계산할 때는 식 · 재료의 매출 총원가를 총매출액으로 나누어서 원가를 산출하는 절차이다. 식 · 재료의 원가가 매출의 일정 범위 내에 있도록 관리하려는 통계적 개념하에서 성립된 것이다. 이 방법은 메뉴의 가격이나 원가의 변동에 관계없이 비교가 가능하며, 적정 식 · 재료 원가여부를 밝히는 데 매우 효과적이다. 어떤 특정한 메뉴에서 원가의 변동이 있는지 밝혀지지 않는 단점이 있으나, 식 · 재료를 총체적으로 분석하는데는 효과적이다. 식 · 재료의 원가율에 관한 공식은 다음과 같다.

· 식 · 재료 원가 = 기초재고+당기매입−기말재고

· 식 · 재료 원가율 = 식 · 재료 원가 총매출×100

6) 메뉴의 품질관리

(1) 메뉴 품질관리의 의의 특성

품질이란 정의는 학자들의 견해에 따라서 차이가 있으나 품질관리란 주어진 요구를 충족시키는 제품 또는 서비스 특징과 특성의 총체라고 정의를 할 수 있다. 메뉴의 품질관리란 고객에게 상품으로 판매할 음식의 효용가치를 증대시키기 위하여 위생적이고, 먹기 좋고, 소화흡수가 용이하고, 맛있고, 영양학적이며, 보기 좋게 하여 식욕이 나도록 하는 제반 조리과정의 관리 활동이라 할 수 있다. 메뉴의 품질 속성에는 맛, 모양, 감촉, 청결, 색상, 향기, 온도, 용량, 가격, 영양, 소화흡수율, 신속성, 재료의 질, 재료의 배합방법, 조리의 정도 등을 들 수 있다. 이러한 속성들로 고객의 취향에 맞게 조리한다는 것은 쉬운 일이 아니다. 따라서 주방에서는 품질관리를 위해서 적정한 설비와 기물, 기구가 구비되어야 하며 좋은 식 · 재료와 전문조리요원이 쾌적한 환경에서 개별고객의 취향을 파악한 후 표준조리법에 의해서 조리를 해야 한다. 이러한 전제조건도 마련되지 않은 상황에서 올바른 품질관리를 한다는 것은 상당히 어려운 문제이다.

(2) 조리공정의 품질관리

① 메뉴의 품질관리를 위해서는 표준의 분량크기의 표준양 목표에 의한 표준 조리 공정방식으로 표준산출량으로 생산함으로서 메뉴 품질의 표준화를 기하여서 불필요한 낭비와 손실을 방지하여 일정한 양과 품질 및 맛을 유지시켜 양질의 좋은 메뉴가 고객에게 제공되도록 해야한다.

② 구체적인 메뉴 및 식·재료에 따른 효율적인 올바른 조리방법의 선택으로 조리하여 양질의 요리가 경제적으로 생산되도록 해야한다. 따라서 기본적인 조리방법은 다음과 같이 분류 할 수 있다.

■ 액체를 이용한 조리방법

데치기, 삶기, 끓이기, 증기에 찌기 등 방법이 있다.

■ 기름을 이용한 조리방법

튀기기, 볶기 등의 방법이 있다.

■ 직접열을 이용한 조리방법

석쇠구이, 철판구이, 그라탕, 바베큐 등의 방법이 있다.

■ 간접열을 이용한 조리방법

오븐굽기, 로스팅, 브레이징, 글레이징, 쁘알레, 스튜잉 등의 방법이 있다.

■ 가공 조리방법

소세지류, 테린류, 파테류, 스모크류 등의 방법이 있다.

■ 절임 조리방법

마리네이드, 뭍힘 등의 방법이 있다.

③ 조리준비작업을 철저히 하여 식사제공이 늦지 않도록 한다.

④ 조리의 청결성 및 위생관념의 함양을 위한 교육을 실시하여 음식의 청결을 유지한다.

⑤ 조미료와 향신료 등의 첨가물의 용도와 사용방법을 숙지시켜 요리의 풍미와 고객 욕구에 맞도록 한다.

⑥ 조리에 정성이 가도록 동기유발을 시킨다.

(3) 메뉴의 품질검사

메뉴의 음식이 고객에게 제공되기 전에 주방장이나 조리책임자급이 음식의 맛 분량, 온도, 모양 등의 품질 내용이 제대로 되었는지 최종 체크를 통하여 품질검사를 한 다음 조리상품의 가치를 충분히 인정받아 판매되도록 한다.

③ 메뉴의 작성요령

1) 작성요령

메뉴를 작성한다는 것은 하나의 다른 예술과 마찬가지로 세심한 계획과 관리의 목적에 기본적으로 합당한가 또는 고객에게 만족을 줄 수 있는지를 여러모로 검토하여 다음의 일반적인 원칙에 의해 작성되어야 한다.

(1) 일반적 원칙

가) 업소의 형태

메뉴작성에 있어서 제일 먼저 고려되어야 하는 사항으로서 음식을 먹는 고객의 대상을 우선 파악하여야한다. 단체급식이라 할지라도 호텔 및 레스토랑과 병원 및 학교 기숙사는 성격이 판이하기 때문에 이용 고객층에 대하여 만족감을 충족시킬 수 있는 메뉴를 만들어야 한다.

나) 영양적 요소의 배려

현대인의 기호성향은 선진국의 대열위주에서 평준화 시대로 전향하는 계기가 되고 있다. 그 누구나 영양에 관심이 많은 고객들의 흥미를 끌 수 있는 매력적인 요점이 있어야한다. 특히, 각 개인의 활동정도와 대화과정은 연령, 성별, 직업에 따라 다르므로 요구되는 열량도 각기 차이가 있으므로 식품의 양과 질을 배합하여 열량공급을 충족시켜야 한다.

다) 고객의 욕구

현대적인 경향은 전체적, 운영, 메뉴, 서비스, 실내장식은 고객의 한가지 공통되는 특수한 유형에 맞추어 그들의 흥미를 끌 수 있는 점을 찾아내려고 하지만, 제일 중요한 것은 고객이 원하는 기호도를 파악하는 것이다. 특히 고객의 음식습관과 선호 경향은 전통적인 식습관, 지역적인 선호도, 윤리적인 배경들이 복합적으로 작용하여 제한되고 이해할 수 없는 관습 같은 것들을 고객이 가지고 있기 때문이다. 때문에 모든 고객이 미식가가 아니라는 생각으로 그들의 입맛에 맞추려는 노력이 필요하고 고객의 욕구를 찾아내는 것이 중요하다 하겠다.

라) 원가와 수익성

메뉴계획자는 그 업체의 전체적인 원가 및 이익 목표를 염두에 두어야 한다. 메뉴는 설정된 음식의 원가 비율에 따라서 계획되어야 하고 이 비율을 유지하기 위해서는 매일의 음식원가를 계산하고 표준화된 조리법을 적용시키며 물가변동에 민감하여야 한다. 때문에 시장조사도 게을리 할 수 없으며 고가의 재료를 저렴한 재료로 대체하여 쓸 수 있는 응용력과 숫자 감각에 탁월한 감각을 가져야 한다.

마) 음식의 다양성

메뉴가 한정되고 고객의 구조가 바뀐다 해도 음식은 고객으로 하여금 식욕을 돋을 수 있게 제공되어야 한다. 그것은 같은 재료를 항상 사용한다 하더라도 색깔, 모양, 구조, 형태 등을 바꾸어 놓음으로써 시각 및 미각에 변화를 줄 수 있을 것이다. 그것은 오로지 메뉴를 계획하는 사람에게서만 나올 수 있는 재치로서 음식에 대한 풍부한 지식이 있어야 하고 음식을 리드 할 줄 알아야 한다. 음식의 형태는 조리방법에 의해서 달라질 수 있고 매일 달리 준비할 수 있어 다양성을 보일 수 있다. 이러한 모든 것은 메뉴를 계획하는 사람에게는 곤욕스러운 업무가 될지 모르나 한편으로 연구심과 창조력을 배양하는 좋은 연구 기회가 되는 것이다.

바) 구입 가능한 식품

메뉴 계획자는 식품에 대한 해박한 지식이 있어야 한다. 아무리 훌륭한 메뉴라도 재료를 적기에 구입하지 못한다면 그것은 아무런 쓸모 없는 메뉴에 지나지 않는다. 따라서 식품의 계절적인 출하 상황이라든가 재배작황 또는 산지의 가격 형성 및 모든 재료에 대한 정보를 입수하여 재료의 공급물량 및 기간 등에 유념하여 일년 사시사철 알맞는 재료에 대한 메뉴를 작성할 수 있어야 한다.

사) 시설 및 설비

주방의 크기와 장비의 종류 및 생산시설 능력을 감안하여야 한다. 메뉴는 장비의 이용과 장비의 수에 따라 작업부담을 덜어줄 수 있는 한도내에서 작성되어야 한다.

아) 맛의 조화

음식은 첫째 맛이 있어야 한다. 음식은 식 · 재료가 혼합되고 조화되면서 맛을 내기 때문에 재료의 상호조화 관계에 대한 단조로운 반복을 피하고 그에 대한 영감과 창의를 발휘하여야 한다.

④ 메뉴 개발에 영향을 미치는 요인

1) 시장 변수

메뉴 개발 전에 반드시 현재와 잠재적인 고객에 대한 이해가 선형 되어야 한다. 고객이 선호하는 것, 싫어하는 것과 기대가 무엇인지 알 필요가 있다. 외식서비스 산업이 가지는 이미지가 고객의 개인적 관심사에 영향을 미칠 수 있다. 상업성을 가진 외식서비스 기업의 일차적 사명은 이윤을 얻을 수 있는 수준에서 고객의 욕구를 충족시키는 것이다. 상업적이지 않는 외식서비스 기업의 주요 관심사는 이윤보다 비용에 포함된 항목에 있다. 설계나 배치 같은 물리적 요소는 그 기업이 가지는 이미지를 고려하여야 한다.

메뉴개발에서 가장 큰 제약 요소는 구매, 제조와 서비스 기능의 능력이다. 메뉴 항목 선택의 목적은 이런 기능의 효율성을 최대화시키는 것이다. 상품의 제조 시설의 활용 지역이 또한 메뉴 개발에 영향을 미치고, 적절한 메뉴 계획에는 전 부서간의 협동과 노력이 요구된다.

외식서비스 경영자는 메뉴 계획 때 몇 가지 요소에 의하여 제약을 받는다. 무엇보다도 고객의 요구를 우선적으로 고려해야 한다. 선택된 메뉴 항목이 외식서비스 기업이 가지는 이미지와 맞아야 하고, 이윤을 올릴 수 있는 대중적인 메뉴가 요구된다. 성공하기 위해서, 경영자는 시장의 요구에 근거해서 확실히 이윤을 보장해 줄 수 있는 메뉴 항목을 선택해야한다. 현대 소비자가 가지는 정교화되고 복잡한 욕구를 외식서비스 기업이 성공하기 위해서는 잘 파악하여야 함을 의미한다. 고객은 또한 가격 – 가치지각에 관심을 둔다. 이것은 음식의 제시, 양념, 크기와 판매가격과 관련된다. 이런 변수는 소비자들이 어떤 메뉴 항목에 대해 가지는 지각된 가치를 증가시키도록 조정 할 수 있다.(예, 신선한 과일에 곁들여진 특별한 드레싱)

현대 소비자들이 가지는 정교화, 복잡화된 요구를 충족시킬 수 있는 메뉴가 요구되고 있다. 예를 들면 민족적 음식의 대중성,(예, 동양식, 이탈리아식) 이것은 일상적인 것에 싫증난 고객들이 변화를 추구하기 시작했다는 증거이다. 메뉴는 시대 소비자의 흐름의 변화를 잘 파악해야 한다. 메뉴는 4~6개월 주기로 계속 혁신되어야 시장수용의 변화에 뒤쳐지지 않는다. 최종 메뉴는 결코 존재하지 않는다. 고객의 욕구가 변화되면 메뉴도 또한 변화되어야 한다.

외식서비스 기업이 가지는 시장은 메뉴처럼 전체 이미지 정립에 기여한다. 외식서비스 기업은 평균 수입 수준, 연령, 성별분포, 직업, 교육수준, 문화적 배경과 주택위치 등을 표적 시장의 준거로 사용한다. 그때 메뉴는 한 개 또는 그 이상의 표적시장이 지각하는 수요에 대해 합리적으로 반응해야 한다. 그것이 기업이 가지는 재정적 목표달성에도 도움이 된다. 메뉴, 장식과 분위기 등이 시장에서의 외식기업의 이미지를 결정해 줄 것이다.

메뉴 계획, 전략적 메뉴 믹스와 효율적 판매촉진 방법의 혁신을 통해 외식서비스 산업은 가정에서 음식을 준비하는 대신 레스토랑으로 고객이 오도록 유인 할 수 있어야 한다. 이때 고객이 가지는 가격–가치 지각이 중요하다. 새로운 메뉴 항목을 도입하기 위해 덜 인기 있는 메뉴는 이윤을 높이기 위한 전략적 믹스에 의해 제거된다. 현대의 외식서비스 경영자는 최저의 원가–식비 항목으로 최고의 이윤을 창출 할 수 있어야 한다. 어떤 외식서비스 경영자는 감소된 수입을 높이기 위해 수지타산을 맞출 수 있는 고가격 또는 고이윤 메뉴 항목을 도입한다. 이런 적극적인 경영 방식은 최소 투자로 최대 효과를 산출 할 수 있다.

높은 이윤을 가지는 저–가격 메뉴 항목은 외식서비스 기업과 마찬가지로 고객에게도 흥미를 주게 된다. 경제가 어려우면 고객은 외식빈도를 줄인다. 이때 저–가격 항목은 고객을 유인할 수 있다. 이런 정책에는 훈련, 이용 가능한 공간, 마케팅과 할당된 광고비 등의 요소가 고려되어야 한다. 메뉴의 다양성이 새로운 메뉴만큼 고객을 유인할 수 있다.

2) 물리적 변수

물리적 변수는 원가-효율적인 메뉴의 위치선정을 결정하는데 기본적인 운영체제의 활동이 그 메뉴에 직접적인 영향을 미친다. 이윤-효율적인 메뉴개발은 청결한 구매상태에서부터 시작된다. 메뉴 항목을 고려할 때는 상품과 시설도 중요하다.

외식서비스 기업의 시설과 설비 배치는 부동산의 규모 있는 할당을 표시한다. 그 메뉴에 첨가되는 항목은 부가적인 설비의 구매와 부엌 공간의 할당을 요구한다. 직원, 광고, 설비와 작업등이 메뉴의 원가-효율성이 있으려면 원래 요소들이 교차-효율성을 가지는 것이 중요하다.

외식서비스 경영자는 주요 시설 투자에 들어가는 비용을 최소화하기 위한 사전 구매와 편의 음식의 가능성을 고려해야한다. 외식서비스 기업이 가지는 이미지, 경영자가 가지는 철학, 표적 시장이 가지는 요구가 고려되고, 저장, 준비, 조리, 서비스 시설 등과 같은 물리적 요소도 포함되어져야 한다. 이것은 새로운 메뉴 항목에 대한 타당성 검사를 통해 가능하다.

3) 직원변수

다음단계는 그 기업이 소속된 종사원에 초점을 둔다. 원가-효율성을 고려한 모든 계획은 만약에 그 메뉴가 지나치게 노동집약적이거나 그 메뉴를 준비하는 종사원의 서비스나 준비를 통제하지 못하면 쓸모가 없게 된다.

효율적이고 일관성 있는 메뉴항목이 선택되어져야 한다. 효율적인 메뉴 항목은 다음과 같이 종사원을 고려한 세가지 준거를 충족시켜야 한다.

① 주방 종사원은 그 항목을 만들 수 있어야 한다.

② 서비스 종사원은 그것을 서비스하는 방법을 알아야 한다.

③ 경영은 원가와 효율성을 통제할 수 있어야 한다. 외식서비스 경영자는 각 부서에서의 한계와 가능점을 잘 파악해야 한다. 부담은 어떤 상품이 가지는 질적 연속성을 보장해주지 못한다. 주방에서는 적절한 시간과 동선이 연구되어야 한다. 노동을 고려한 메뉴 계획에서 목표는 적절한 할당과 효율적인 경영을 통해 고용인으로부터 최대한의 효율성을 얻는데 있다. 이런 노동의 효율성을 얻기 위한 방법으로는 부분

적으로 또는 완전히 준비된 상품을 구매하는 것이다.

식당에서 경영자는 각 항목이 어떤 방식으로 제시되고 제공될 것인지 평가해야한다. 예를 들면 메뉴 복사본이 어떤 선택된 메뉴를 적절하게 설명해 주지 못한다면 서비스 종사원은 고객에게 그 메뉴 항목에 대해 잘 설명할 수 있어야 한다. 또한 서비스 제공 시간이 너무 느리고 지체되면 고객이 다시 그 업장에 들릴 확률을 감소시킨다.

어떤 새로운 메뉴가 소개되면 그것에 대해 종사원들은 훈련을 시켜야 한다. 이런 훈련은 비공식적이지만 경영자와 종사원간의 대면적인 의사소통을 증가시킨다.

4) 복합적 요소

어떤 메뉴가 타당한지 그렇지 않은지는 어떻게 그런 복합적 요소를 쉽게 획득하느냐 하는 방법에 달려 있다. 즉, 안정적인 가격, 계절상, 지역성 등을 고려해야 한다.

5) 이미지 요소

메뉴 항목의 선택은 또한 고객이 어떤 외식서비스 기업에 대해 가지는 이미지를 반영해준다. 즉, 고객이 그 기업에 대해 가지는 기대를 메뉴 항목이 충족시켜 줄 수 있어야 한다. 적절하게 선택된 메뉴는 그 기업이 다른 새로운 사업을 하거나 새로운 시장에 침투하려고 할 때 긍정적 효과를 가져다준다.

5 메뉴디자인(Menu Design)

1) 기본적인 디자인

메뉴를 디자인하기 위해서는 먼저 어떤 형태로 만들 것인지, 몇 페이지로 할 것인지, 크기는 어떻게 할 것인지를 고려해야 한다.

일반적으로 작은 사이즈는 가로 10×세로 15cm, 큰 사이즈는 가로 33×세로 46cm이다.

2) 설계(Layout)

메뉴의 형태는 형태에 따라 달라지지만 기본적으로 음식의 순서에 입각하여 설계해야 하며 어떤 위주로 할 것인지에 따라 달라진다.

3) 활자체

활자의 모양이나 크기에 따라 고객에게 안정감을 줄 수 있어 고객이 선호하는 음식을 올바르게 고를 수 있도록 도와준다. 특히, 줄간격에 따라 고객이 눈의 피로를 쉽게 느끼므로 주의를 해야한다.

4) 색상

색상은 고객에게 차가운 느낌, 따뜻한 느낌, 행복한 느낌, 딱딱한 느낌 등을 줄 수 있으므로 업장의 분위기나 음식의 순서 등에 따라 색상에 상당히 신경을 써야 한다.

5) 삽화와 그랙픽 디자인

사진이나 그림 등은 고객에게 먹고 싶은 욕구를 가지게 하므로 메뉴에서 중요한 역할을 하고 있다.

6) 표지(Cover)

메뉴의 덮개는 그 업장의 이미지나 스타일 등에 따라 가벼운 스타일로 할 것인지, 가죽 등의 무거운 스타일로 할 것인지를 결정하는 것이 좋다.

7) 외국어 표기

레스토랑의 종류(프랑스식, 이태리식 등)에 따라 음식과 요리법을 각각의 외국어로 표기하여 그 나라 사람들이 이용하기 편하도록 하는 것이 좋다.

예를 들면 5가지 메뉴의 준비

① 한글메뉴는 식 · 음료의 정확한 설명이 곁들여진 메뉴

② 영문메뉴는 외국인을 위한 영문표현

③ 어린이 메뉴는 양과 가격이 적정한 메뉴

④ 점자메뉴는 장애인을 위한 메뉴

⑤ 투고메뉴는 미래의 고객을 위한 선전물이다.

Memo

CHAPTER 04

원가관리

1절 원가관리이론

1 원가의 정의

원가란 목적하는 제품의 제조, 판매, 봉사의 제공을 위해서 소비된 경제가격을 말한다. 음식에 있어서 원가란 음식을 만들어 제공하기 위해 소비된 경제가격을 말한다. 원가는 어떤 상품과 수량과 품질 사이에 상호보완적 삼각관계에 있다. 그 중 어느 한가지만 강조하게 되면 균형이 깨져서 경영목표를 달성할 수 없다.

원가관리라는 용어는 그 자체가 여러 가지 개념으로 사용되어지고 있으므로 혼란을 야기시키는 사례도 없지 않으나, 한 가지 중요한 것은 경영측면에서 통일된 개념은 최대의 이윤을 얻는 데 있으므로 효율적인 원가관리를 위해서는 관리에 있어서 책임과 권한을 명확하게 하고, 부문관리자가 명백히 선정되어 각 관리부분에서 원가발생의 책임을 표시하고, 균형적으로 관리되도록 해야 한다.

② 원가관리의 목적

식 · 음료 원가관리는 첫째, 식 · 음료상품의 가격결정을 위한 기초자료, 둘째, 경영자의 원가절감을 위한 원가관리 목표, 셋째, 예산 편성의 기초자료를 위한 목표, 넷째, 손익계산서를 작성할 때 매출원가를 뽑고 대차대조표에 있어서 재고품의 원가를 산출하는 자료를 제공하기 위한 재무제표에 목적이 있다. 따라서 식 · 음료 원가관리를 수행하기 위해서는 다음 사항을 유의하여야 한다.

① 식당 고객이 어떤 요리를 요구할 것인가를 정확히 예측한다.
② 이러한 예측을 기준으로 하여 합당한 물품의 식 · 자재를 최적수량만큼 구입 · 확보한다.
③ 과도한 원가를 피하기 위한 각기 요리별의 분량규격에 알맞게 배분 · 조절한다.
④ 식자재가 매입되고 제조되고 고객에게 판매되어 매출로써 회수되기까지 경영과정상 불필요한 낭비와 손실의 발생이 없도록 노력한다.
⑤ 식 · 음료 원가관리를 위한 관리단위를 명확히 한다.
⑥ 원가관리표를 작성한다.
⑦ 구매 식 · 재료에 대한 철저한 검수를 한다.
⑧ 정확한 재고조사를 한다.
⑨ 납품업자와의 협조체제를 구축한다.
⑩ 관련재료의 원가정보를 수집하고, 원가변동에 대한 대책을 검토한다.
⑪ 식 · 음료 원가관리는 이익계획에 입각하여 상품으로서의 요리와 음료의 품질과 분량에 합당한 식 · 재료의 구매 · 제조 · 판매를 실행하여 최대의 이윤이 확보되도록 하기 위한 재료원가 관리시스템에 있다.

③ 원가의 종류

원가를 구성하는 경제가치를 원가의 구성요소라 한다. 원가의 3요소는 다음과 같다.
첫째, 재료비는 제품의 제조를 위하여 소비된 물품의 화폐가치를 말한다.
둘째, 인건비는 제품의 제조를 위하여 소비된 노동의 가치를 말한다.

셋째, 경비는 제품의 제조를 위해서 소비된 재료비 · 인건비 이외의 경제가치로서 계속적으로 소비되는 일체의 것을 말한다. 원가의 구성은 직접원가, 제조원가, 총 원가, 판매원가로 이루어진다.

1) 직접원가

직접원가는 직접재료비인 원가로서 특정제품의 제조를 위하여 소비된 직접재료비, 직접인건비, 직접경비를 포함한다.

2) 제조원가

제조원가는 직접원가에다 제조간접비를 할당한 것으로 공공기업의 내부활동에 의하여 제기된 모든 원가요소를 포함한다.

3) 총원가

총원가는 제조원가에다 다시 판매비와 일반관리비를 할당하여 계산된 원가이다.

4) 판매원가

판매가격은 제품이 매각되는 가격이다. 따라서 정상적인 조건하에서 총원가 외의 이익을 포함한다.

4 원가관리시스템

식 · 음료 경영에서 효과적인 원가관리시스템 계획 → 비교 → 수정 → 개선의 과정으로 볼 수 있다. 즉 일련의 세 단계가 끊임없이 순환되어야 효과적으로 원가를 관리할 수 있다고 보는 상호보완적이며 유기적인 결합으로 될 수 있다. 이러한 3단계는 연쇄적으로 반복되어야 하는 계속적인 관리이다. 이러한 과정을 거쳐 판매에 이르기까지의 단계에서 원가를 최소화하려면 원가의 흐름의 매 단계마다 능률적인 원가관리를 해야 한다.

1) 계획단계

식 · 음료 경영자들의 시간과 노력을 대부분 쓰게 하며, 부실한 계획이 없는 것보다 낫다고 일반적으로 말할 수 있겠지만, 계획 시행 전에 이 단계에서 그 부실한 계획들을 개선해야 한다는 것을 명시함은 가장 타당하다고 생각되는 것이다.

2) 비교단계

식 · 음료 경영자들이 계속적으로 항상 비교하여야 하며, 표준원가는 실질원가와 일치하여야 하고, 이렇게 계속적으로 비교하게 되면 연말회계 전에 해결하기 쉬운 문제점들을 쉽게 발견해 낼 수가 있는 것이다.

3) 수정단계

식 · 음료 관리제도의 단점중의 하나인 여러 문제점들을 해결하는 방법을 제시하지 못하기 때문에 필요한 것이다. 곤란한 상황을 수정하는 방법을 결정하는 것이다. 예를 들면 식 · 음료 원가가 높아지고, 이에 대한 상승의 원인을 의심한다면 경영자는 어떻게 할 것인가? 경영자가 이러한 어려운 상황을 어떻게 처리하느냐는 이를 해결할 유능한 관리인의 우수성 여부에 달려 있는 것이다.

4) 개선단계

관리순환의 모든 단체가 상호 관련되는 것이 개선기능인 것이다. 이 단계는 영업운영 자체 뿐만 아니라 관리절차의 모든 단계를 개선시키는 연구를 계속한다는 것이다.

5 원가 계산의 구조

원가계산은 다음과 같은 단계를 거쳐서 실시한다.

1) 요소별 원가계산

제 1단계 원가계산이라 하며 제품의 원가를 재료비, 인건비, 경비의 3요소별로 분류하고 비목별로 계산한다.

2) 부분별 원가계산

제 2단계 원가계산이라 하며 전 단계에서 파악된 원가요소를 원가부분별로 분류 집계하여 계산한다.

3) 제품별 원가계산

제 3단계 원가계산이라 하며 각부분별로 집계한 제품별로 배분하여 최종적으로 각 제품의 원가를 계산한다.

6 재료비의 계산

1) 재료비의 개념

기업이 제품을 제조하기 위하여 사용한 물품의 재료라 하고, 그 재료의 가치 금액을 재료비라 한다. 재료비는 재료의 소비량에 단가를 곱하여 산출한다.

2) 재료소비량 계산법

① 계속기록법 재료의 구입, 불출 및 재고량을 계속하여 소비량을 계산하는 방법이다.

② 재고조사법(전기 이월량+당기 구입량)-기말재고량 = 당기소비량

③ 역계산법 제품 단위당 표준소비량*생산량 = 재료소비량

3) 재료소비가격의 계산법

① 개별법 재료의 구입단가별로 가격표를 붙여서 그 가격표에 표시된 구입단가를 재료의 표시 가격으로 하는 방법이다.

② 선입선출법 재료의 구입순서에 따라 먼저 소비한다는 가정 아래에서 재료의 소비가격을 계산하는 방법이다.

③ 후입선출법 선입선출과는 반대의 방법이다.

④ 단순평균법 일정동안의 구입단가를 구입횟수로 나눈 구입단가의 평균을 재료소비단가로 하는 방법이다.

⑤ 이동평균법 구입단가가 다른 재료를 구입할 때마다 재고량과의 가중 평균가를 산출하여 이를 소비재료의 가격으로 하는 방법이다.

7 식품 재료의 구입과 불출의 기장법

식품의 합리적인 재고 관리를 위해서는 식품의 수입과 불출을 명확하게 기록해야 하는데, 이러한 목적을 위하여 마련된 장부가 식품 수불부이다. 다음에서는 식품 수불부의 실제 기장법에 관하여 살펴보려고 한다.

1) 선입 선출법에 의한 기장

이 방법은 재고품 중 제일 먼저 들어온 식품부터 불출한 것처럼 기록하는 방식이다. 따라서 기말 재고액은 최근에 구입한 식품의 단가가 남게 된다.

2) 후입 선출법에 의한 기장

이 방법은 선입선출법과는 반대로 최근에 구입한 식품부터 불출한 것처럼 기록하는 방식이다. 따라서 기말 재고액은 가장 오래 전에 구입한 식품 단가가 남게 된다.

3) 이동평균법

이 방법은 식품을 구입할 때마다 재고량과 금액을 합계하여 평균단가를 계산하고, 불출할 때에는 이 평균단가를 기입하는 방식이다.

4) 총 평균법

이 방법은 일정 기간의 총 구입액과 이월액을 그 기간의 총 구입량과 이월량으로 나누어 평균단가를 계산하여 불출시는 이 단가를 기입하는 방식이다. 따라서 평소의 불출시는 수량만을 기록해 두었다가 기말에 평균단가를 계산하여 기록하게 된다.

· 평균단가 = (전기 이월액+총 구입액)÷(전기 이월량+총 구입량)

이상에서 설명한 바와 같이 원가관리란 원가를 단순히 절감하려는 경영기법이라기보다는 합리적인 사업을 관리하는 수단이라고 할 수 있으며, 통제를 통하여 가능한 표준원가 계산방법을 사용하는 것이 좋다

(1) 원가관리의 개념

원가관리란 원가의 통제를 위하여 가능한 원가를 합리적으로 절감하려는 경영기법이라고 할 수 있다.

(2) 표준원가 계산

과학적 및 통계적 방법에 의하여 미리 표준이 되는 원가를 설정하고 이를 실제원가와 비교 분석하기 위하여 실시하는 원가계산의 한 방법이다.

① 표준원가의 설정은 미리 표준이 되는 원가를 구분하여 설정하고 표준원가가 설정되면 실제원가와 비교하여 표준과 실제의 차이를 분석할 수 있게 된다.

② 표준원가 차이분석 표준원가 차이란 표준원가와 실제원가와의 차액을 말한다.

(3) 손익분석

원가, 조업도, 이익의 상호관계를 조사 분석하여 기업 경영계획의 수입을 수립하는데 유

용한 정보를 얻기 위한 경영기법의 하나이다. 손익분기 도표에 의한 손익분기점은 수입과 총비용(고정비+변동비)이 일치하는 점으로 이 점에서는 이익도 손실도 발생하지 않는다.

8 주방설비의 자산 평가법

주방설비란 부동산을 포함한 동산까지 포함시킬 수 있는데, 토지 · 건축 · 장비 및 도구 등에 의해 구성된 주방설비는 일정한 내용 년수에 따라 그 자산의 가치가 달라지게 된다.

1) 감가상각비의 개념

기업의 자산중의 고정자산의 감가를 내용연수에 일정한 비율로 할당하여 비용으로 계산하는 절차를 말하며 이때 감가된 비용을 감가상각비라 한다.

2) 감가상각비의 계산요소

감가상각을 하는 데는 기초가격, 내용연수, 잔존가격의 3대 요소를 결정해야 한다. 기초가격은 취득원가(구입가격)에 의하는 것이 보통이고, 내용연수는 취득한 고정자산이 유효하게 사용될 수 있는 추산기간을, 잔존가격은 고정자산이 내용연수에 도달했을 때 매각하여 얻을 수 있는 추정가격을 말하는 것으로 보통 구입가격의 10%를 잔존가격으로 계산한다.

3) 감가상각의 계산방법

감가상각의 계산방법에는 여러 가지가 있으나 여기에서는 정액법의 예를 들겠다.

① 정액법 이것은 고정자산의 계산방법에는 여러 가지가 있으나 여기에서는 정액법의 예를 들겠다.

즉, 매년의 감가상각액 = $\frac{\text{기초가격} - \text{잔존가격}}{\text{내용연수}}$

② 정율법은 초년도의 상각액이 제일 크며 경과함에 따라 상각액은 점점 줄어든다.

2절 원가관리의 조직

1 식 · 음료 원가관리의 조직

식 · 음료 원가관리과정과 관련된 조직 또는 그의 업무처리방법은 경영규모나 운영의 형태에 상당한 차이를 보인다. 소규모의 식 · 음료 경영은 대규모 식 · 음료 경영과는 다른 방식에 의해 관리업무를 수행해 나갈 것이다. 효율적인 관리를 위하여 규모에 관계없이 수행해나가야 한다.

1) 대규모 식 · 음료경영

대규모의 식 · 음료 경영에 있어서는 식 · 음료 원가관리시스템을 유지할 전문적인 부서가 설치되는 것이 보통이다. 이러한 기능을 담당하는 부서가 식 · 음료관리자라고 하는데, 총지배인이나 경영주에게 보고를 하도록 되어 있다. 식 · 음료관리자는 식 · 음료경영과 직접적으로 관련되어 있는 부서의 누구의 감독과 지시하에 종속됨을 허용치 않는다. 그 이유는 스스로 효과적으로 통제할 수 있는 곳에도 없기 때문이다. 식 · 음료 관리자는 주방장 · 구매담당 · 검수자 등과 같이 원가관리의 활동에 관련된 사람들이 직무수행을 위해 도와주는 역할을 담당하는 것이다.

2) 소규모 식 · 음료 경영

소규모의 식 · 음료경영에 있어서도 역시 원가에 대한 계획이나 관리가 필요하지만, 대규모의 경영에서와 같이 전문 시스템을 둘 필요성이 적다고 하겠다. 즉 과도한 조직분화는 노무비 등 요인에 의해 원가의 관리에 저해하는 결과를 초래할 뿐만 아니라, 소규모경영의 장점인 신속한 의사결정을 지연시켜 경영손실을 가져올 수 있기 때문이다. 식 · 음료관리자는 주방장 · 창고장 · 구매자 등과 더불어 원가절감에 필요한 구매 · 검수 · 출고 등의 여러 가지 관리활동을 수행하여야 한다.

3) 식 · 음료관리자

식 · 음료관리자가 수행하는 기능을 두 가지 측면에서 살펴보면

첫째, 예측가능이다. 과거의 운영실적을 기초자료로 해서 미래의 고객을 예측하며, 이것을 근거로 식 · 음료 소요량을 결정하고 요리의 생산계획에 따라 소요인력을 산정하는 것이다. 식 · 음료 원가관리자는 고객예측을 보통 1주일 혹은 1개월 전에 실시하며, 그 정확성의 정도에 따라 식 · 음료 또는 인력 낭비를 제거할 수 있어 원가관리를 효율적으로 실시 할 수 있다.

둘째, 식 · 음료원가 관리기능이다.

효율적인 식 · 음료원가관리를 위해서는 매일매일 일어나는 구매량, 창고로부터 불출 · 재고현황 등을 기록하고 계산하여 식 · 음료 원가율을 산출해야한다.

① 식 · 음료매출액의 상세한 기록 및 비교분석

② 식 · 음료자재의 입출고 통제 및 관리

③ 식 · 음료 추정매출원가의 월간산정보고

④ 1일 식 · 음료 원가 집계표 작성 및 배포

⑤ 기간 말일 식 · 음료 자재창고, 각업장별 주방의 재고조사 실시

⑥ 식 · 음료자재 납품서의 심사와 대금 지불 부서의 송부

⑦ 식 · 음료 표준매출원가의 산출

⑧ 종사원식사 및 기타 판매목적이외 소비된 식 · 음료원가의 산정보고

⑨ 표준양 목표작성

⑩ 경쟁업체에 대한 메뉴가격 조사분석

⑪ 월말 원가보고서 작성 및 배부

따라서 식 · 음료관리자는 주방장과 음료관리자를 감독하는 것이 아니라 그들의 상담자와 조언자의 역할로서 임무를 명확히 해야만 하는 것이다.

2 식 · 음료 원가관리자의 위치와 역할

기업경영을 해나가기 위해서는 새롭게 관리란 무엇인가 다시 한번 분석할 필요가 있다. 치밀한 분석 없이 원가절감활동을 성공시키려고 하는 것은 곤란한 것이라 하겠다.

기업경영에 있어서도 전체적인 면에서 실시하는 경영의 종합적인 이익관리와 협의의 이익관리인 채산관리 · 자산관리 · 원가관리 · 향상관리 등이 복합적으로 상호 연관성을 가지며 원가관리가 이루어지고 있다.

특히 최근과 같이 국내외의 경쟁심화, 국제적인 시장개방압력, 노사분규로 인한 인건비 상승, 원자재가격의 상승으로 기업의 원가 절감의 필요성은 절실하다.

3 표준원가와 가격 산출

1) 표준원가의 설정기준

원가관리는 호텔에서 1968년도 효시라 할 수 있다. 표준원가는 계속 실시되고 있으나 아직도 사후 원가제도에서 탈피 못하는 기업이 있다. 기업이 표준원가에 의한 원가관리의 필요성을 살펴보면 다음과 같다.

① 식 · 음료의 원가절감을 기대할 수 있으며, 표준원가의 공정한 계산으로 효율적인 관리를 할 수 있다.

② 메뉴 및 표준원가를 작성하여 작업의 능률화가 가능하다.

③ 판매분석이 용이하다.

④ 변동원가의 계산이 쉽다.

⑤ 합리적인 인건비를 계산할 수 있다.

⑥ 원가보고서 작성이 쉽다.

⑦ 경영성과분석에 의한 적정이익 관리로 경영효율화를 기대할 수 있다. 이는 원가관리 담당자의 실무에 관한 지식이 필요하고, 종사원의 깊은 이해에 달려 있지만, 표준의 정확성 여부에 달려 있다.

⑧ 예정된 목표매출액에 비하여 실제 매출액과의 차이가 발생할 때

⑨ 고객의 편의 시설이 불안전할 때

⑩ 생산 부서의 종사원들의 업무가 지나치게 노동집약적일 때

⑪ 재료 취급시 부주의

⑫ 임금 및 급료변동으로 종사원 사기 저하시

⑬ 매입원가의 심한 변동

⑭ 시설의 노후화로 고정비 발생이나 기본장비나 기구 등의 내용 연한 경과로 인한 교체 등이다.

표준원가를 성공적으로 수행하기 위해서는 표준원가를 정확하고 합리적인 기초 위에서 산정 해내는 것이 중요하다.

2) 재료소비량 표준의 설정기준

재료의 변화 등을 알기 위한 재료의 화학적 및 물리적인 분석, 시험적인 단위 생산법, 표준조리법 등을 기초로 하여 재료의 품질표준, 표준단위의 크기 등을 고려하여 완성된 식료단위당 소요되는 각종 식 · 재료의 수량을 결정한다.

3) 재료가격 표준의 설정기준

구매부나 재료 저장 부서에서 결정하는데, 재료의 소비량과 단위가격이 변동된다. 가격의 표준은 재료의 구매 · 운반 · 취급 등이 일정수준의 양호한 능률을 유지할 때 달성 가능한 수치로서 결정된다.

4) 표준조리의 원가분석

표준을 기초로 하여 다음과 같이 실제 판매된 원가와 표준원가를 비교 · 분석하는 가운데 실질적인 대책이 마련되어야 하겠다. 과도하다는 것은 적정한 원가보다 높고 표준원가를 초과한다는 의미이다.

① 과도한 분량규격

② 과잉생산

③ 비 · 능률적인 판매 및 출납

④ 부적절한 식 · 음료의 손질 · 조리 · 조리상품의 서비스절차

⑤ 과도한 변질

⑥ 잔고재료의 부적절한 이용

⑦ 도난 · 절도

적정원가를 모른다면 비 · 능률, 피할 수 있는 낭비 및 도난으로부터 발생하는 손실량이 어느 정도인지 알 수 없게 되고, 식당의 이윤폭이 좁기 때문에 이같은 손실이 발생해서는 안되고, 이같은 손실이 발생하는 경우 운영상 어려움을 받게 될 것이다.

5) 가격산출방법

가격을 결정함에 있어서는 내 · 외의 요인이 복잡하게 영향을 미치고 있으므로 다각적으로 이에 대한 비교검토를 실시하여 적정치의 산출을 위해 노력을 기울여야한다. 가격의 결정이나 가격분석에 있어서는 견적자료에 의한 분석이 요구되는데, 가격산출의 방법과 내용은 다음과 같다.

(1) 원가 산출표

원가계산, 시장조사 등에 관한 자료의 근거에 의한 계산공식이나 산출가격을 항목표로 묶어 정리한 것을 재료별 · 원가요소별 · 가공방법별 등에 따라 구분하여 정리한다.

(2) 비교법

동일한 지역의 유사상품 가격과 비교 · 대조하고 규격이나 상품의 질 등을 감안하여 가격을 산출하는 방식이다.

(3) 재료비 비율법

원가 중에서 재료비를 정하는 비율이 높은 품종에 있어서는 재료비가 가격결정의 기준이 되는 경향이 있다.

(4) 예산방식

판매가격이 주어졌을 경우 목표이익을 차감한 나머지 액수가 허용될 원가이며, 그 중에서 일정비율에 의해 재료비의 범위 예산이 정해지는 것이다.

(5) 표준원가방식에 의한 가격 결정

식 · 음료의 상품은 특수하며 일반구입품처럼 규격화된 것이 아니기 때문에 가격도 유사상품의 시장가격에 의해 결정될 수가 없다.

개별원가계산에 의한 것은 다음과 같이 나타낼 수 있다.

· 단가 = 재료비+가공비+직접경비+이익

· 재료비 = 표준재료 소요량×표준단가

· 가공비 = 표준시간×표준가공비율

· 직접경비

가공비 중에는 인건비와 경비가 포함되어 있다. 가공비는 가공시간과 가공비율에 따라 계산하는 것인데 가공시간은 표준시간을 적용한다. 표준시간이란 조리를 하는데 소요되는 시간을 말한다.

표준시간의 설정목적은 ① 원가결정의 기초자료제공 ② 서비스 결정의 기초자료제공 ③ 상품의 제작 · 외주결정의 기준으로 참고 ④ 재료거래처의 작업개선, 공정개선의 기준제공 ⑤ 거래처의 생산능력파악 및 의존도 조정의 기초를 제공하기 위해서이다.

표준가공시간은 작업의 본래의 목적을 위한 작업시간인 실제작업시간과 그 작업의 준비나 종료 후의 뒤처리에 소요되는 여유시간 · 준비시간 등은 다음과 같이 구분된다.

실제작업시간 = 주 작업시간, 부수적 작업시간

여유시간 = 작업여유시간, 직장여유시간, 피로여유시간, 생리적 여유시간 등

준비시간 = 장비 및 도구의 준비, 작업지시서의 숙지, 작업시설물의 설치

효과적인 원가관리를 통한 합리적인 가격결정을 위해서는 제한된 예산 범위 내에서 성공적으로 경영할 수 있는 방법의 모색이 필요하겠다.

3절 단체급식 시설에서의 적정식품 재료비의 계산

1 단체급식 재료비 계산의 의의

단체급식 시설에 있어서의 식품 재료비는 급식 시설의 종류나 성격 등에 따라 다르지만, 일반적으로 식비가 자기 부담인 경우에는 가능한 한 줄이려는 경향이다. 그러나 적정식비가 확보되지 않으면 영양가는 저하되어 피 급식자의 건강에 영향을 미치고 이의 결과는 바로 경영 능률에 직결된다. 따라서 단체급식 시설의 성공적인 운영을 위해서는, 적정식비의 확보 문제가 대단히 중요한 위치를 차지하게 된다.

1) 적정식비의 산출시 유의사항

① 피 급식자의 성별 · 연령별 · 직종별에 적합한 급여 영양의 기준과 식량구성을 고려해야 한다.
② 식품의 폐기율을 염두에 두어야 한다.
③ 전년도에 사용한 식품의 품목 · 수량 및 사용 빈도를 파악해야 한다.
④ 전년도에 사용한 각 식품별 평균 구입단가와 가격의 상승률도 파악해야 한다.
⑤ 식사 내용의 개선, 연회행사 등도 고려해야 한다.
⑥ 식품재료의 구입방법 등도 고려해야 한다.

2) 적정식비를 계산하는 방법

① 한국인 영양권장량을 기준으로 한 식량 구성량에 의해서 산출하는 방법
이 방법은 1인 1일 식비를 산출하는 방법으로 각 식품당 단가를 계산하여 한국인 영양권장량에 따른 식품 구성량의 식품량에 적용하여 계산하는 방법이다.
② 식단표를 작성하여 산출하는 방법 : 이 방법은 한끼당 또는 하루당 식비를 산출하는 방법이다.

식단표를 작성하여 표시도나 식품량에 각 식품당 단가를 적용하는 방법이다. 대부분의 단체급식 시설에서는 후자의 방법을 택하고 있다.

2 표준원가 계산

1) 원가관리의 개념

원가관리란, 간단히 말해서 원가의 통제를 통하여 가능한 한 원가를 합리적으로 절감하려는 경영기법이라고 할 수 있다. 이와 같은 원가관리에 공헌 할 수 있는 원가계산 방법으로는 표준원가 계산방법에 이용되고 있다.

2) 표준원가 계산

표준원가 계산이란, 과학적 및 통계적 방법에 의하여 표준이 되는 원가를 설정하고 이를 실제 원가와 비교 · 분석하기 위하여 실시하는 원가계산의 한 방법이다.

표준원가 계산제도가 원가관리의 목적을 효율적으로 달성하기 위하여서는 무엇보다도 원가의 표준을 적절하게 설정하여야 한다.

(1) 표준원가의 설정

표준원가는 원가 요소별로 직접재료비 표준, 직접 인건비 표준, 제조간접비 표준으로 구분하여 설정하는 것이 일반적이다. 이 중에서 제조간접비의 표준 설정은 변동비와 고정비가 있어서 매우 어렵다. 표준원가가 설정되면 실제원가와 비교하여 표준과 실제의 차이를 분석 할 수 있게 된다.

(2) 표준원가 차이분석

표준원가 차이란 표준원가와 실제원가와의 차액을 말한다. 표준원가의 차이분석은 직접재료비 차이, 직접 인건비 차이, 제조간접비 차이를 구분하여 실시하게 된다.

3) 손익계산

손익분석은 원가 · 조업도 · 이익의 상호관계를 조사 분석하여 이론부터 경영계획을 수립하는 데 유용한 정보를 얻기 위해서 실시되는 하나의 기법이다. 손익분석은 보통 손익분기점 분석의 기법을 통하여 이루어지기 때문에 양자는 종종 동의어로 사용된다.

손익분기점이란, 수익과 총비용(고정비+변동비)이 일치하는 점을 말한다. 그러므로 이 점에서는 이익도 손실도 발생하지 않는다. 수익(매상고 등)이 그 이상으로 증대하면 이익이 발생하고, 반대로 그 이하로 감소되면 손실이 발생하게 된다.

3 감가상각

1) 감가상각의 개념

기업의 자산은 고정자산(토지 · 건물 · 기계 등) · 유동자산(현금 · 예금 · 원재료 등) 및 기타자산으로 구분된다. 이 중에서 고정자산은 대부분 그 사용과 시일의 경과에 따라서 그 가치가 감가된다. 감가상각이란, 이같은 고정자산의 감가를 일정한 내용년수(內用年數)에 일정한 비율로 할당하여 비용으로 계산하는 절차를 말하며, 이때 감가된 비용을 감가상각비라 한다.

2) 감가상각의 계산요소

감가상각을 하는 데는 기초가격 · 내용 년수 · 잔존가격의 3대 요소를 결정해야 한다.

기초가격은 취득원가(구입가격)에 의하는 것이 보통이고, 내용년수는 취득한 고정자산이 유효하게 사용될 수 있는 추산기간을 말한다. 그리고 잔존가격은 고정자산이 내용년수에 도달했을 때 매각하여 얻을 수 있는 추정가격을 말하는 즉 보통 구입가격의 10%를 잔존가격으로 계산한다.

3) 감가상각의 계산방법

감가상각의 계산방법에는 여러 가지가 있으나 주요한 것을 들면 다음과 같다.

(1) 정액법

이것은 고정자산의 감가 총액을 내용년수로 균등하게 할당하는 방법이다.

즉, 매년의 감가상각액 = $\dfrac{\text{기초가격}-\text{잔존가격}}{\text{내용연수}}$

(2) 정율법

이것은 기초가격에서 감가상각비 누계를 차감한 미상각액에 대하여 매년 일정률을 곱하여 산출한 금액을 상각하는 방법이다. 따라서 초년도의 상각액이 제일 크며 연수가 경과함에 따라 상각액은 점점 줄어든다.

☆참고★ 음식의 원가계산 방법

① 음식의 원가 = 재료비+인건비+경비

② 재료비 = 소요 재료량×소요 재료량의 단위당 재료비

$= \text{소요재료량} \times \dfrac{\text{기초가격}-\text{잔존가격}}{\text{내용연수}}$

③ 인건비 = 소요시간×1시간당 임금

$= \text{소요재료량} \times \dfrac{\text{1일 임금}}{\text{8시간}} \times \text{소요시간} \times \dfrac{\text{1개월 임금}}{\text{240시간}}$

④ 경비 : 가) 수도료 = 소요 물량×소요 물량의 단위당 요금

나) 전기료 = 소요 전기량×소요 전기량의 단위당 요금

다) 가스료 = 소요 가스량×소요 가스량의 단위당 요금

라) 기름값 = 소요 기름량×소요 기름의 단위당 요금

CHAPTER 05

육가공관리

1절 식육의 정의

식육이란 법적 용어는 아니나 일반적으로 수육(獸肉)을 의미한 축산물 위생처리법에 의하면 수육은 '식용을 목적으로 한 수축(獸畜)의 정육(精肉), 내장(內臟), 기타부분을 말한다'라고 정의하고 있으며, 이는 대부분의 근육을 차지하는 적색의 살코기뿐만 아니라 지방(脂肪), 식용가능한 내장도 포함하고있다. 따라서 식육은 그 상태에 따라서 다음과 같이 분리할 수 있다.

1) 생 육

생축을 도살해체한 상태를 지육(枝肉)이라 하며, 이중에서 뼈를 제거하고 남은 부위를 정육(精肉)이라고 한다. 이와 같은 상태를 생육이라 말하고 있으며 구체적으로 설명한다면 고기 중심온도가 5℃ 이상의 고기를 말한다.

광범위하게 본다면 냉장육, 냉동육 등 첨가물이 첨가되지 않은 고기는 모두 생육에 포함시킬 수 있다.

2) 냉장육

생육의 상태에 큰 변화를 일으키지 않게 하고 단지 온도를 저하시켜서 고기 중심온도가 0~5℃범위의 상태로 된 고기를 말하며, 이는 생육과 냉동육과의 중간 과정 상태의 고기를 의미하고 있다. 냉장육의 저장기간은 불과 10~14일간에 지나지 않으며 이와 같은 저장기간을 연장시키기 위해 탄산가스(CO_2)나 질산가스(N_2)등을 이용하여 포장하고 있다.

진공포장을 하여 저장하면 2개월 이상 냉장상태로 저장할 수 있다.

3) 냉동육

냉장육을 −1℃이하 온도로 내림으로써 고기 중에 함유된 수분이 동결된 상태를 냉동육이라고 한다. 일반적으로 냉장육을 습도 85~90%, −20±2℃의 저온실에서 48 ~ 72시간 방치하면 육표면에서 약 10cm 부위의 온도가 −8에서 −10 가 되는 냉동육이 된다. 동결하게 되면 냉장에 비해 저장기간이 길어지긴 하나 공기중에 존재하고 있는 산소(O_2)에 의해 지방의 맛과 성분이 변화하므로 무제한으로 저장기간이 길지는 않다.

4) 조미육

생육(生肉)이 가지고 있는 짐승냄새인 노린내를 제거하고 맛을 좋게 하기 위하여 향신료 등의 첨가물을 첨가하여 보존기간을 연장시키거나 맛과 향기를 향상시킨 조미된 생태의 고기를 말한다.

5) 가공육(2차가공)

조미육과 같이 첨가물을 첨가하여 생육상태를 변형한 고기로서, 갈아서 만든 고기떡이나, 형태로 만드는 햄이나, 타식품과 같이 합하여 만드는 소세지 등을 말한다. 이는 모두 변형시킨 후 가열하여 놓은 상태의 고기를 말한다. 1차 가공육은 지육이나 정육형태의 고기를 어떤 용도에 맞게 알맞은 크기와 중량으로 절단한 상태의 고기를 말한다.

6) 내장육

생축을 도살하면 지육(枝肉) 부산물이 나오는데 이 부산물 중에 식용으로 가능한 내장(식도, 위, 대장, 소장, 기관, 폐장, 신장, 방광, 간, 허파, 심장)을 통틀어 내장육이라고 한다.

2절 쇠고기의 성분과 조직

식육의 성분을 보면 쇠고기가 다른 고기에 비해 성분상으로 가장 균형이 잘 이루어져 있으나 비타민 A, 또는 C, 섬유질과 당류가 적다. 그래서 고기를 먹을 때에는 비타민 A, D, C 의 함량이 많은 야채, 과일 등을 곁들여 먹는 것이 이상적인 식사 메뉴라고 할 수 있다. 또한 내장류 중 간장에는 무기질과 비타민류가 풍부하게 함유되어 있다.

쇠고기에는 수분을 제외한 고형분의 80%가 단백질이며 특히 유아의 발육에 없어서는 안 될 필수 아미노산(단백질의 구성성분)이 많이 함유되어 있다.

고기중의 지방은 팔미틴, 스테아린, 오레인산과 같은 지방산으로 이들 지방산의 조성에 따라 지방의 녹는점, 용해도, 등이 달라지며 이들이 육질의 조직감(연도 또는 씹는 감)에 영향을 미치게 된다.

또한 고기 중에는 리파제(Lipase),프로타아제(Protease), 등의 효소가 함유되어 있어 이들 효소에 의한 자체소화가 늘 진행 중이다. 이러한 현상을 고기의 숙성(熟成)이라고 한다.

예를 들어 고기중의 섬유질이나 결합조직(살코기부분)은 이상과 같은 효소의 활동에 의해 분해되며, 또한 단백질은 아미노산 등으로 분해 되어 고기조직이 연하게 되고 고기의 풍미를 증가시켜 준다.

쇠고기의 육질은 소의 품종, 연령, 사육법, 부위에 따라 연한 것에서부터 질긴 것까지 있으며 다년간의 경험과 전문지식을 지닌전문가가 아니면 그 연함이나 육질이 좋고 나쁨을 판단하기는 상당히 어렵다.

쇠고기는 육색소(살코기의 색을 띠게 하는 성분)인 마이오글리빈(Myoglobin)의 함량이 높아 돼지고기에 비해 진한 색깔을 나타내고 있다.

잘 비육된 쇠고기는 근육조직 내에 백색지방이 교잡된 'Marbling' (상강도) 이 잘 발달하여 육미를 한층 높이게 되나, 역용우(力用牛)와 노폐우의 고기는 근섬유의 근속이 굵고, 결합조직도 강인하게 되어 매우 질긴 고기가 된다.

쇠고기의 지방은 백색이 선호되고 있으나, 방목우, 노령우, 젖소는 황색지방의 생성비율이 높다.

지방산은 고급포화지방산의 비율이 높아 상온에서는 굳어지는 성질을 보인다.

3절 사후경직이란 무엇인가?

사후경직이란 소, 돼지, 닭, 생선 등의 동물근육은 살아 있을 때와사후 즉시는 연한 상태이나 도살 후 시간이 경과하면 근육이 탄력성을 잃고 경직상태가 되어 질기고 딱딱한 느낌의 고기가 된다. 이러한 현상을 사후 경직(Pigor Mortis)이라 한다. 이러한 경직상태는 시간이 경과함에 따라서 차차 풀려근육이 연화된다. 이것은 해경(Thaw Pigor) 또는 경직의 해제하고 한다.

1) 사후경직의 과정

당(탄수화물류로서 포도당, 설탕등이 포함된다)의 분해(Glycolysis)가 일어나면서 시작된다.

근육(살코기 부분)의 운동에는 ATP 라고 하는 에너지원이 필수적인데 이 이너지원은 근육세포내의 미토콘드리아(Mitochondria)라고 하는 소기관에서 다음과 같은 두가지 경로로 통해서 만들어진다.

근육에서의 대사경로(Kastenschmidt, 1970)

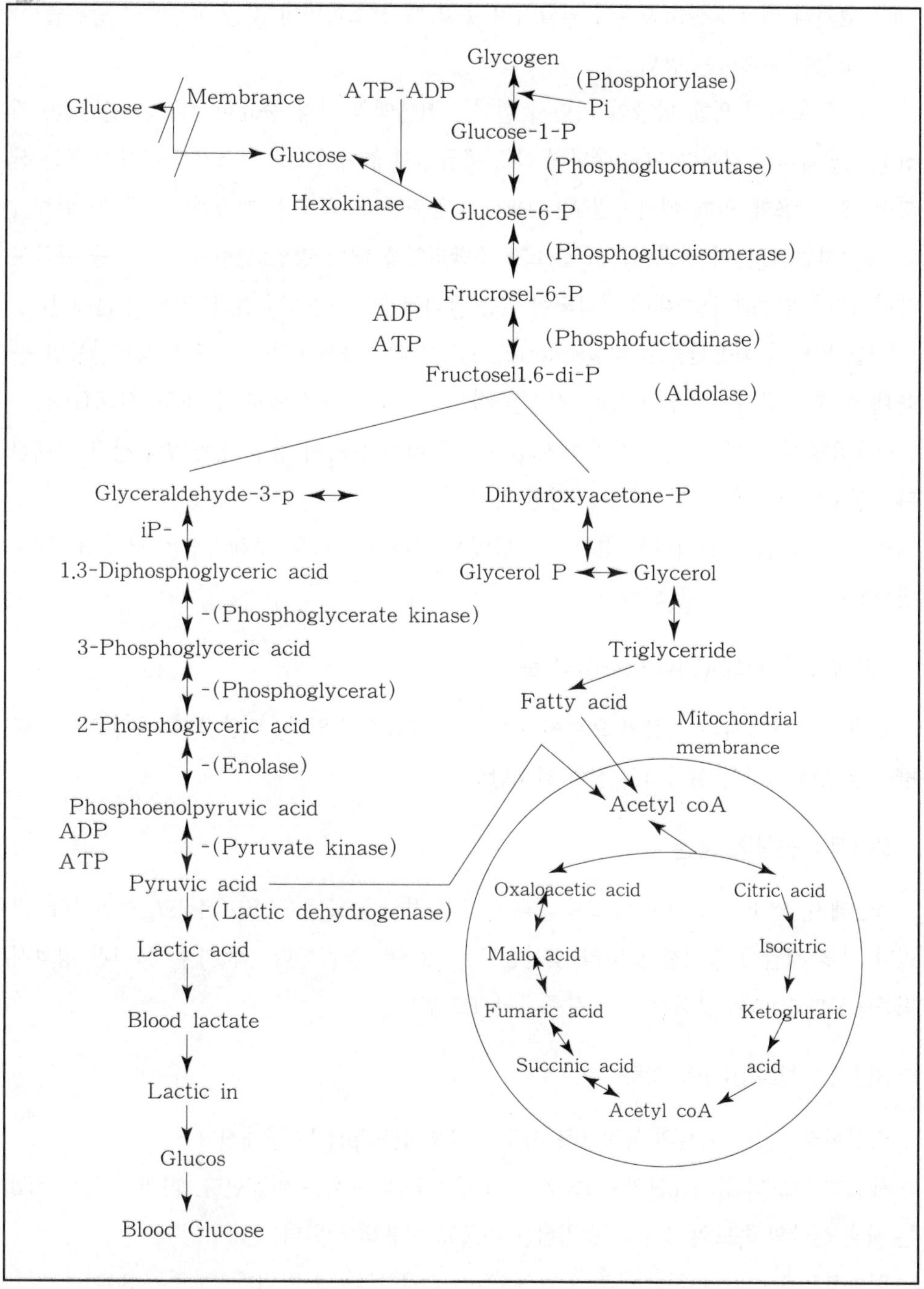

※ 사후 포도당의 도입(上左), 젖산의 제거(下左)와 미토콘드라에서의 ATP합성은 모두 중지된다.

① 산화적 대사작용 : 산소공급이 원활할 때 산소를 이용하여 분해하는 방법.

② 혐기적 해당 : 산소공급이 원활하지 못할 때 산소이외의 것을 이용하여 당류를 산소없이 분해하는 방법

그런데 도축에 의해 방혈이 되면서 혈액공급(혈액의 가장 중요한 기능은 신체전반에 산소를 공급하는 것이다)이 중단되면 산소 공급원이 없어지므로 산소가 있어야만 하는 산화적 대사작용에 의한 에너지원(ATP)생산이 중단된다. 근육의 계속적인 운동을 위해서는 에너지원(ATP)이 필요하므로 산소가 중단되었을 때의 방법인 혐기적 해당을 통하여 에너지원을 얻는데 근육내에 저장되어 있는 글리코겐이라는 당류를 산소 없이 분해한다.

이들 방법의 최종산물로 젖산(Lactic acid)이라는 산성물질이 사후 일정기간동안 근육내에 축적된다. 젖산이라는 산성물질의 근육내 축적으로 근육의 산도(pH)는 7.1~7.3(중성인 산도, 정상범위)에서 5.5~5.7(매우 산성이 강한 상태)범위까지 강해진다. (산도=pH는 숫자가 적을수록 강한 것임)

즉 산소가 없이 일어나는 혐기적 해당에서 나타나는 당의 분해과정은 크게 3단계로 진행된다.

1단계 : 글리코겐(Glycogen)의 분해

근육에는 에너지의 저장원 으로써 지방과 글리코겐이 있다. 도살 직후 글리코겐의 함량은 높으나 시간이 지나면서 점차 감소한다.

2단계 : 젖산의 생성

소, 돼지, 염소와 토끼 등의 도축직후 근육의 젖산 농도는 6~10μ mole/g범위이다. 그러나 사후 시간이 경과함에 따라 젖산농도는 서서히 증가한다. 즉 사후 24시간 경과시 최종농도가 10배에 달하는 양으로 증가되기도 한다.

3단계 : 산도(pH)의 저하

젖산이라는 산성물질의 축적으로 사후 근육의 산도(pH)는 강해진다.

세포내 산도의 증가(pH의 감소)와 젖산 증가와의 관계는 비례한다. 따라서 산도(pH)는 사후 해당의 속도와 정도를 측정하는 지표로 이용되어 왔다.

일반적으로 여러 종류의 사후 초기산도(pH)값을 보면 그 범위가 7.08~7.34이다.

소의 경우 산도(pH)는 6.9~7.0정도인데 사후 최종산도(pH)는 5.4~5.7까지 떨어진다.

이때 환경온도가 높을수록 산성물질 축적속도(pH저하 속도)가 현저히 빠르다. 그 밖에 가축을 도살 직전에 운동을 시키거나, 피로하게 하면 근육 중에 글리코겐 함량이 감소하기 때문에 산성물질 축적은 줄어든다. 반대로 불충분한 휴식이나 사료를 급여하면 글리코겐 함량은 높아져서 산성물질 축적이 높아진다.

산성식품과 알칼리성 식품을 나누는 가장 중요한 지표가 음식물의 산도(pH)와 관련된 상태들이다.

2) 사후 경직(Figor Mortis)과 단축(Shortening)

탄력성의 소멸이 일어난다.

도살 후의 근육은 하중을 걸면 늘어나고 하중을 제거하면 원래의 길이로 되돌아가는 성질인 탄력성을 가지고 있으나 도살 후 탄력성이 점차 감소하여 최후에는 소멸된다.

즉 근육의 에너지원인 ATP가 충분히 존재하면 근육이 자유롭게 이완, 수축이 되는데 도살 후 생체 변화에 의해 ATP가 없어지면서 근육을 구성하는 단백질이 이완, 수축하는 제 기능을 발휘하지 못하므로 탄력성을 잃게 된다.이와 같은 상태를 경직(Figor mortis)이라 한다.

이럴 때의 근육에서는 장력(Tension,張力)이 발생하여 수축상태를 이루고 있으며, 이렇게 수축한 고기를 가열하면 경도(딱딱함/Toughness,硬度)가 증가되는데, 이때 보수력(Water Holding Capacity 保水力, 근육이 수분을 간직하는 능력)의 저하와 같은 변화가 같이 일어나면서 사후 가열육의 경도 증가에 크게 관여하고 있다. 즉 사후경직 상태의 고기를 조리하게 되면 단단하게 느껴진다.

3) 저온단축과 해동경직

사후 근육의 단축속도는 소, 닭, 양 등을 보면 고온보다 저온에서 심하게 수축이 일어나는데 이것은 붉은 색을 띠는 근육의 동물에서 잘 나타나고, 특히 소의 경우 가장 현저하다. 이것을 저온단축(Cold Shortening)이라고 하고, 보통 11℃이하의 온도에 둔 근육에서 발생한다. 도살 후 도체에서 절취한 소고기의 육편(肉片)을 1~37℃에서 방치하면 1℃에서 가장 빠르고 심하게 단축하며, 15℃에서 단축이 가장 느리고 작다. 또 늙은 소의 경우가 60% 단축함에 비하여 어린 소의 경우는 20%만 단축한다.

도살 후 최대 경직에 도달하지 않았을 때 근육을 동결하면 해동(解凍)시에 남아 있던 글리코겐(Glycogen)의 분해와 에저지원(APT)의 소비가 다시 활발해져서 최대 경직에 이르게 된다. 경직에 도달하는 속도는 동결하지 않은 근육 때보다는 훨씬 빠르다. 또한 수축은 심하여 경도는 높고 다량의 육즙유출(Drip)도 가장 심하다. 이것을 해동경직(Thaw Rigor, 解凍硬直)이라고 하며 도살 직후의 것을 동결 후 해동했을 때 가장 심하다. 이것을 피하기 위해서는 최대 경직기 후에 동결하여야 한다.

4) 사후경직 해제(숙성 전기)

근육은 사후경직을 완료하면 서서히 경직이 풀리면서 부드러워진다. 이것을 사후경직의 해재(Resolution)라고 한다.

사후경직의 해제에 필요한 시간은 경직이 완료될 때 까지는 요하는 기간과 마찬가지로 동물의 종류, 근육의 종류, 기타 조건에 의해 역시 다르다.

2~4℃의 온도에 근육을 방치한 경우 닭에서는 3~4시간에 경직이 완료되고 2일 후에는 사후경직의 해체도 끝나지만, 보통 가축에서는 경직 완료까지 1~2일 요하고, 돼지 및 말에서 사후경직의 해제는 3~5, 소에서는 7~20일을 요한다.

5) 숙성(숙성 후기)

사후경직의 해제가 끝난 식육을 저온에 보존하여 풍미를 증가시키는 것을 숙성이로고 한다.

숙성은 경직의 해제과정 중에도 이미 일어나고 있다고 볼 수 있으며, 경직의 해제기와 숙성기는 분리하여 일어나는 과정은 아니다. 즉 숙성 중 진행되는 여러 반응 중 단백질 가수분해가 가장 중요한 반응이다. 단백질의 가수분해는 아미노산이나 올리고 펩타이드(6~12개 정도의 아미노산 덩어리)의 증가를 일으킨다.

또한 숙성 중에는 수용성의 비단백태질소화합물도 증가 하는데, 이는 주로 단백질의 가수분해에 따른 아미노산이나 펩타이드(Peptide, 아미노산 덩어리)의 증가에 의한 것이다.

이와 같은 변화는 근육중의 단백질 분해효소(Protease)의 작용에 의한 것으로 아미노산 펩타이드의 증가와 펩타이드의 분해(저분자화)등을 일으켜 숙성에 의한 식육의 풍미 향상에 기여하고 있다.

4절 식육 이용의 현황

식육 및 육제품이 우리나라 식생활에 차지하는 위치는 근년에 와서 점차 높아지고 국민 식생활에 빼 놓을 수 없는 가장 중요한 식품으로 대두되었다. 주요한 식육류로는 쇠고기, 돼지고기, 닭고기 등과 가공제품인 햄(Ham), 베이컨(bacon), 소세지(Sausage)와 수산물 및 그들의 가공제품이 있다.

우리나라는 오랜 옛날부터 지형, 기후, 풍토 등의 입지적 여건으로 인하여 곡물위주의 식문화를 이루어 왔으며, 역사적으로 국민 대부분이 오랫동안 육식을 멀리하는 숭불사상으로 인하여, 육류의 산업 및 이용은 대단히 미흡한 것이었다.

그러나 1970년대에 들어서서 우리나라의 경제성장이 지속되면서 국민소득 증대에 따른 식생활의 수준이 향상됨에 따라 육류의 소비가 점차 증가되어 1987년도에는 67만여 M/T를 생산. 소비하게 되었으며, 이것은 인구의 자연증가를 훨씬 앞지르는 것이 된다.

더구나 요즈음은 육류의 생산이 소비를 감당하지 못하여 쇠고기의 경우 수입에 의존하여 요구량을 충당하게 되었다.

1) 우리나라의 육류별 수급현황

축산물 수급현황

연도 \ 구분		88	89	90	92	2001	연평균 증가율		
							80~88	89~2001	2001/92
	육류	17kg	18.2	19.9	23.9	31.9	4.5%	4.8	1.3배
	쇠고기	3.4	3.4	4.1	5.2	5.7	1.4	4.4	1.1
	돼지고기	10.1	11.1	11.8	13.4	19.6	6.0	5.0	1.5

1인당 (kg)	닭고기	3.5	3.7	4.0	5.3	6.6	4.3	4.9	1.3
	계란	9.5	9.0	9.2	9.7	13.2	4.9	3.2	1.4
	우유	39.4	33.7	42.8	44.0	63.1	16.5	4.2	1.4
총수요 (천톤)	육류	716천톤	770	834	1,051	1,504	5.9	5.7	1.0
	쇠고기	142	143	177	227	267	2.5	5.3	1.2
	돼지고기	425	472	505	593	925	7.3	5.8	1.6
	닭고기	149	155	172	231	312	5.8	6.0	1.4
	계란	397	381	393	424	623	6.0	4.2	1.5
	우유	1,652	1,642	1,831	1,920	2,975	17.9	6.1	1.6

자료 : 축협중앙회, 축산물 가격 및 수급자료, 1992

쇠고기 수급현황(86~91)

연도	수요					공급				총계
	소비			차년 이월		전년 이월		당년		
	국내산	수입	합계	국내산	수입산	국산품	수입	생산	수입	
1986	144,343	3,591	147,934	8,338	--	1,970	3,951	150,761	--	165,322
1987	151,926	--	151,926	5,679	--	8,338	--	149,217	--	157,605
1988	132,261	9,275	141,536	--	4,918	5,679	--	126,852	14,193	146,454
1989	90,051	53,261	143,312	--	1,186	--	4,885	90,051	49,592	144,498
1990	94,924	82,064	176,988	--	3,132	--	1,186	94,924	84,010	180,120
1991	98,529	124,731	233,620	--	3,579	--	3,132	98,529	125,718	226,839

자료 : 축협중앙회, 축산물 가격 및 수급자료, 1992

쇠고기 공급현황(85~91)

구분 / 연도	수요			공급			
	수입	국내	계	수입	이월	국내	계
천톤							
1985	- -	346	346	- -	1	345	346
1986	- -	320	320	- -	- -	321	321
1987	- -	373	373	- -	- -	377	377
1988	- -	425	425	- -	1	432	433
1989	- -	472	472	- -	- -	485	485
1990	3	502	505	- -	1	507	508
1991	16	495	511	- -	- -	499	499

자료 : 축협중앙회, 축산물 공급현황, 1992

2)육류의 수출입 현황

육류의 수출현황

수량 : M/T
금액 : us $ 1,000

구분 연도	우육		면양육		돈육		양내장		소내장		기타
	수량	금액	수량	금액	수량	금액	수량	금액	수량	금액	수량
1981	–	–	6,214	6,620	–	–	10	412	298	1,109	91
1982	3	69	5,344	7,448	–	–	489	418	139	518	–
1983	8	149	6,988	7,976	–	–	–	–	66	225	61
1984	5	123	8,031	10,565	296	1,044	–	–	14	15	290
1985	31	509	94,36	12,191	226	768	–	–	–	–	311
1986	19	756	10,019	12,852	892	4,472	–	–	–	–	81
1987	34	657	10,708	13,559	3,161	15,860	–	–	7	34	587
1988	73	2,016	14,707	20,042	7,937	40,860	–	–	34	48	880
1989	65	1,082	14,790	20,213	12,726	57,585	–	–	–	–	1,534
1990	58	1,626	13,935	18,947	5,877	31,680	–	–	–	–	882
1991	51	1,627	12,738	18,645	3,649	21,229	–	–	–	–	1,556

자료 : 축협중앙회, 육류의 수출현황, 1992

육류의 수입현황

구분 연도	우육		면양육		돈육		양내장		소내장		기타육류	
	수량	금액	수량	금액	수량	금액	수량	금액	수량	금액	수량	금액
1981	32,604	36,287	11,618	12,337	12	46	148	990	457	822	59	215
1982	72,913	130,003	8,111	8,768	49	206	9	73	445	692	13	154
1983	64,635	125,218	11,227	9,826	47	175	1	4	68	102	101	468
1984	32,365	53,673	12,145	11,168	72	232	3	20	–	–	107	295
1985	2,318	8,901	17,281	13,701	96	253	–	–	–	–	105	294
1986	521	2,422	15,273	11,592	117	306	–	–	–	–	99	254
1987	600	2,728	16,835	12,698	27	74	–	–	–	–	238	650
1988	12,349	45,489	26,043	18,449	87	90	–	–	–	–	197	432
1989	79,208	224,551	26,834	19,015	21	89	3	51	–	–	625	1,972
1990	104,122	301,740	23,965	19,308	2,853	6,358	8	93	–	–	7,750	14,410
										–		
1991	166,534	471,40	418,252	14,668	18,876	42,373	0.002	–	1,171	1,885	18,425	36,645

자료 : 축협중앙회, 육류의 수입현황, 1992

3) 식육 수요의 특징

우리나라는 육류가 고급식품으로 인식되어 있기 때문에 특정적인 수요패턴을 가지고 있다. 특히 계절별로 소비성향이 현저하게 다르다. 육류의 소비가 제일 많은 것은 우리나라의 2대 명절로서 특히 쇠고기의 소비가 현저하게 증가하는 설날과 추석에는 도시, 농촌을 막론하고 어느 가정에서나 쇠고기를 많이 이용하게 된다.

최근 가처분소득 증대와 소비자의 식생활 패턴이 서구화 현상으로 인하여, 육류소비는 점차 증대하고 있는 추세이다.

5절 냉동육과 냉장육의 비교

신선육과 육제품은 다량의 수분과 여러 가지 영양소를 함유하고 있기 때문에 극히 변패되기 쉬우므로 도살 공정에서부터 저장 이용에 이르기까지 특별한 주의와 취급이 요구된다.

즉 식육은 방혈 직후부터 미생물의 작용과 생리 화학적 변화로 인하여 변패가 시작된다. 이러한 작용을 저지하지 않으면 식육의 품질유지와 저장기간의 연장이 불가능하게 된다.

저온을 이용하여 신선육이나 육제품을 저장할 경우 그 저장온도에 따라 냉장육(Chillde Meat)과 냉동육(Frozen Meat)을 대별하고 있다.

① 냉장육 : 일반적으로 동결되지 않는 저온에서 저장하는 것으로 대체로 0~10℃에서 취급하는 것을 말하며, 특히 신선육의 저장시 빙점에 가까운 -1~1℃의 조건으로 저장하는 것은 Super Chilled Meat 이라 하여 구분하는 경우도 있다.

② 냉동육 : 빙결점 이하의 저온에서 동결한 것으로 관능적으로 동결상태에 있는 것을 말한다. -5~-10℃에서 동결하는 경우는 있으나 일반적으로 -18℃이하의 저온에서 동결하는 경우가 많으며 반냉동육은 -2~-3℃의 저온에서 저장하는 경우를 말한다.

1 지육의 냉각

도살공정이 완료되었을 때 도체의 내부온도는 대개30 ~39℃이다. 그러나 냉각전 지육의 온도는 부위별, 위치별 상당한 차이가 있을 뿐만 아니라 도체의 비열, 중량, 형태등에 따라서도 냉각 속도에 상당한 차이가 있다.

지육의 냉각은 일반적으로 2분체(Halves)또는 4분체(Quarters) 형태로 행하는데, 냉각은 주로 급속히 체온을 0℃가까이까지 떨어뜨리고, 표면의 수분을 어느 정도 제거하여 함수율이 낮은 피막을 형성시키며, 육색을 상품가치가 높은 선홍색(Bloom)으로 하고, 지

도체의 미국식 도매 부분육

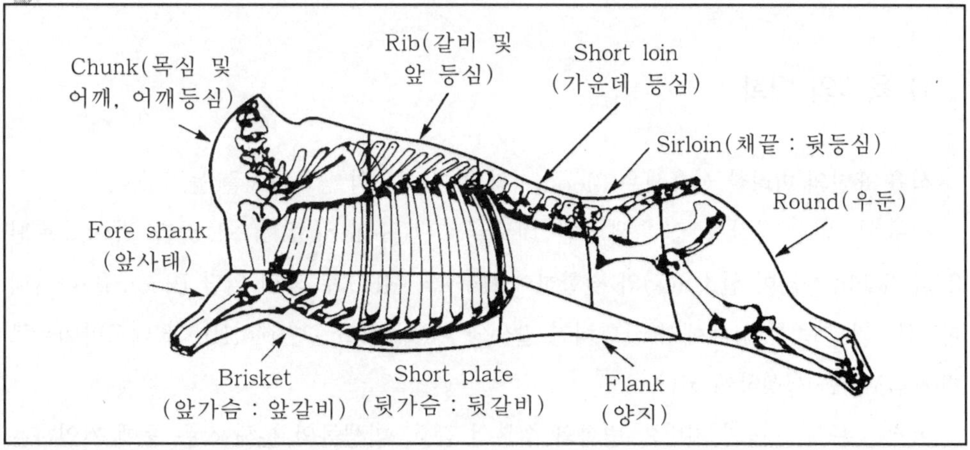

한국식 소매 부분육

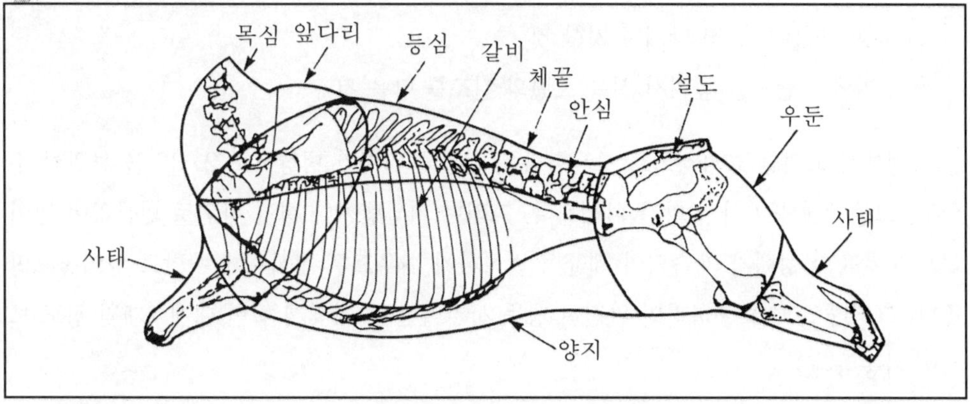

방을 강화시켜 외견상 품질은 물론 신선육의 절단작업을 용이하게 하는데 그 목적이 있다.

그러나 도살 후 소의 지육을 냉각시킬 때 근육의 온도가 빨리 내려가면 근육이 강력한 수축을 일으켜 그 이후의 숙성(Aging)에 의해서도 충분히 연화(Tenderization)되지 않는 현상, 즉 저온단축(Cold Shortening)이 일어난다.

이러한 현상은 일반적으로 10시간 이내에 큰 소는 8℃, 송아지는 4℃이하로 되는 경우에 발생하는 사례가 많으며, 이는 지육의 신선도를 위해 근래에 지육의 온도를 가능한 빨리 저하시키기 때문에 일어나는 현상이므로 지육의 온도가 10 이하로 되기 전에 사후 강직을 진행시키도록 유도하는 고온숙성을 사용할 수 도 있다.

2 식육의 냉장중의 변화

1) 육색의 변화

식육 표면의 미려한 선홍색은 Bloom이라 하여 식육의 상품가치를 높인다.

식육의 저온 저장중 근육색소인 헤모글로빈(Hemoglbin : Hb)과 마이글로빈(Myoglobin:Mb)이 산소 (O_2)와 결합하여 HbO_2와 MbO_2로 되면 일단 Bloom을 나타내며, 산소가 부족한 상태에서 산화되면 갈색의 메토헤모글로빈(MetHb)과 메트마이글로빈(MetMb)을 생성하게 된다.

이것은 근육 표면의 지방의 변화와 수분의 감소, 미생물의 분해 작용 등에 기인하는 것으로 일반적으로 변색을 방지하는 데는 다음과 같은 대책이 강구 될 수 있다.

① 건조공기와의 접촉을 피할 것

② 저장온도는 가급적 낮게 유지할 것

③ 공기와의 습도를 높여서 식육 표면의 건조를 막을 것

가정에서 고기를 효과적으로 보관한다는 것은 무리지만 냉장고로 2~3일을 보관할 수 있고, 그동안에 풍미가 얼마간 더해진다. 그러나 비닐랩이나 헝겊 따위로 빈틈없이 덮어놓으면 축축한 상태가 계속되어 세균이 번식하기 쉬우므로 접시위에 주발로 덮어놓으면 좋다. 그러나 오래 보존하려면 완전히 냉동 시켜버린다.(이렇게 하면 대개 3개월 정도 보관이 가능하다.)

Myoglobin의 화학적 상태와 산소분압과의 관계

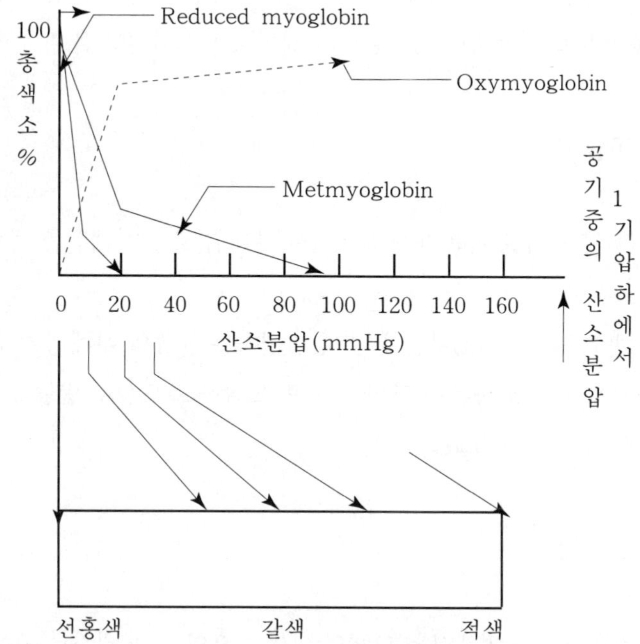

산소불압과 myoglobin의 발색관계

2) 지방의 변화

식육의 지방은 수분과 달리 냉장 저장 중에 그 감량이 감소하지 않으나 그 질이 변화하기 때문에 풍미와 밀접한 관계가 있고 저온 저장중 지방의 변화는 육질에 크게 좌우한다.

냉장저장 중 식육에 곰팡이와 같은 미생물이 번식하면 지방은 지방산과 글리세린으로 가수분해 된다. 또한 지질의 산패는 식육자체 내에 존재하는 효소와 직접적인 화학작용에 의해 산화작용 또는 가수분해가 일어나는데 기인한다.

그러므로 냉장 저장한 고가에서 산가(Acid Value)가 계속 증가하는 것을 관찰할 수 있다.

3) 감량

소. 지육의 냉각과 냉장보관중의 감량은 공기의 온도, 습도, 육속 등의 냉장조건과 식육의 종류, 크기, 지방의 존재상태 등에 따라 다르다.

소 지육의 냉각하는 과정에서 평균 2.3~2.5%의 감량을 나타내며, 냉장 중의 감량도 매일 0.3~0.4% 정도로 발생하나 냉장일수가 길어짐에 따라 감소율은 둔화된다.

4) Bone Taint

Bone Taint란 뼈 가까운 지육의 중심부에서 부패취 또는 산패취를 생성하는 것을 말한다.

특히 요골의 관절(Hip Joint)부근에 흔히 발생하는 일종의 부패성 변화로서 이를 예방하려면 도살 전에 가축을 충분히 휴양시킨 후 도살하고 도살시 방혈을 촉진하고 도살 후 신속하게 냉각 하는 것이 효과적이다.

5) 미생물의 변화

효과적인 식육의 보존을 위해서는 도체의 미생물 오염 량을 최소로 줄여야 하며, 이를 위해서는 미생물의 오염원을 깨끗이 하고 초기 공정 중 도체의 취급에 세심한 주의와 함께 냉장중 저온을 유지하고 습도를 85% 이하로 유지하도록 한다.

냉장중 식육에 있어서 쉽게 발육하여 부패를 일으키는 것은 호냉성 미생물(Psychrophiles)이며, 특히 호기성균(Aerobic bacteria), 곰팡이(Molds), 효모(Yeast) 등은 식육표면에서 증식하여 부패를 일으킨다.

6절 식육의 냉동 저장

냉동은 식품의 품질을 장기적으로 유지하는 최선의 방법이다.

식육을 냉동시킨 다음 -20 의 저온에서 냉동저장하면 화학적 및 효소적 변화와 미생물 증식을 억제하며, 색, 풍미, 냄새, 다즙성, 등의 기호적 특성의 변화를 최소화 할 수 있으며, 대부분의 영양가는 냉동도중 및 저장기간 동안에 잘 유지되기 때문에 고기저장법으로 가장 널리 쓰이는 방법으로 인식되어 왔다.

그러나 냉동 저장 중에도 수분의 승화, 단백질의 변성, 조직적인 손상 등이 물리화학적인 불가역적 변화들이 계속해서 일어날 뿐만 아니라 해동 중 육즙의 유출로 수용성 영양분이 손실되기 때문에 이들 변화를 최소화 하여 냉도육이 일단 해동이 되었을 때 해동시 분리 육즙(Drip)의 양과 영양분의 손실을 관능 적을 식별할 수 없을 만큼 줄이도록 해야 할 것이다.

1) 냉동원리

식육은 냉동저장시 주로 세포액내 얼음결정생성(Intranculear Ice-Crystalization), 세포간 간질분리(Interstitial Dissociation), 얼음결정에 의한 세포간 간질수종(Interstitial Edema)등이 나타난다. 이는 식품내에 존재하는 물이 액체상태에서 고체인 얼음으로 상(相)전하는 과정에서 나타난다.

수분의 얼음으로의 결정화 단계는 핵화와 결정성장의 단계로 나누어진다.

(1) 핵화(Nucleation)

핵화는 물분자들이 결합하여 결정으로 존재하기에 충분한 크기의 배열된 입자로 전환되는 상태를 말한다.

(2) 결정성장(Crystal Growth)

일단 결정화가 시작되면 모든 물이 얼음으로 될 때까지 빙점을 유지하는데 식육의 빙점은 -1.7 에서 -2.2의 범위이다.

핵화로 형성이 시작된 빙결정은 지속적으로 크기가 성장하기 시작하는 결정성장을 하는데 이는 핵화로 일단 형성된 얼음결정 표면에 물분자가 계속 결합되어 빙결점이 커지는 것을 말한다. 따라서 빙결점 표면에 흡착되어 물분자의 결합을 방해하거나 점도를 증가시켜 물분자의 이동을 힘들게 하거나 물과 결합물을 형성하는 물질들이 존재하면 결정성장은 지연된다. 따라서 급속히 냉동시킨 식품에는 수많은 작은 빙결점이 존재할 것이고, 완만하게 냉동시킨 식품에는 크고 숫자가 적은 빙결정이 존재 할 것이다. 왜냐하면

온도별 동결곡선

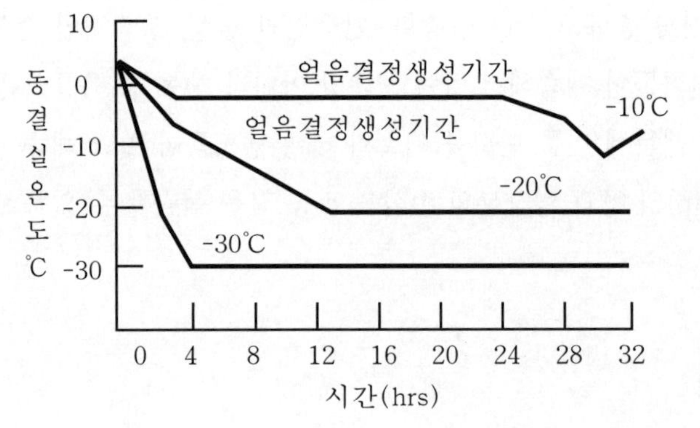

냉동시 조직내의 빙결정 형성

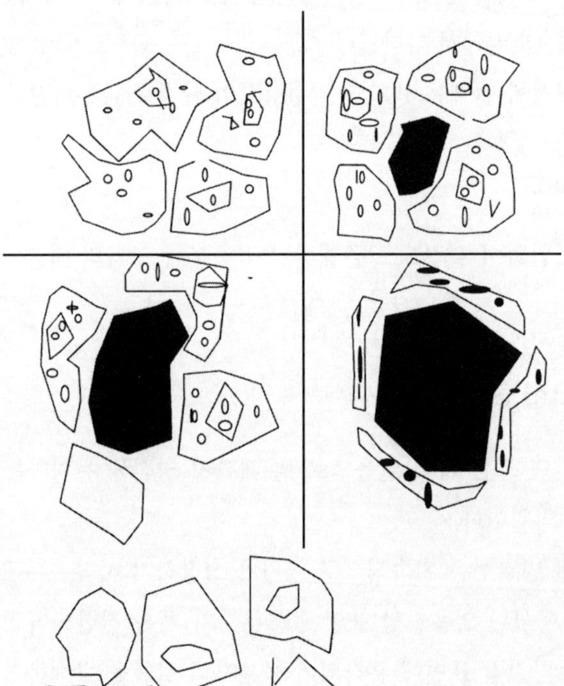

냉동시 조직내의 빙결정 형성
· 윗그림 : 완만냉동
· 아랫그림 : 급속동결

완만동결에서는 형성되는 핵의 숫자가 적고 성장은 심하게 일어날 것이고, 급속동결에서는 많은 핵이 형성되고 한정된 크기까지만 성장을 할 것이다.

① 완만동결은 세포밖에 큰 얼음결정이 형성되어 세포내의 물이 세포 밖으로 이동되므로 동결된 상태에서 세포는 수축되어 진다. 이것은 세포막을 기준으로 세포내액의 용질이 많아 세포외액보다 동결온도가 낮기 때문에 냉동온도가 서서히 내려가면 세포외액에서 결정화가 먼저 시작되어 큰 얼음결정이 생기기 때문이다.

② 급속동결 에서는 작고 균일한 얼음 결정이 세포 안팎에 골고루 형성되어 새포내 수분의 이동이 최소화 되고 외관도 동결되지 않는 상태와 거의 비슷하게 유지된다. 이러한 상황은 온도가 급속히 내려가면 얼음 결정형성을 위한 핵의 한계직경이 작게 되기 때문에 발생한다.

2) 식육의 냉동 및 냉동저장 중 물리화학적 변화

냉동 중물이 얼음으로 전환되기 때문에 다른 물질들은 농축된다.

농축정도는 식육의 종류, 최종온도 그리고 냉동속도에 영향을 받는다. 이러한 농축현상은 식육의 산도 상승(pH저하), 보수력(세포내 수분의 간직능력)감소, 단백질 용해도 감소 등을 유발한다. 물리 화학적 변화는 액체상태에서 용질농도가 증가할수록 증가하기 때문에 온도가 매우 낮아져 물의 양이 적어지면 감소한다. 그러나 더 많은 물이 얼수록 해동시 원래의 위치로 돌아가야 할 물의 양이 더 많아지므로 조직에 더 많은 문제를 야기한다.

냉동 중 돌이킬 수 없는 변화가 가장 많이 생기는 온도대가 −10℃에서 −5℃ 사이므로 냉동과 해동 중 가능하면 빨리 이 온도 대를 통과해야 하고 냉동저장 중에는 −10℃이하를 유지하여야 한다.

(1) 물리적 변화

가) 외관(빛깔)

급속동결은 작은 빙결점 형성 때문에 밝은 표면색을 나타낸다. 그러나 해동후에는 냉동속도에 따른 차이가 없어진다. 저장중에는 고기의 마이오글로빈이 산화되어 변색이 유발된다. 그러나 포장종류에 따라 −20℃에서 수개월간 선홍색을 유지할 수 있다.

나) 건조

냉동과정중 냉동방법에 따라 1~2%의 중량감소가 유발된다. 이러한 중량감소는 식육의 종류나 냉동방법에 따라 다양하며 저장중에도 지속된다. 신속한 냉동일수록 중량감소가 적다.

수분불투과정 포장지로 포장된 식육에서 발생되는 냉동중의 수분손실에 의한 중량감소는 포장이 밀착되지 않았을 경우 수분이 증발하여 포장내부에 얼음이 축적되므로서 야기된다.

비포장식육에서는 저장중 수분이 증발한다. 공기는 온도가 낮을수록 수분을 적게 함유하기 때문에 저장온도가 낮을수록 중량감소는 저하된다. 또한 저장고내의 공기순환도는 가능한 한 낮아야 한다. 수분통과성이 높은 포장지로 포장된 식육에서 발생되는 냉동저장중 중량손실은 저장온도와 온도변이에 따라 차이가 생긴다. 지속적인 수분증발은 표면이 백색으로 변색되는 Freeze Burn현상을 가져온다. 이것은 표면의 얼음이 승화되어 산소가 쉽게 표면에 접근할 수 있게 되므로 산화작용이 진전되어 변색을 가져오기 때문이다. 이러한 현상은 비포장 식육에서 특히 심하며 돌이킬 수 없는 풍미, 조직감 및 외관의 손상을 가져온다.

■ Freeze Burn

식육을 건조한 냉동고에 포장이 잘 안된 상태로 저장하면 표면에서 수분의 증발이 일어나 조직감이 질겨지고 색소 단백질의 변성으로 백탁현상이 일어나고 이취를 생성하는 것을 말한다.

다) 재결정화

-18℃이상의 온도에서 특히 심하며 저장온도 변이가 심하면 작은 빙결정은 없어져 큰 얼음결정이 된다. 따라서 급속 동결로 작고 많은 얼음결정이 형성된 식육도 오랫동안 저장하면 숫자가 줄어들면서 큰 얼음결정을 갖게 된다.

라) 조직감

식육은 냉동저장중 단백질의 변성으로 조직이 질기고 건조해지는데 이것은 아마도 냉동으로 인한 염들의 농축에 기인하는 것으로 생각된다. 아울러 단백질의 추출성도 냉동저장온도가 높을수록 더 많이 저하되는데 이것은 고기를 가공육제품 원료로 사용할 때

냉동온도와 보존기간

식육별	냉동동결의 온도와 기간(월)			
	-12℃	-18℃	-23℃	-29℃
쇠고기	4	6	12	12이상
양고기	3	6	12	12이상
송아지고기	3	4	12	12
돼지고기	2	4	8	10
쇠고기(분쇄한거)	3	4	8	19
소의간	2	2	-	-

가능성의 감소를 가져온다. 이러한 단백질 추출성 변화를 억제하기 위해서는 저장온도를 가능한 낮추거나 냉동변성방지체를 첨가하여 냉동시킨다.

(2) 화학적 변화

가) 풍미

식육에서의 풍미변화는 주로 지방산에 의해 야기된다. 지방산화에는 자동산화와 가수분해산화가 있다.

저장중 지방의 산화는 변패취를 형성하며 특히 Freeze Burn에 의해 촉진된다. 이것은 얼음이 지방의 보호막으로 작용하다가 승화되어 없어지게 되고 아울러 미량금속이온들, 육색소 및 염과 같은 산화촉진제들이 농축으로 지방산화가 가속화되기 때문이다. 따라서 산소투과성의 진공포장이나 항산화제 처리로 지방산화를 지연시킬 수 있고 저장온도를 낮춤으로써 산패를 억제할 수 있다. 그러나 염장 지육에서는 저장온도를 낮추면 오히려 산화가 촉진된다.

또한 핵산계 풍미물질의 생성은 냉동저장으로 인해 오히려 저하된다고 알려져 있다.

나) 영양가

식품의 영양가는 거의 변화가 없다. 해동시 육즙유출(Drip)에 포함되어지는 수용성 비타민, 단백질 및 광물질이 영양가 손실을 야기하지만 양적을 매우적다.

냉동저장중 영양가 손실은 Thiamine(Vit, B1), Ribofavin(Vit, B2 과 Pyridoxin(Vit,B6)이 가장크다.

다) pH변화

냉동저장중 pH변화는 단백질 변성, 보수력 및 연도감소를 유발한다. 냉동저장중 pH 변화는 저장온도와 기간에 따라 변한다. 저장 초기에는 얼지않는 부분에 존재하던 산성염이 침전되어 pH의 증가를 보이다가 나중에는 알칼리염의 침전으로 pH의 감소가 발생한다.

· PH : 수소이온농도지수

7절 식육해동

냉동육은 직접 조리를 하지 않는 한 동결된 상태에서 포장이 된 채로 해동시켜야 건조를 방지할 수 있다. 냉동육은 해동시 액체가 누출되는데 이것을 드립(Drip)이라고 한다.

드립의 종류는 데품의 종류, 표면적, 냉동방법, 저장조건 및 해동방법에 의해 영향을 받는다. 일반적으로 중량의 1~2%의 드립이 해동시 발생하여 해동된 고기는 건조한 조직감을 갖는 경우가 빈번하다. 즉 동결육을 해동할 경우 해동전의 품질 뿐만 아니라 해동여하에 따라 품질에 주는 영향은 대단히 크다.

식육 동결에 관해서는 -1℃에서 -5℃의 최대 빙생성대를 가능한 급속으로 통과시키는 것이 품질 유지상 필수 요건이라고 하는 것은 피할수 없는 사실이다.

드립이란 조리에 의해 육류에서 흘러나오는 육즙으로 수분, 수용성 단백질, 아미노산, 염류 뿐만 아니라 비타민등을 함유한 영양많은 용액이다.

즉 육즙의 유출이 된다는 것은 영양분의 감소뿐만 아니라 풍미의 감소현상을 같이 수반한다.

해동방법은 크게 표면가열방법과 내부가열방법의 두 가지로 구분되어진다. 표면가열방법은 공기, 물 또는 증기를 이용하여 열을 표면에서 전도시켜 해동시키는 방법이고, 내부가열방법은 유전체나 전자파(Microwave)가열로 열이 냉도육 내부에서 생산되므로 해동이 되는 방법이다. 어떠한 해동방법을 사용하던지 급속한 해동은 드립이 적게 발생하지만 크기가 큰 식육은 표면 온도가 높아질 위험이 있다. 비록 해동시간은 오래

걸리지만 미생물적 안전성 때문에 일반적으로 냉장온도하에서 수행되는 것이 적극 추천된다.

1) 냉동식육의 해동기술

(1) 공기해동

공장실내에서 하루 밤 정체시켜 해동시키는 방법으로 열전달 매체가 정지된 공기이므로 해동속도가 매우 느리다. 미생물 발육을 억제시키기 위하여 실내온도는 10~15℃를 넘지 않도록 한다.

가정에서는 냉장고에서 24시간 정체함으로써 해동하는 것이 바람직하다. 고습도 공기를 순환시키는 터늘 속에서 수행하면 신속한 해동과 위생적인 관리를 성취할 수 있다.

① 정지공기 해동법

② 유동공기 해동법

③ 가습공기 해동법

④ 가압공기 해동법

(2) 청수 해동

물을 매체로 행동하는 방식으로서 이 방법은 밀봉포장하지 않는 한 육의 표면에 접촉된 물이 육내로 흡수되어 육중의 수 가용성 성분은 수중으로 유출되는 현상이 발생한다.

햄, 소세지, 같이 가공품의 해동에는 상관없지만 생육으로 유통시킬 목적으로하는 경우에는 신중을 기하여야 한다.

① 정지 수중해동

② 유동 수중해동

③ 산수 해동

④ 진공 저온해동

(3) 전기해동

전기적 힘을 응용하여 해동하는 방법으로 전자파 침투로 의해 에너지 발생을 이용하는 4가지 방식이 있다. 즉 정전 해동과 원적외선 해동, 고주파 해동, MICRO파 해동이 이에 해당한다.

① 정전 해동

② 원적외선 해동

③ 고주파 해동

④ MICRO파 해동

2) 해동이 품질에 미치는 영향

해동된 고기는 산패가능성이 신선육보다 더 높으므로 빨리 조리하여 급식하고, 즉시 조리하지 않을 경우 신속히 냉장해야 하며, 동결과 해동이 반복될수록 조직이 파괴되고

[그림 5-1] 해동이 품질에 미치는 영향

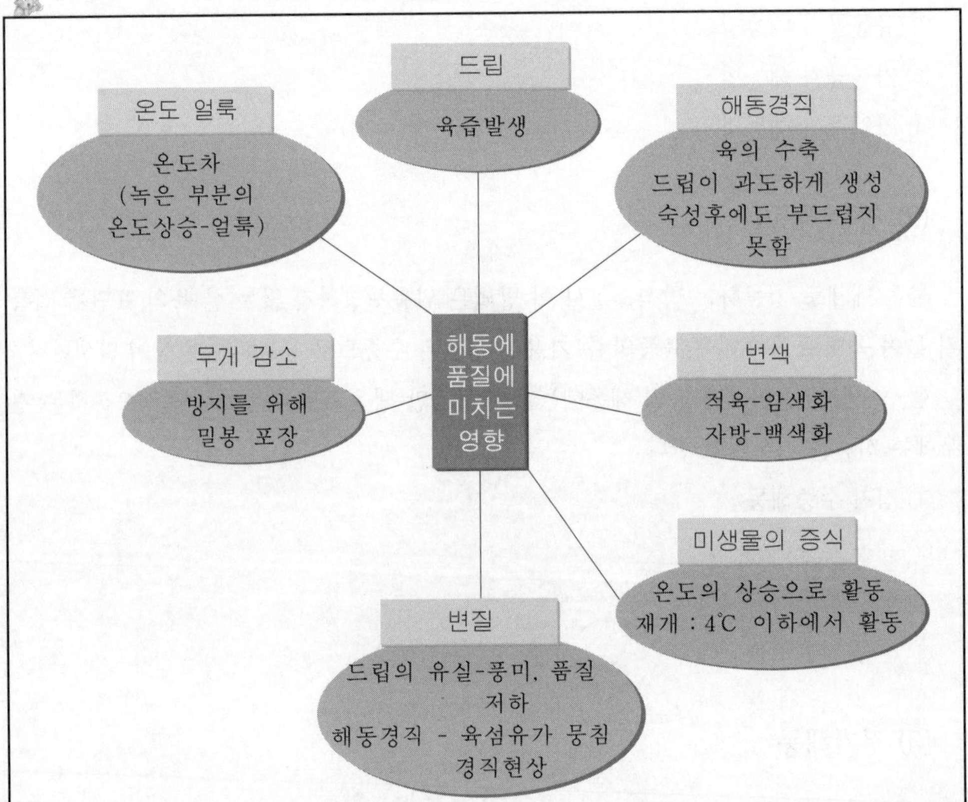

다즙성과 풍미등의 품질이 저하되므로 조리 직전에 해동하는 것이 바람직하다. 진공포장육의 경우 냉장고에서 서서히 해동하는 것이 드립을 최소화 하는 방법이기도 하다.

8절 쇠고기의 등급제도와 품질 표준화

지육의 등급은 가축을 도살하여 얻어지는 가장 중요한 대상물로서 육류유통의 중추적인 기능을 갖는다.

식육판매자에게 지육은 그가 판매하는 상품의 원자재로서 어떤 지육을 구입하는가에 따라 상품의 품질과 용도가 결정된다.

지육의 상품가치는 지육이 거래되는 주변의 지역적, 시간적 여건에 따라 평가 기준이 달라질 수 있으나 지육의 특성은 보편 타당한 요인들에 의하여 객관적으로 규정될 수 있어야 하며, 등급기준은 그지역의 소비성향이나 축산여건을 합리적으로 반영할 수 있도록 설정되어야 한다.

즉 등급의 부여는 모든 거래의 기준이 되며 거래의 공정은 등급의 부여에서 시작된다고 볼 수 있는데 등급제도는 일률적인 시장 정보제공, 가격에 대한 정확한 측정치 제시를 통해 정확하고 일관성 있는 쇠고기소비, 유통체계확립에 기여하고 있다.

1 우리나라 육류등급제도의 현황

1) 육류등급제도의 필요성

국민소득의 증가로 인한 국민식생활의 향사에 따라 식육의 수요공급은 급속하게 신장되어왔다. 이에 따라 유통물량의 증대와 더불어 소비구조가 양에서 질적으로 전환되고 있으며 우수품질의 국내산 고기생산이 절실히 요구되었다.

생산분야 말고도 식육유통이 생축에서 점차 부분육 유통으로 전환되면서 좀더 과학적인 거래제도가 필요하게 되었고 통일된 거래 규격기준의 확립이 절실하여 등급별에 의한 차별가격제 거래로 생산자, 유통업자 및 소비자를 보호하기 위하여 육류등급제도가 도입되었다.

2) 육류등급제도의 정의

육류등급제도란 생산업자와 유통업자 그리고 소비자 사이에 이루어지는 거래의 공정성을 기하기 위해 육류를 통일된 기준에 의해 육량과 육질로 구분하여 판정하는 육류의 규격제도이다.

- 도체등급
  - 소
    - 육량등급
    - 육질등급 — 판매기능 육량을 육량지수에 의해 구분 근내지방도, 육색, 지방색, 조직감, 성숙도, 등에 따른 구분
  - 돼지 — 도체중에 의해 등지방두께에 따라 등급을 A, B, C, D의 4개 등급으로 하며, 외관과 육질에 의해 최종 판정토록 한다.
- 부분육등급
  - 외 관 : 균칭, 비육상태, 지방부착상태, 마무리
  - 육 질 : 조직감, 육색, 지방색과 질, 근내지방도

3) 육류등급제도의 효과

육류의 우열판단은 생체(생우, 생돈)상태에서 어려우므로 도살한 도체 상태에서 일정 부위를 조사하여 판매 가능 하거나 이용 가능한 육량과 품질의 정도를 나타내는 유질의 우열을 판정 표시하여 경매함으로서,

생산 출하자는 등급 결과에 따른 정당한 대가(代價)를 받게 됨에 따라 경제성(수익성)이 높은 가축생산의 지표가 되며, 또한 육량과 육질이 좋은 가축생산의 목표가 설정되므로 가축의 개량을 촉진할 수 있고,

식육유통업계나 가공업계는 공정하게 판정된 등급에 따라 수매할 수 있도록 수매지표를 제공해 줌으로서 각자의 판단수준이나 가공용도에 적합한 도체를 선택할 수 있어 적정한 가격으로의 응찰(구매)이 가능하도록 하며, 소비자에게는 유통업자가 구입한 도체를 등급에 따라 부위별로 부분육화하여 차등가격으로 판매토록 함으로서 구매의 지표가 된다.

4) 육류등급제도의 구체적 내용

(1) 소(牛)도체등급

육량등급과 육질등급을 분리하여 병행 실시하였다.

〈표 5-1〉 소(牛)도체등급 표시예

육량 \ 육질	1	2	3
A	A-1	A-2	A-3
B	B-1	B-2	B-3
C	C-1	C-2	C-3
등 외			

가) 육량등급(肉量等級)

항 목		육 량
등 급	지 수	
A	78이상	부분육 육량이 표준보다 많은 것
B	75~78미만	부분육 육량이 표준인 것
C	75미만	부분육 육량이 표준보다 적은것

· 육량기준지수산식(肉量基準指數算式)

육량등급추정을 위한 육량기준 지수는 다음과 같이 계산한다.

· 육량기준 지수 = 74.80-〔2,001 등지방두께(cm)+〔0.075 배최장근단면적(㎠)〕

〔0.014 도체중량(kg)〕

〔단, 육용종우(肉用種牛)도체의 경우 1.58을 가산하여 육량기준지수로 한다.〕

나) 등외(等外)

· 다음 각항에 속하는 도체는 등외급으로 한다.

☞ 노폐우(老廢牛)도체우로서 비육도가 매우 낮은 것.

☞ 절박(切迫)도살우로서 방혈 불충분, 심한 오염 및 손상이 큰 것.

☞ 하자(何者)의 정도가 커 절제(切除)정도가 심한 것

☞ 극히 왜소(矮小)하거나 너무 나이가 어린 것

☞ 기타 외관으로 보아 도체상태가 현격하게 나빠 등급 심사를 할 필요가 없다고 인정되는것.

다) 육질등급

항목 등급	근내지방도	육 색	지방색	조직감	성숙도
1	제13늑골(肋骨) 절게 배최장근 단면에 있어서 근내 지방이 표준보다 높은 것	육의색과 광택이 현저하게 나쁘고 특히 육색이 육색 표준의 No.7에 해당될 경우 근내지방도에 의한 등급에서 1개 등급 낮춘다.	지방의 색, 광택및 질이 현저하게 나쁘고 특히 지방색이 지방색 표준의 No.7에 해당될 경우 근내 지방도에 의한 등급에서 1개 등급 낮춘다.	육의 조직에 보수, 탄력성이 없고 결이 거칠어 조직감 기준 3등급에 해당될 경우 근내지방도에 의한 등급에서 1개 등급 낮춘다.	흉추 및 요추골 절단면의 상태가 성숙도 기준 3등급에 해당될 경우 근내 지방도에 의한 등급에서 1개 등급 낮춘다.
2	제13늑골졸개 배최장근 단면에 있어서 근내 지방이 표준인 것				
3	제13늑골절개 배최장근 단면에 있어서 근내 지방이 표준보다 낮은 것				

(2) 돼지(豚)도체등급 기준

등급 구분		A	B	C	D
중량범위	박피	54kg이상 ~75kg미만	51kg이상 ~78kg미만	47kg이상 ~82kg미만	A, B, C에 속하지 않는 것
	탕박	62kg이상 ~89kg미만	58kg이상 ~92kg미만	53kg이상 ~96kg미만	
등비방 두께	박피	도체중량에 의한 등지방의 두께는 표(9)에 별도로 정함	좌동	좌동	
	탕박				

도체의 관	균형	길이와 폭이 적당하며 두껍고 엉덩이, 등심, 어깨 및 복부의 각부분이 충실하면서 균칭이 특히 좋은 것	길이와 폭이 적당하며 두껍고 엉덩이, 등심, 어깨 및 복부의 각부분이 충실하면서 균칭이 좋은 것	길이, 폭, 두께 전체의 형태, 각 부위간의 균칭등에 있어서 어느 것도 좋은 점이 없는 반면 또한 결점도 없는 것	전체의 형태, 각 부위간의 균형이 다같이 결점이 많은 것	(D급에 속하는 기타 사항) ① 황돈(黃豚) 또는 지방질이 특히 나쁜것. ② 비거세돈으로 웅취(雄臭) 기타 이상한 냄새가 나는 것.(단, 초창기는 이의 실시를 유보함) ③ 위생검사에 의거 제거부(除去部)가 많은 것. ④ 현저하게 오염된 것. ⑤ 경산모돈(經産母豚) 또는 종모돈(種母豚)
	비육상태	두껍고 매끈하면서 살집이 특히 좋으며 도체에 대한 살코기의 비율이 특히 많은 것	두껍고 매끔하면서 살집이 좋으며 도체에 대한 살코기의 비율이 대체로 많은 것	특별히 우수한 것이 없으며 살코기의 발달도 보통으로 큰결점이 없는 것	얇고 살집이 나쁘며 살코기의 비율이 떨어지는 것	
	지방 부착상태	등지방 및 복부지방의 부착이 양호한 것	등지방 및 복부지방의 부착이 적당한 것	등지방 및 복부지방의 부착에 큰결점이 없는것	등지방 및 복부지방의 부착에 결점이 인정되는 것	
	마무리	방혈(放血)이 잘되고 질병등에 의한 손상이 없고 취급의 잘못으로 인한 오염, 손상등의 결점이 없는 것	방혈(放血)이 잘되고 질병등에 의한 손상이 없고 취급의 잘못으로 인한 오염, 손상등의 결점이 없는 것	방혈(放血)상태가 보통이고 질병등에 의한 손상이 적으며 취급의 잘못으로 인한 오염, 손상등의 큰결점이 없는 것	방혈(放血)이 불충분하고 손상이 이으며 취급 잘못으로 인한 오염등의 결점이 인정되는 것	
육질	조직감	조직감이 아주 좋은 것	조직감이 아주 좋은 것	조직감이 보통인 것	조직감이 좋지 않은 것	
	육색	육색은 담외홍색이며 선명하고 광택이 좋은 것	육색은 담외홍색 또는 이에 가깝고 선명하며 광택이 좋은 것	육색, 광택 다같이 특별한 큰 결점이 없는 것	육색이 비교적 진하거나 또는 심하게 연하며 광택이 좋지 않은 것	

	지방색과 질	지방은 백색이고 광택이 있으며 탄력성과 끈기가 특히 좋은 것	지방은 백색이고 광택이 있으며 탄력성과 끈기가 좋은 것	지방색이나 광택이 보통이고 탄력성과 끈기가 다같이 큰 결점이 없는 것	지방색이 이상하고 광택도 불충분하며 탄력성, 끈기가 다같이 충분치 않은 것	
	근내 지방도	적당한 것	적당한 것	보통인 것	과소 또는 과다한 것	

(3) 도체등급 용어설명

가) 육량(肉量)

도체등급에서 육량이라 함은 도체를 해체 정형해서 얻어질 수 있는 고기량을 말하고 육량등급이라 함은 도체를 해체 정형했을 경우 얻어질수 있는 고기량을 지수로 나타내 구분한 것을 말한다.

나) 육질

육질은 고기의 품질을 말하는 것으로 육질을 한마디로 정리하기는 어렵지만 대개의 경우 근내지방도, 색깔, 광택, 촉감, 외관 등으로 맛의 정도를 추측할 수 있다.

육질등급은 맛의 정도를 추축할 수 있는 요인을 일정기준에 의해 검사하여 구분한 것으로 육질을 검사하는 항목은 「근내지방도」「육색」「지방색」「조직감」「성숙도」등이 있다.

■ 근내지방도(筋內脂肪度)

근내지방은 육질을 판가름 하는 중요한 항목중 하나로 도체내부지방중 혈관에 아주 가까운 근주막(筋周膜)의 느슨한 망막이 있는 근육사이에 침착된 근육내 지방을 말한다.

육질에서 근내 지방의 중요성은 첫째, 근내지방이 맛과 풍미에 기여한다는 것이다.

둘째, 고기의 보수성(保水性)을 유지시켜 조직감을 좋게 한다.

셋째, 고기의 지방침착정도를 보고 소비자들의 구매욕구를 증진시킬 수 있다.

■ 육색(肉色)

육색은 동물의 종류, 품종, 연령, 성별, 근육부위, 영양상태 등에 따라 차이가 있고 일반적으로 쇠고기가 돼지고기보다 육색이 짙은데 이는 쇠고기를 구성하고 있는 근섬유(筋

纖維)중 적색섬유가 돼지고기 보다 많은것에 기인한다.

연령이 증가하면 육색소(肉色素)함량이 증가하며 육색소 함량이 많을수록 육색이 짙어진다. 또한 수컷이 암컷 보다 운동을 많이 하는 근육부위가 다른 근육부위보다 육색이 짙다.

육색검사는 도축된 도체의 외부노출 근육색을 보고 검사할 수 있으나 도체의 마무리 정도등 외부조건에 의해 영향을 받을 수 있고, 또 대기중의 산소에 의한 마이글로빈(Mioglobin)의 산소화로 처음에는 선홍색을 갖게 되나 시간이 지남에 따라 암적색으로 변한다. 그러므로 육색의 산소화에 따른 변화 및 부위에 따른 근육색의 차이를 최소화하기 위해 일정부위를 절단 또는 절개한 후 허용된 시간 범위내에서 조사하는 것이 바람직하다.

■ 지방색(脂肪色)

지방색은 축종과 품종, 사료 및 연령에 따라 나름대로 독특한 색을 나타낸다.

소의 도체지방은 백색에 가까운 엷은 황색을 띤 단단한 지방인데 비해 돈(豚)체는 거의 백색에 가까운 회색을 나타낸다. 사료의 영향은 사료중에 포함되어 있는 캐로틴(Carotene)에 의한다고 보며, 나이를 먹을수록 색소의 농축이나 축적이 많아진다.

■ 조직감

근조직의 상태 및 보수.탄력성을 총칭하는 것으로 근육중의 수분이 유리되어 나온 양의 과다와 탄력정도 그리고 근육을 구성하는 근속의 굵기 정도를 보고 판단한다.

일반적으로 연령이 어릴수록 근조직내 수분의 양이 많으며, 근내지방이 높아 질수록 수분이 지방과 치환되어 수분량이 적어지게 된다.

■ 성숙도

나이의 정도를 나타내는 것으로 육색, 조직감등으로도 알 수 있으나 뼈의 골화(骨化) 정도를 주로 보게 된다.

일반적으로 나이가 들수록 뼈조직에서 골화정도가 심화되는데 척추 극돌기(棘突起)연골(軟骨)의 골화(骨化)정도에 따라 성숙도를 검사하게 된다.

② 지육의 품질을 결정하는 요인

소의 지육이라 함은 소를 도살하여 머리, 가죽, 다리, 내장류 및 혈액을 제외한 나머지 부분을 말하며 지육에서 신장 및 신장지방(Kidney Fat)을 잘라내는 곳이 있는가 하면, 지육에 포함시키는곳도 있는데 우리나라에서 소의 지육이라 함은 신장지방을 제거하지 않은 상태를 말한다. 지육의 특성은 양적인 특성과 질적인 특성으로 구분하여 볼 수 있으며 양적인 특성은 적육, 지방, 뼈의 상대적 조직과 부위별 생산율에 의하여 결정되며, 육질을 결정하는 주요요인은 욱 및 지방의 색, 연도, 보수력, 풍미, 지방교잡 정도를 들 수 있다.

지육의 특성은 육축의 품종, 연령, 성별, 사양방법 등에 영향을 받게 되며 지육의 상품 가치를 극대화할 수 있는 체중에 도달하였을 때 도살하는 것이 이상적이다.

1) 지육의 육생산성

(1) 지육의 조성

지육중량 증강에 따른 식용가능 정육율

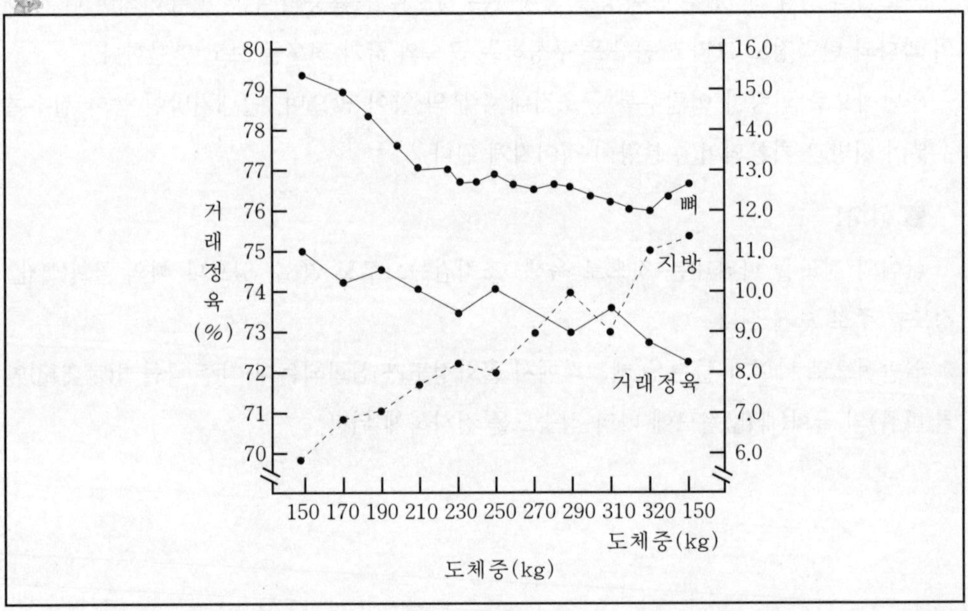

도축의 연령에 따른 지방 조직율 분포

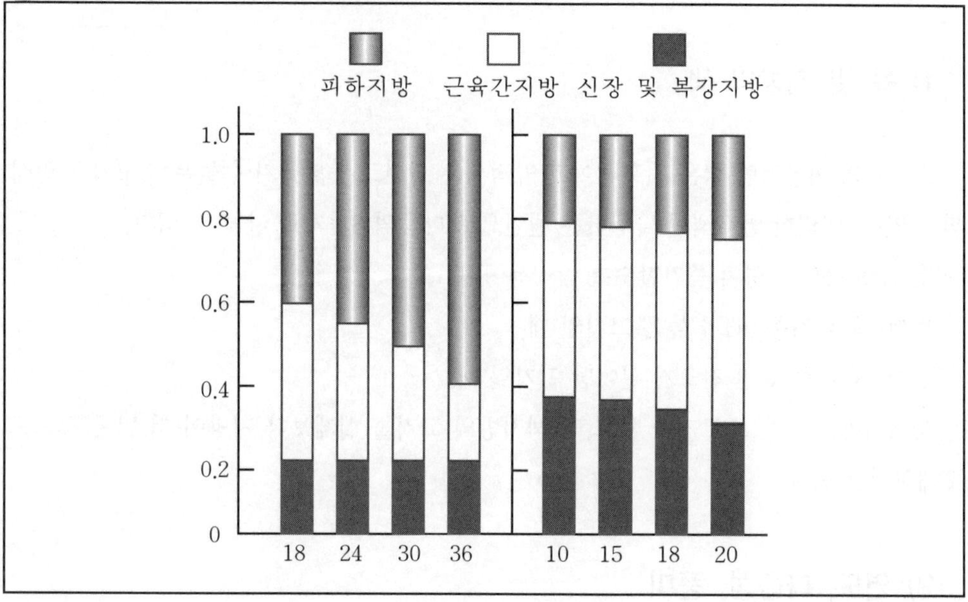

지육은 적육과 뼈, 지방으로 조성되어 있으며 적육이 많고 뼈가 적을수록 좋으며 지바의 양은 육질과 밀접한 관계가 있는 것으로 적정수준의 지방을 요구하게 된다.

(2) 육질

지육에서 육질을 직접 평가하기란 용이한 일이 아니며 육질의 개념조차 쉽게 기준을 잡기 어렵다.

육 및 지방의 색은 소비자가 식육을 선택하는데 가장 손쉬운 선별 기준이 되며 연도, 보수력, 풍미는 식육의 중요한 기호성으로 인식되고 있으나, 지육에서의 직접적인 판별이 사실상 불가능하므로 성숙도, 성별, 지방교잡정도등을 간접적 평가요인으로 삼고 있다.

지방교잡이 좋은 고기는 대체로 연하고 부드럽고 풍미가 좋은것으로 알려져 있고 육안으로 식별이 용이하며 육질을 평가하는 지표로 삼고 있다.

③ 지육의 등급 평가

1) 육 및 지방의 색

소고기의 이상적인 색은 선홍색이고 암적색은 신선도가 떨어지며 늙은 소고기로 인식되고 있다. 이러한 암적색이 발생하는 원인으로 다음의 3가지로 나눌 수 있다.

첫째, 도축의 연령이 증가할수록 암적색이며,

둘째, 육의 최종 pH가 높은 고기일 때,

셋째, 저장 중 표면 건조가 일어난 고기일 때,

황색지방은 늙은 소고기가 많고, 황색지방의 고기를 실제보다 지방이 더 많은 것으로 오해하기가 쉽다.

2) 연도, 다즙성, 풍미

연도, 다즙성, 풍미는 식육의 대표적인 기호성이 특징이며 도축의 품종, 연령, 성별, 부위별 차이가 인정된다.

3) 지방교잡

지방교잡이 좋을수록 육질이 우수한 것으로 알려져 왔으나, 최근에 소비자들의 지방기피현상이 두드러지면서지방교잡과 육질에 대한 인식이 달라지고 있다.

4) 지육 평가 방법

(1) 산육량 평가

① 주관적 방법 – 비육도, 지방부착정도

② 객관적 방법 – 지육중 지방층 두께, 신지방율

지육중/적육비

(2) 육질 평가

① 주관적 방법 – 육 및 지방의 색 성숙도, 지방교잡, 고기의 결

② 객관적 방법 – 비색, pH, 경도

Memo

CHAPTER 06

시설설비 및 장비관리

1절 조리 부서의 시설관리

① 시설관리의 의의

주방은 최상의 식음료서비스를 위하여 과학적, 현대적인 시설을 갖추어야하며 작업동선, 작업능률 등 주방의 기본적 요소들이 충분히 고려되어 설치되어야 한다.

시설관리란 조리업무를 수행하기 위해 필요한 물적 기능 요소로서 각 주방의 부문별 구역공간에 따른 각종 부대설비 및 시설물을 말하며 이를 효율적으로 배치, 사용, 유지관리하는 제반활동을 시설관리라 한다. 전문지식을 요하는 시설들은 시설 부서에서 전문적인 관리를 하게 되며 해당 조리 부서에서는 사용, 유지관리를 해야함으로 결국 시설부와 연계관리를 한다고 보아야 할 것이다. 따라서 주방시설의 종류에는 주방의 특성에 따라 매우 복잡하고 다양하나 일반적으로 크게 구조적 시설과 설비 및 주방 기물 시설로 정하여 나누어서 연구 해보기로 하자.

② 주방설계관리

1) 설계관리의 의의

주방설계는 조리책임자 및 경영자가 가져야할 중요한 과제중 하나이다. 주방은 한번 시공해서 공사가 끝나면 차후에 변경 또는 보수가 매우 어려울 뿐만 아니라, 가능하더라도 막대한 경비손실과 영업에 큰 지장을 초래하기 때문이다. 특히 특정주방을 설계하는 주방의 구체적인 특성 및 조리작업동선을 잘 모르기 때문에 그에 따른 불합리 설계 및 시공으로 인하여 큰 문제점이나 손실을 야기시킬 수 있기 때문이다. 이러한 주방설계는 처음부터 전문가의 자문을 받아서 능률적, 안전적, 위생적 조건을 충분히 고려하여 과학적으로 설치되어야 한다.

(1) 주방공간의 인체 공학적 기준

주방공간은 대체로 식품조리의 준비공간, 조리공간, 세척공간 등으로 구분할 수 있는데, 준비공간은 기능적으로 식 · 재료의 전처리공간으로 주로 작업대, 수납장, 냉장고 등이 있고 조리공간은 조리관련 장비와 작업대, 냉장고, 수납장 등이 유기적으로 연계되어 있어야 작업의 효율을 높일 수 있으며 피로감을 덜어줄 수 있게 된다. 세척공간도 수납장과 작업장 · 작업대 등의 연계성은 매우 중요한 역할을 한다.

가) 작업대와 선반

주방에서 사용되는 작업대는 일반적으로 공간의 활용성을 고려하여 단순한 작업대보다는 캐비넷이 부착된 작업대를 많이 사용한다. 국내에 제작된 작업대는 거의 86cm로 제작되고 있으나 작업시에는 허리를 구부리게 되므로 장시간 작업할 경우 허리에 피로를 가져오게 된다. 합리적인 작업대 높이는 90cm 정도이다. 작업대가 주방장비 및 머리보다 위에 위치한 선반은 다음과 같다.

나) 작업대 위의 작업영역

작업대 위에서의 왼손의 작업영역과 오른손의 작업영역을 표시한 것이다. 작업자를 기준으로 하여 안쪽선은 팔을 뻗지 않고 편안한 자세로 일할 수 있는 영역을 나타낸 것

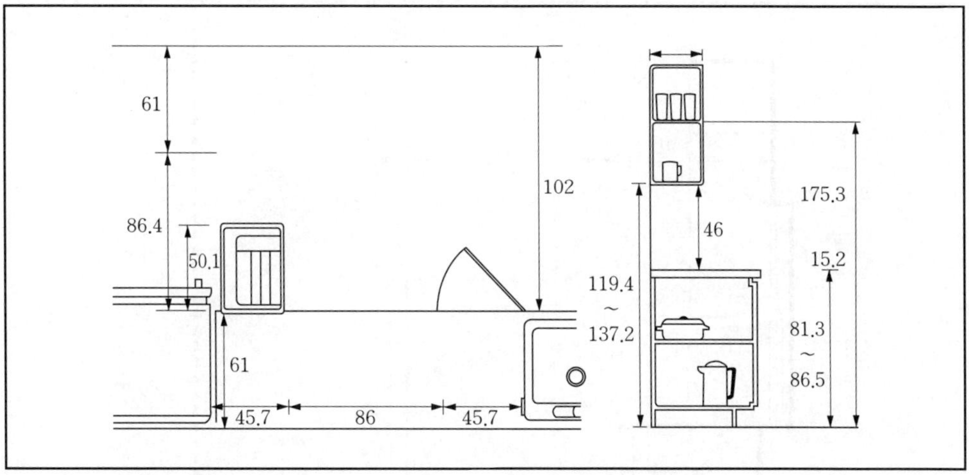

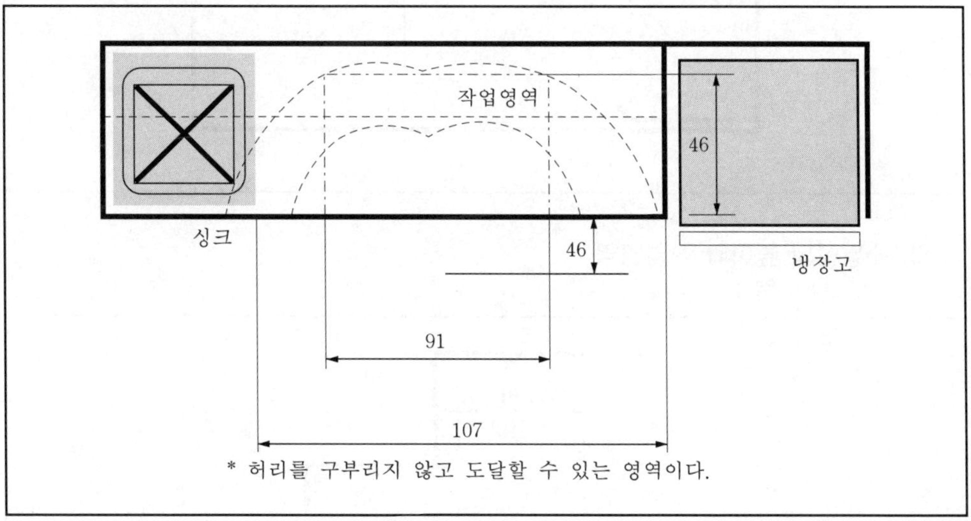

이고, 바깥선은 작업자가 허리를 구부리지 않고 팔을 뻗쳐서 닿을 수 있는 거리이다.

다) 세척공간작업

세척공간은 싱크대의 작업자와 다른 작업자와의 동선을 고려한다. 싱크대에서 작업을 하고 있을 때 최소한 1명의 작업자가 작업에 방해되지 않고 지나가기 위해서 77cm정도가 필요하다.

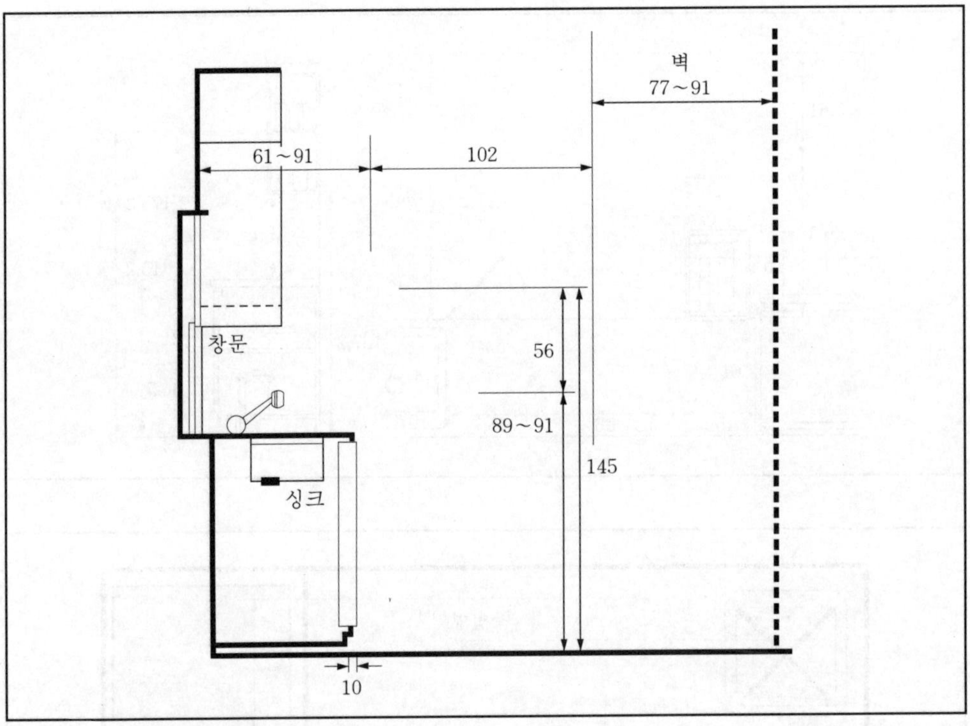

라) 수납장의 높이와 작업영역

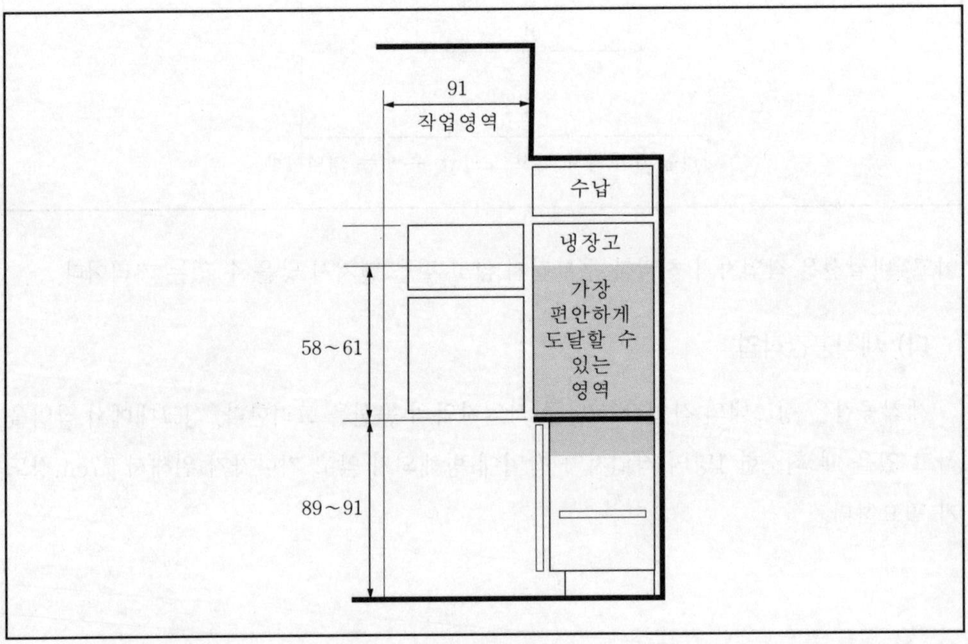

수납장은 영업시간에 사용하는 빈도가 높은 영역으로 표준높이와 영역은 작업의 편리성을 도모하게 된다. 공간을 효율적으로 사용할 수 있도록 하는 데에는 보통 작업자의 눈 높이에서 작업대 표면까지의 높이가 이상적으로 작업할 수 있는 영역이며, 최대로 도달할 수 있는 영역은 182cm정도이다. 무릎을 구부려야 손이 닿을 수 있을 것이다. 작업자가 앉았을 경우도 수납장으로부터 92cm정도 차지하게 고려해야 한다.

마) 조리공간

조리공간의 설정은 작업자 상호간의 활동에 방해를 받지 않으면서 작업이 진행되도록 하는 것이 중요한 기획개념이다. 레인지나 오븐은 대규모 주방일 경우 제작하는 것이 좋으나 잘못 제작했을 경우 기존제품을 사용하는 것보다 비합리적일 수도 있다. 다음은 조리공간에서 인체공학적 기본개념에 입각한 합리적인 공간설정의 형태를 제시한 것은 Galley형주방, L자형주방, U자형주방이다.

■ Galley형 주방

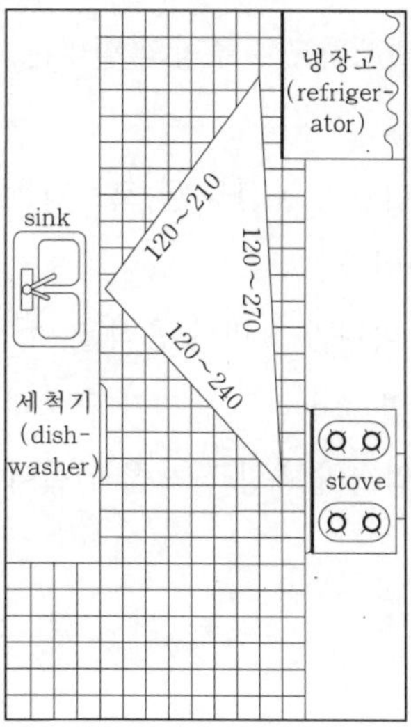

■ U자형 주방

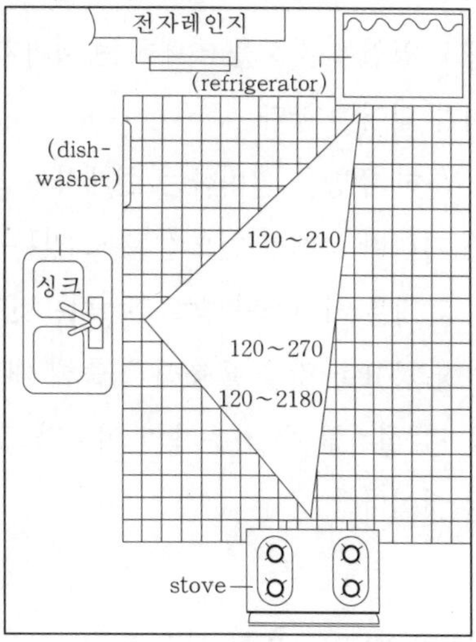

■ L자형 주방

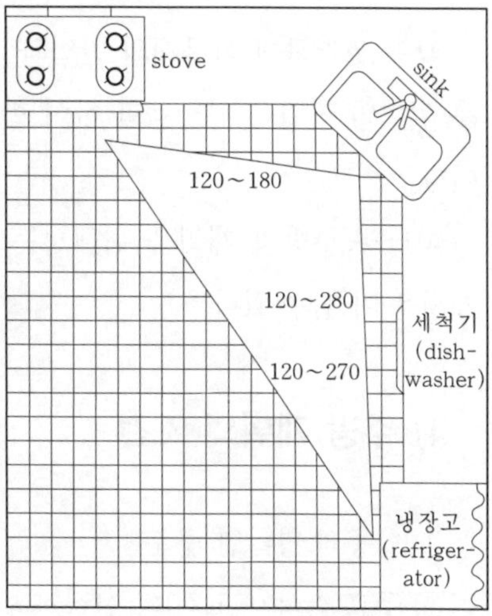

2절 주방의 기본요건

1 주방의 구조설비

주방의 설비는 조리장이 가장 관심을 가져야할 기본 과제 중의 하나이다. 이것은 한번 시공을 해서 공사가 끝나게 되면 다시는 보수하기가 대단히 곤란하고 보수가 가능하다고 해도 영업에 지장을 초래하는 결과가 발생하므로 주방의 설비는 과학적으로 완벽하게 설비가 되어야 한다.

특히 주방을 설비하는 설계사는 조리인의 동선을 잘 모르기 때문에 그에 따른 불합리가 커다란 문제를 일으킬 수도 있는 것이다.

고객은 서비스만 받으러 오는 것이 아니라 요리란 음식을 먹으로 오는 것이기 때문에 가장 중요한 맛을 훌륭히 연출해 내려면 조리인의 솜씨가 충분히 발휘될 수 있는 조리장을 잘 설비할 수 있는가의 여부가 그 업소의 흥망과 직접 연결이 된다고 해도 과언이 아닐 것이다.

2 주방의 계획이란?

각종 조건하에 식자재의 반입과 가공. 조리작업. 배식. 퇴식 및 식기의 세척. 보관 등을 일련의 작업을 시스템화 하여 합리적이고 능률적인 작업이 되도록 준비하는 첫 단계이다.

따라서 주방의 계획을 위해서는 다음의 사항이 먼저 고려되어야만 바람직한 주방의 계획을 이룰 수 있다.

1) 주방 계획의 조건

① 업종의 명확한 구분
② 주요 취식자(고객)의 선정

③ 배식방법과 주메뉴의 결정

④ 객석의 예상 회전수 산정(매상고)

⑤ 식재의 종류와 반입방법

⑥ 식당에 대한 주방면적 산정

⑦ 소요 종사원수 산정

⑧ 작업 동선 및 계획수립

⑨ 주방의 계획 및 필요 장비산출

⑩ 영업 계획수립

⑪ 기타

3 각 주방별 세부 검토 내역

1) 호텔

① City Hotel

· 공급인원: 취식 예상 인원수 산정

☞ 객실수

☞ 연회 및 레스토랑, 뷔페식당의 수용인원수

☞ 각 식당의 좌석수

· 식당의 종류

☞ Coffee Shop

☞ Grill Restaurant

☞ Korean Restaurant

☞ Japanese Restaurant

☞ Chinese Restaurant

☞ EUC

② 메뉴 : 각 식당별 공급 메뉴확정(전문식/계절식)

· 메뉴는 설치되는 주방기기에 따라서 변수로 작용됨

③ 용도창고 : 일반창고 및 각종 냉동. 냉장창고의 용도 확인

예 : 가공품창고(켄 및 건어물). 육류, 해산물 냉동, 냉장고. 일반식재창고. 음료창고. 집기창고 등

④ 주부식 창고 : 육류, 어류, 야채등 각종 식자재들의 공동전처리실의 필요 유무 확인

⑤ Main Kitchen : 전체주방과의 연계성 확인 및 연회장. 뷔페주방 지원관계 확인

⑥ Banquet Pantry(Kitchen): 대량의 요리가 가능해야하고 냉체요리설비, 더운음식 보관설비. SOUP과SAUCE류의 2차조리설비, 배선실 및 음료공급설비, 퇴식 및 세척, 식기의 보관설비등이 필히 검토되어야할 사항이다.

⑦ Coppee Shop : Soft Drink공급설비와 Coffee제조 공급설비, 간단한 식사 및 아침뷔페공급설비도 검토되어야 한다.

⑧ 각종 식당(양식, 한식, 일식, 중식 등)

각종 식당의 주된 요리를 할 수 있는지 설비검토

⑨ 각종 테마식당: Cocktail Bar, Sushi Bar, Tappnyaki등의 시설검토

⑩ Bakery Shop : 빵과, 케익, 과자, 아이스크림 각종디져트 등의 제조

특히 제과오븐의 경우에는 Steam Generation기능의 필요여부를 반드시 검토 하여야 하며 오븐이 빵전용인지, 과자전용인지를 검토해야 한다.

2) RESTAURANT(대중식당)

① 공급인원 : 소요좌석수 산정.

② 회전율 : 1인당 식사대금에 따른 단가별 회전율 책정

(호텔별, 식당별 다소의 차이가 있음)

· 1인당 5000원 미만의 대중식당 : 8~10회/1일

· 1인당 5000원 이상 15,000원이하의 중급식당 : 4~5회/1일

· 1인당 15,000 이상의 고급식당 : 2~4회/1일

(통상 만좌석율을 65%로 기준한다.)

③ 메뉴 : 메뉴는 주방의 설비와 밀접한 간계가 있으므로 면밀히 검토되어야 한다.

④ 세척설비 : 중급식당 이상의 점포이며, 좌석수가 70석 이상이면 자동세척설비의 설치도 검토되어야 한다.

⑤ 냉장설비 : 중급식당 이상의 점포이며, 좌석수가 100석이상이면 냉장. 냉동설비도 검토되어야 한다.

3) 전문점

Sushi, 튀김, 카레, Cuttlet,우동등의 단일 메뉴 전문점일때는 영업방침에 따라 차이가 있으므로 운영 당사자의 판단을 활용한다.

4) 병원

· 20병상 이상의 병원일 경우

① 공급인원 : 병상수와 직원수의 확인과 병원의 종류에 따라서 입원환자와 외래환자을 환산하여 산출한다.
통상 환자의 비율은 다음과 같다.
· 외과환자 : 50%(일반환자)
· 내과환자 : 30%(소화기 계통 환자포함)
· 유아환자 : 10%(소아과 및 산부인과 신생아 포함)
· 특수환자: 10%(전염병환자 및 성인병환자등)
또한 배식방법이 완전한 병동별 배식인지, 중앙배식 방법인지도 검토되어야 한다.

② 메뉴 : 일반식과 특별식(성인병, 난치병환자)의 비율은 6:4 정도이며 특별식용 주방은 별도로 독립설비 되는 것이 바람직하다.

③ 운영 : 환자의 형태에 따라서 차이가 있어나 평균 1일 3~6회 가량 공급되며 통상 외과환자의 경우 밥의 배식량은 130g~180g정도이다.
또한 식기세척 및 소독, 보관은 완전히 분리되어야 한다. 그리고 특별 조리실, 배선차, 세척실등이 구비되어야 하며, 주방사무실 및 종업원 편의시설를 필히 구비하여야 한다.

④ 전처리 가공실 : 각종 식자재들을 환자의 형태에 맞게 가공할 수 있는 공동 전처리 시설이 구비되는 것이 바람직하다.

⑤ 배식방법

· 중앙배식 : 중앙에서 배식준비 및 배선차를 이용하여 배식한다. 또한 퇴식과 식기 세척 및 보관도 중앙에서 한다.

· 병동배식 : 대규모 병원일 경우 각 병동별 배선실을 두어 배식 준비와 배식, 퇴식 한후 중앙세정실로 운반하여 식기세척과 소독, 보관을 한다.

⑥ 배선차 : 통상 1대당30~50인분 정도를 적재, 운반할 수 있으면 적당하다. 또한 주방에서는 배선차의 Pool의 면적을 배선차 1대당 면적에 약 5배 정도를 확보하는 것이 바람직하다.

5) 직원식당

① 배선차 : 공장, 사무실, 학교, 기숙사 등 단체급식 설비 등에 맞는 종류 검토.

② 식수인원 : 전체 공급인원의 메뉴를 동일하게 하거나 2~3개의 메뉴를 선택할 수 있도록 한다.

③ 배식방법

· All Self Service Type은 식당면적이 1인당 1.3㎡정도가 소요된다. 단점으로는 배식시간이 길다.

· Semi Self Service Type

· 도시락을 이용한 원거리 배식방법등이 있다.

④ 세정방법 : 세척기를 이용한 식기세척은 소독설비를 검토하고, 약300석 이상의 주방에는 필히 식기세척기를 설비하는 것이 바람직하다.

4 주방의 형태별 분류

주방의 형태별 분류는 [그림 6-1]과 같이 여섯 종류로 분류된다.

· 일체형이란 조리실이 1개의 공간으로 되어 있는 것이며, 다른 것들은 어떠한 형태로든 분리. 분할되어 있는 것을 말한다.

서비스 분리형과 상차림, 상물림 분리형은 주로 상차림의 방법으로 분리하였다.

① 일체형 : 주택의 부엌을 포함하여, 규모가 크든 작든간에 대부분의 조리실이 이 형태에 속한다.(각종 레스토랑, 전문점)

[그림 6-1] 주방의 형태별 분류

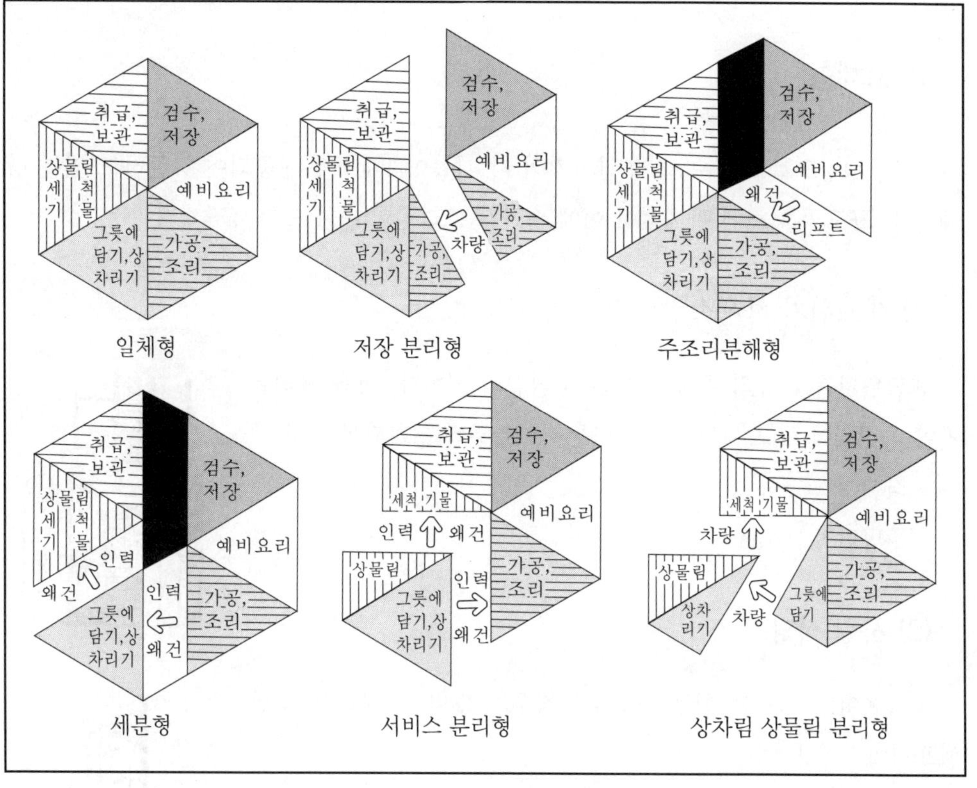

② 저장 분리형 : 규모가 큰 조리실에서 볼 수 있는 형태로 예비조리후 식재는 운반차 등으로 가공조리실로 운반한다.(호텔 연회장)

③ 주조리분해형 : 반은 식품공장격인 성격을 갖고 있는 세트랄 키친에서 식재를 반가공하고 각 점포로 차량에 의해 운반후에 조리하여 제공되는 형태(페스트 푸드, 페밀리 레스토랑)

④ 세분형 : 조리. 서비스, 뒷처리등의 공간이 각기 독립되고, 각 공간은 사람의 손이나. 웨건에 의해 연락된다.(각종 카페테리아)

⑤ 서비스 분리형 : 학교급식 센타에서 볼수 있는 형태로 가공조리된 식재는 통에 담겨져 웨건 이나 차량으로 운반된다.(급식센타, 병동 상차림)

⑥ 상차림 상물림 분리형 : 식재를 조리된 식품으로 만들어 내조내는 급식공장에서 볼 수 있는 형태로 여기서는 그릇에 담기와 포장하는 기능까지 갖는다.(기내식센타, 각종 도시락 공장)

5 주방의 형태별 종류에 의한 평면 설명

1) 일체형

검수, 저장으로부터 수납, 보관까지의 각 기능이 1개소에 집중되어 공존하고 있는 형태이다. 규모의 대소에 관계없이 이에 속하는 조리실의 예가 많다.

(1) 샌드위치 하우스

샌드위치를 메뉴의 주체로 삼은 조리실의 예이다. 상을 물리는 곳이 마련되어 있고 세정기능이 다른곳으로부터 분리되어 있다.

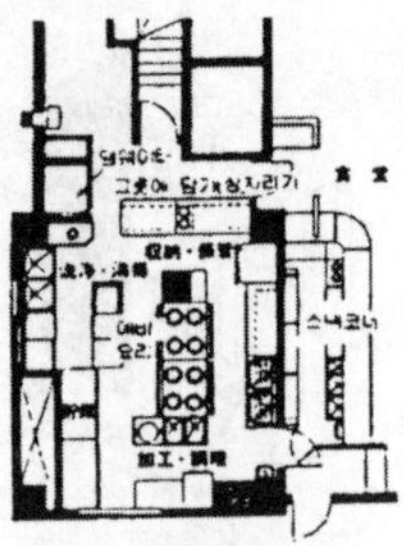

· 좌석수 : 67석
· 주방면적 : 20㎡

(2) 사원 식당

定食式이며 메뉴는 한정되어 있는경우가 많다. 카운터에 의한 셀프서비스이다.

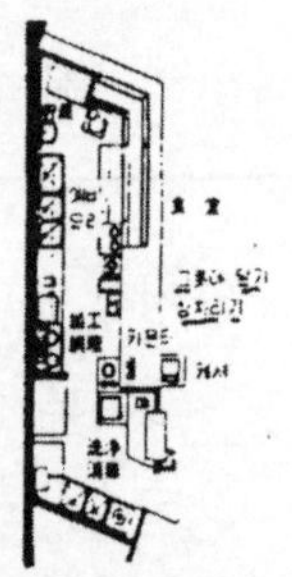

· 좌석수 : 140석
· 주방면적 : 40㎡

(3) 레스토랑

양식 레스토랑의 예로서 조리실에 인접하여 객석쪽에 스텍코너 배치되고 스넥은 조리실에서 공급한다.

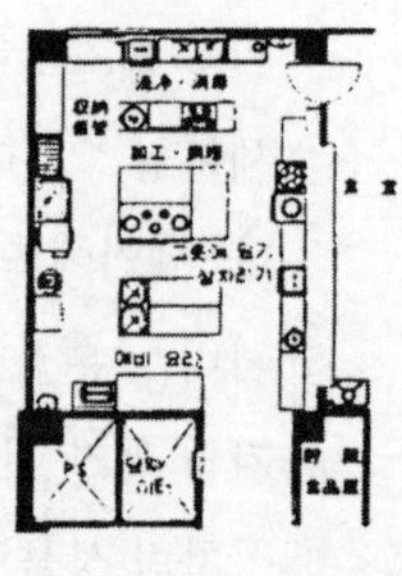

· 좌석수 : 48석
· 주방면적 : 38㎡

(4) 병원의 중앙에서의 상차림

중앙 상차림방식에 대규모의 병원 급식의 예이다.

대량의 급식시설로서의 효율을 올리기 위해 식재의 흐름이 교차되지 않도록 고려되어 있다. 조리자의 움직임이 원활하도록 기구사이에 스페이스를 넓게하고, 특별조리코너는 독립공간으로 배치되어 있다.

웨건풀은 웨건세척실과 함께 조리실내에 마련하여, 위생관리면에서 고려를 하고 있다.

· 베드수 : 500베드 · 주방면적 : 460㎡

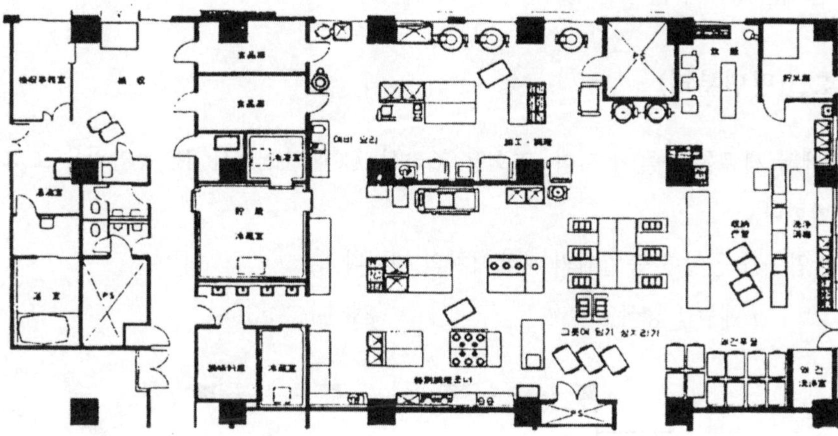

(5) 기자크럽

상차림공간과 상물림공간이 분리되어 있으며, 상층(上層)서비스 전용의 덤웨이트를 설치하고 동선의 교차에 유의하고 있다. 그릇에 담기, 상차리기, 의 카운터는 보냉, 보온의 기능을 갖고 있으며, 적온급식(適溫給食)을 충분히 할 수 있는 배치의 예이다.

· 메뉴 : 양식 · 주방면적 : 160㎡

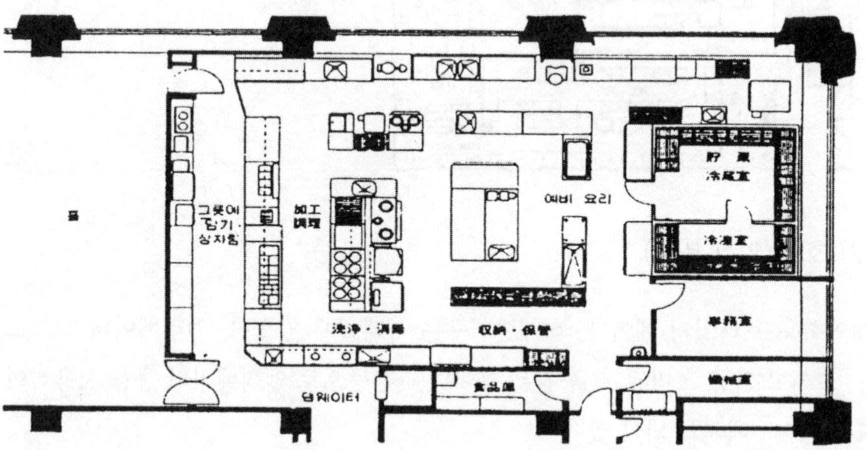

2) 저장분해형

대규모의 호텔. 연회장의 조리실은 많은 종류와 대량의 식재를 다루므로 필연적을 각 부분들이 독립된 공간으로 구성되어, 이곳으로부터 각 조리코너를 엘리베이터나 웨건등으로 운반되는 경우가 많아진다.

(1) 호텔(평면분리)

1개소에서 재료를 사들여 지며, 연회용 조리실, COFFEE SHOP, 종업원용 조리실등으로 운반한다.

식재반입구가 동일한 층일때의 분해배치의 예이다.

· 메뉴 : 양식 · 객실수 : 535실

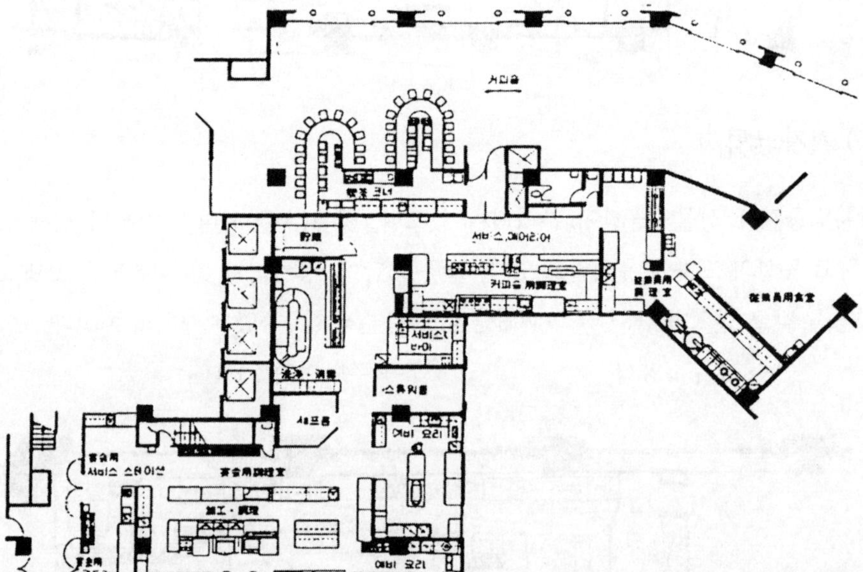

(2) 호텔(입체분리)

대연회용 조리실의 예이다. 식재반입구는 아래층에 있으며, 엘리베이터 등으로 운반된다. 그리고 가공 조리된 것을 같은 층이나 다른층으로 엘리베이터 등을 사용하여 운반하도록입체적 배치가 되어 있다.

· 메뉴 : 양식 · 객실수:1281실

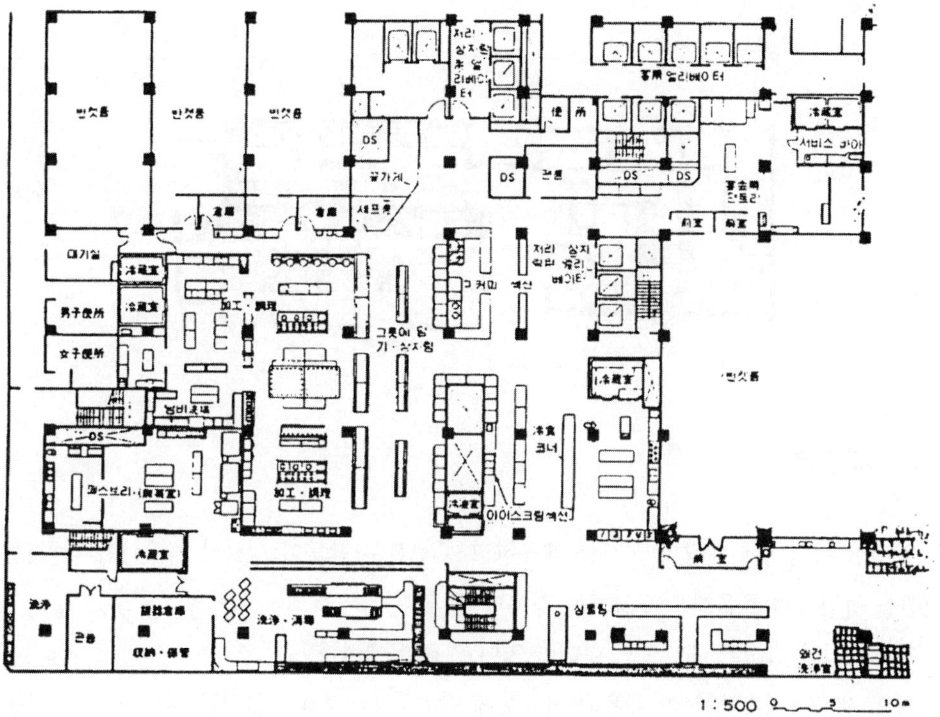

3) 주조리분해형

주조리 분해형은 센트럴 키친을 가진 페스트푸드나 페밀리 레스토랑에서 볼 수 있는 형태이다.

가공, 조리된 반제품인 식재가 냉동고 등에 의해 반입되어, 재가열하거나, 간단한 조리만을 하여 제공할 수 있다.

패밀리레스토랑은 객층이 광범위하기 때문에 메뉴의 수가 많고, 또 식사이외의 음로나 디져트 등도 많은 것이 특징이어서 식재의 종류도 많고, 조리기구도 여러종류를 상용하는 것이 특징이다.

(1) 패밀리 레스토랑

테런트리서 개점하고 있는 예로서, 저장, 세정, 소독이 다른 섹션으로 분리되어 있어 저장으로부터 가공 조리예로, 세정 소독으로부터 [그릇에 담기. 상차리기]예로 식재 및 식기 이동이 이루어진다.

· 메뉴 : 양식　　　　　　　　　　· 주방면적 : 46㎡

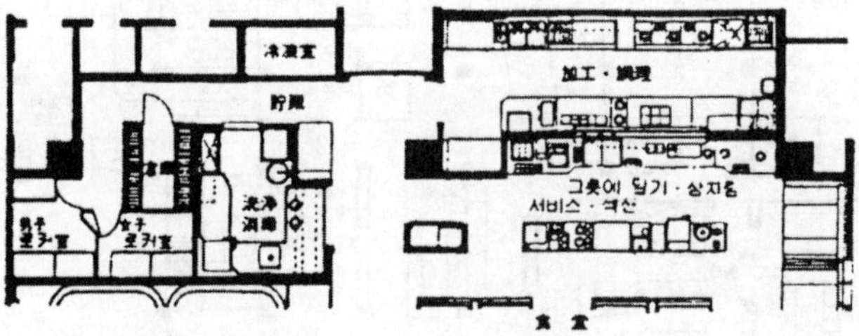

4) 세분형

일정한 시간대에 대량의 식사를 제공하고 특정한 사람들이 식사할 경우에는 각 전문 섹션을 독립시켜 효율화를 도모하는 경우가 많다.

카페트리아 방식은 세분화의 형태를 많이 채용한 예이다.

거의 셀프서비스 형식이 채용되며[그릇에 담기. 상차리기.상물림]의 위치와 식사하는 이의 동선 계획상의 중요한 점이다.

레인의 형식은 식사하는 이의 수와 메뉴, 서비스형태에 따라 결정한다.

(1) 카페테리아(엘글레인)

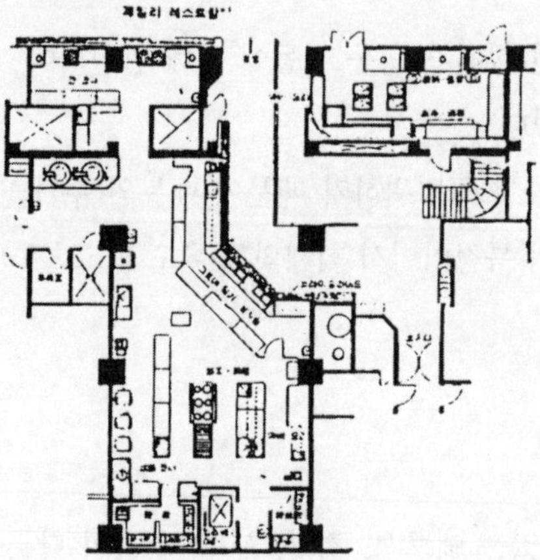

식당의 출입구가 1개소로 되어있고, 상차림과 상물림의 동선이 교차를 피하도록 통로에 분리벽을 마련하고 있다.

면류의 코너는 따로 식당쪽에 배치되어 있다.

· 메뉴 : 한, 양식, 면류　　　　　· 공급인원 : 900식

· 좌석수 : 200석　　　　　　　· 주방면적 : 200㎡

(2) 카페테리아(평면레인)

양식과 한식의 [그릇에 담기. 상차리기]부의 기구가 분리되어 평행으로 배치된 레일이다. 식사하는 이의 입구와 출구가 분리배치 되어 있으므로 식사하는 사람의 상차림으로부터 상물림까지의 동선이 교차하지 않고 일관성이 있다. 스넥 서비스코너는 식당쪽에 마련되어 있다.

서비스 스테이션에는 스픈류와 물, 차등이 공급된다.

· 메뉴 : 한 · 양식, 차류　　· 공급능력 : 300명　　· 주방면적 : 370㎡

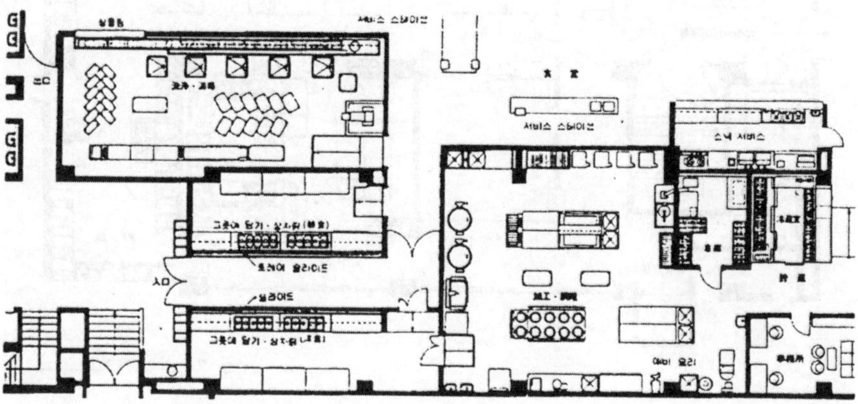

5) 서비스 분리형

병동에서의 상차림, 급식센타등에서 볼 수 있는 것처럼 [그릇에 담기, 상차리기, 상물리기]를 분리시킨 것이 써비스 분리형이다.

식사하는 쪽에 상차림실(Pantry)을 마련하고 웨건 또는 차량으로 운반한다.

(1) 병원 병동의 상차리기

조리실이 중간층에 있고, 식재의 반입이나 쓰레기의 반출은 엘리베이터 또는 덤웨이터를 사용하며, 공간적으로 주 동선계획이 포인트로서 있다.

평면적으로는 웨건플과 특별식 조리코너를 갖추고 있다.

병동 상차림의 경우에는 조리실로부터 음식을 각 병동에 있는 상차림실로 운반하고 여기서 각 병실로 급식된다.

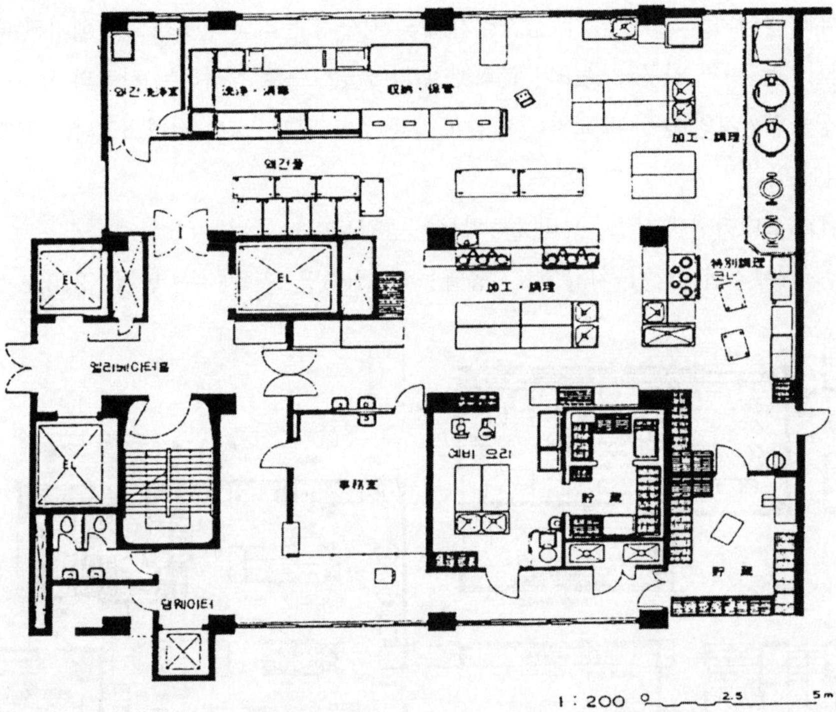

(2) 급식센타

규모가 커서 조리실이라기보다는 공장에 가깝다고 할 수 있다.

조리기구배치의 자유도를 확보하기 위해 하중이 적은 대스팬구조로 시공되었다.

대량의 식재를 다루므로 야채창고, 건어물창고, 조미료창고, 식용유창고, 저미창고, 등식재별 저장고를 갖고 있으며, 플렛폼에서 반입한 후에 검수후 저장된다.

취사 및 조리, 소독하는 등의 대부분의 기기가 자동화되어 있다. 반출입하는데는 웨건을 사용하기 때문에 웨건플이 마련되어 있고, 긴 플렛폼에서 대량의 웨건이 차량으로부터 짐을 내리거나 싣는다.

식재의 흐름은 반입용 플렛폼에서 반출용 플렛폼까지 원활하게 흐르며, 식기 및 웨건의 반환, 세정, 소독, 수납, 보관도 식재의 동선과 교차되지 않는다.

관리사무실은 2층에 배치되어 있다.

· 공급능력 ; 10000식 · 주방면적 : 1040㎡

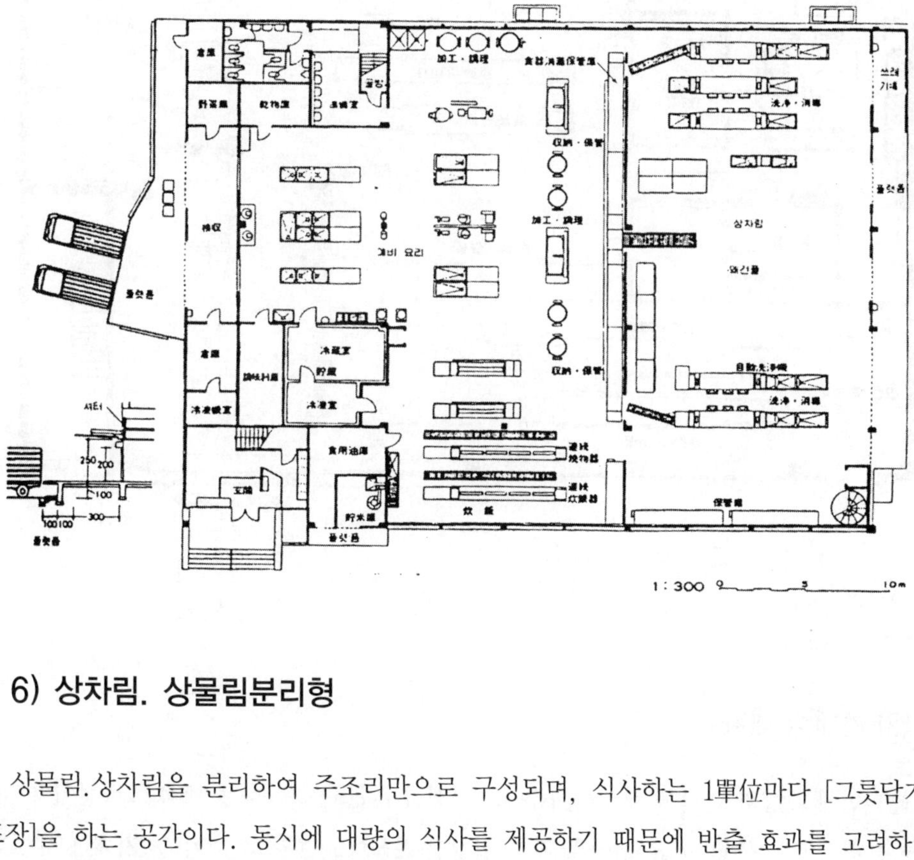

6) 상차림. 상물림분리형

상물림.상차림을 분리하여 주조리만으로 구성되며, 식사하는 1單位마다 [그릇담기, 포장]을 하는 공간이다. 동시에 대량의 식사를 제공하기 때문에 반출 효과를 고려하여 [그릇에 담기]의 자동화를 도모할 필요가 있다. 또 [그릇에 담기]코너의 Cart Pool.트럭야드와의 연계성도 매우 중요하다.

(1) 만들어 배달하는 도시가 점

주식(쌀)을 대량으로 급속취반기로 처리하기위한 동선과 자동으로 그릇에 담는 라인이 평행으로 설치되어 있다. 또 국그릇의 세정과 보관을 위한 공간도 집중화시키고 있다.

기구는 單品이 연속적으로 처리될수 있도록 자동화되어 있다.

· 메뉴 : 한 · 양식　　· 주방면적 : 680㎡　　· 식수 : 900식

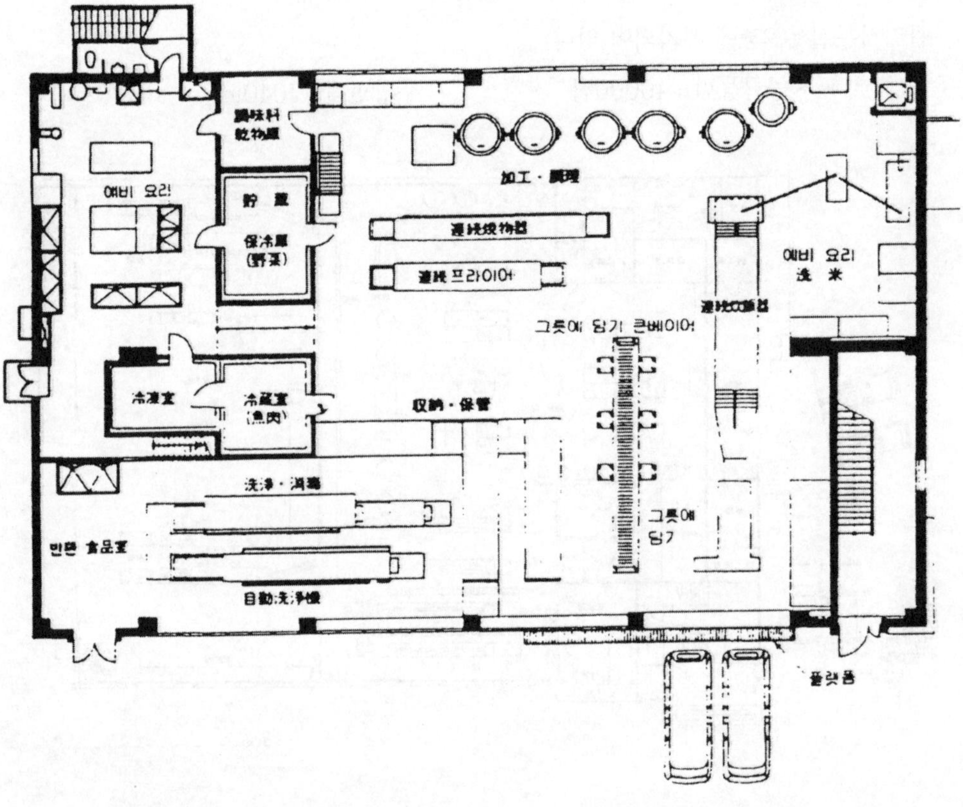

(2) 기내식 센타

한꺼번에 대량의 식사를 배식하지 않고, 언제나 定量的으로 하는 배식 조리실이다.

카쿨러식(Car Cooler Room)를 거쳐 일정한 온도(10 전후)로 내리고, 기내에 배식하기위한 이동과 공간이 효과적으로 배치되어 있는 점이 특징이다.

또 여기에는 세정실이 분리되어 있다.

· 메뉴 : 한 · 양식　　· 식수 : 3000식

· 주방면적 ; 640㎡　　· 세정실 면적 : 120㎡

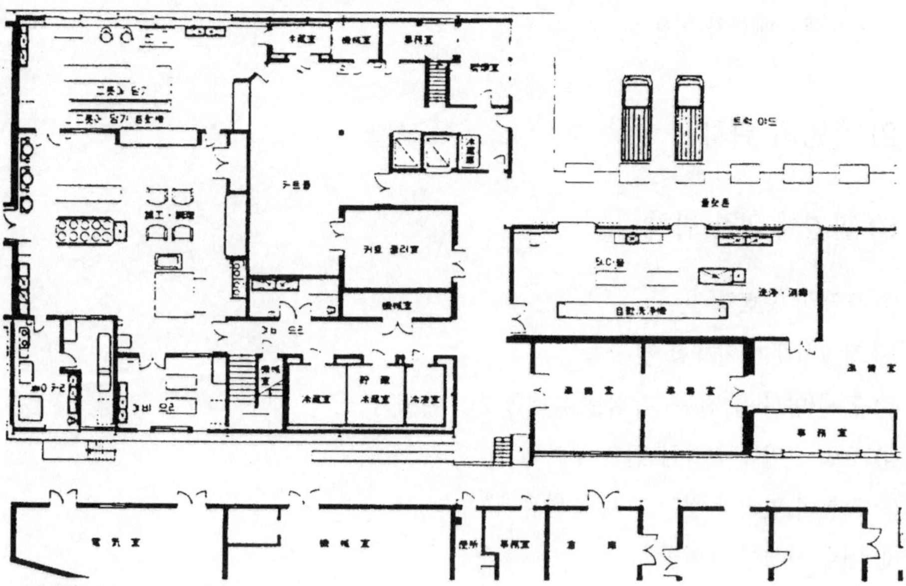

機內食 센터

1:300 0 5 10m

6 주방의 평면 계획

1) 주방설비 계획의 기본

① 주방 계획의 3대원칙
- 위생적인 환경확보
- 작업 능률의 향상
- 경제성

② 기본 평면 계획
- 일반 단체 급식
- 일반 식당
- 각종 레스토랑
- 학교급식 : 콘테이너 이용
- 병원 : 배선차 이용

주방	배식대	식당

주방	배식대	이운반동차	이동	식당

· 호텔 : 배선차 이용

2) 주방의 위치

(1) 환경에 의한 위치

① 통풍이 양호할 것
② 채광상태가 양호할 것
③ 공해 및 소음,진동, 악취등 유해환경이 배제된 곳.
④ 주방 설비에 적합한 건축 구조일 것
⑤ 교통이 편리할 것(식자재 조달관계)
⑥ 배수 시설이 완벽할 것
⑦ 동기 조화 설비에 무리가 없을 것
⑧ 상수도 시설이 완벽할 것
· 주방내부의 환경중 특히 실내온도가 중요하다.

(2) 건축 구조에 의한 주방위치

① 식당과 주방간의 동선 분리
② 지상1층에 주방이 설비될 경우 외부와 접할 것
③ 지상2층 이상 지하층에 주방이 설비될 경우 식당(주방)의 영업목적상 취식자가 쉽

게 접근할 수 있어야 하며, 별도의 주방 동선이 이루워져야 한다.

④ 주방의 평면구조는 사각형으로 3:2 또는 2:1정도의 형태를 유지시키는 것이 계획상 유리하다.

3) Dry Kitchen

주방의 환경을 쾌적하고, 안전하며, 최상의 기능을 발휘할수 있도록 주방을 계획하는 방

(1) Dry Kitchen의 필요성

① 우리의 종래 관습 속에 주방의 바닥은 항상 물과 음식 찌꺼기 등이 너저분하게 흐트러져 있고, 또한 각종 기물들도 대충 쌓아놓고 작업을 하는 재래식 주방이 주류를 이루어 왔다. 그러나 최근 들어 쾌적하고 안전한 주방이 업무효율성이나 위생 및 안전성이 뛰어나다는 것이 증명 되면서 주방의 개념이 많이 바뀌고 있는 현실이다.

② Dry Kitchen 운 주방의 완벽한 부수설비가 이루어져야만 그 기능을 최상 발휘할 수 있는 것이다.

예를 들어서 물이 필요한 곳에는 수전이 설치되고, 전기가 필요한 곳에는 적정량의 전원설비가, 스팀이 필요한 곳에는 적정량의 스팀설비가, 환기 및 배기가 필요한곳에는 완벽한 배기 시설 등이 갖추어져야만 된다.

③ 위와 같은 사항이 어느 한부분이라도 미흡하다면 그것은 Dry Kitchen의 의미와는 거리가 먼 것이며 , 가장 중요한 안전사고 예방에도 역행하는 것이다.

또한 조리작업자들의 편리와 위생, 안전사고 예방을 위해선 주방의 바닥에 최대한 물기를 제거할 수 있는 개방식 배수로(트렌치)를 설치하며, 고온다습한 공기 속에서 발생하는 각종 세균과 병충해의 발생을 최대한 억제 하기위해서는 배기, 환기 및 냉, 난방시설이 갖추어져야 한다.

④ 인체공학적 기물 및 기구설비 배치를 하여 조리작업자들의 각종 질병, 특히 관절계통 및 타박상, 습진 등의 원인은 사전에 배제되어야 한다.

⑤ 주방 종사자들의 복장 또한 간편하면서 위생적이고, 각종 위험요소로부터 보호되

어야 하며, 능률적인 복장을 갖추어야 한다.(미끄럼 방지제가 부착된 안전화, 방수 치마, 땀을 흡수하는 모자는)

⑥ 상기의 모든 것이 이루어질 경우 완벽한 주방의 요소를 갖추는 것이며, 가장 이상적인 관리 및 위생, 사고예방, 작업자들의 건강관리, 작업의 능률성, 업무의 효율성은 다각적인 효과를 이룰 수 있다.

(2) Dry Kitchen과 재래주방의 비교

구 분	Dry Kitchen	재래식 주방
위생 및 건강	· 바닥이 청결하고 건조하여 박테리아등 세균과 해충 등의 번식을 막을 수 있다.	· 고온다습한 환경으로 세균, 해충등의 번식에 최적이 조건이 되고 있다. · 조리작업자가 모든 위협요소에 완전히 노출되어 있다.
작업 환경	· 바닥 마감을 우레탄수지 계열이나 크링커 타일 등으로 시공하여 미끄럼을 방지하고, 습기를 방지할 수 있다. · 미끄럼방지 안전화 및 방수 앞치마 착용 · 배수로는 국부배수방식을 사용하여 청결하며 안전하다. · 최적의 냉난방 및 환기시설로 쾌적하다.	· 바닥마감을 콘크리트나 일반 타일등을 이용, 미끄러짐으로 안전사고에 노출되어 있다. · 일반 운동화나 장화등을 착용, 이는 물을 흡수하여 1.5kg의 무게를 이루워 거의 중노동과 같은 작업환경에 있다. · 전체 배수로 사용 · 실내가 고온다습하다.
주방 기구	· 세정대, 조리대 등 기기를 표준적인 인체공학에 근거하여 제작 · 주방기물 및 기기를 인체공학적 동선을 감안한 배치 · 최신 조리장비사용	· 작업자의 안전 및 효율성을 감안하지 않은 기구제작으로 안전사고 유발
동선	· 각종 운반차류를 최대한 이용할 수 있는 공간확보로 인한 중량물 운반의 편리성 배가	· 중량물 이동시 거의 인력에 의존
청소	· 작업후 전체주방을 청소할 수 있어서 경제적이다. · 스팀세척, 일반세척, 약품세척 등	· 계획성 없는 주방으로 인해 청소가 용이하지 못하다.
관리	· 시설비가 종래보다 다소많이 투자되지만 각종 제반적인 사항을 정리하면 1/3~1/5 정도의 절약효과가 있어서 경제적이다.	· 최초 투자비는 적지만 제반 경비가 많이 소요된다.
교육	· 각종 장비와 전체시스템에 대한 총괄적인 교육과 지도가 필요하다.	· 거의 필요치 않다.

(3) 주방의 면적 산적

가) 주방의 표준 면적

· 상기의 면적표는 사무실과 종사원 휴게실, 창고등이 포함된 것이다.

나) 병원

· 다음의 도표는 병상수 1BAD당 평균면적비로 계산한 수치로 통상 100병상이하의 병원에서는 냉장실이 필요치 않으며 냉동고 로서 기능을 대치할 수 있다.

병원용 주방의 평균면적

수용인원	기준인원	수용인원	기준인원	병상별	1병당 평균면적
200명 이하	80m^2	500명 이하	80m^2	100병상 이하	1.57m^2
201명~400명	100m^2	501명~1000명	100m^2	300병상 이하	1.31m^2
401명~600명	125m^2	1001명~2000명	125m^2	600병상 이하	1.28m^2
601명~900명	150m^2	2001명~3000명	150m^2	601병상 이하	0.95m^2
901명~1200명	170m^2	3001명~4000명	170m^2	의과대학	1.31m^2
1201명~1500명	180m^2	4001명~5000명	180m^2	정신병원	0.68m^2
1501명 이상	190m^2	5001명~6000명	180m^2		
		6001명~7000명	180m^2		
		7001명 이상			

다) 학교

■ 단독 학교주방 시설 기준면적

· 1501명을 초과할시 300명을 기준으로 10m^2씩 가산한다.

■ 공동 학교조리장 시설 기준 면적.

· 1501명을 초과할시 300명을 기준으로 30m^2씩 가산한다.

주방의 분류	필요면적
레스토랑	좌석수×0.6~0.8m^2
사원식당	취식자수×0.3~0.4m^2
병원	수용환자수(Bed수)×0.7~1.5m^2
학교	아동수(초등학교)×0.1m^2
기숙사	취식자수×0.3~0.4m^2

Coffee Shop		업장면적의 10%~20%정도
HOTEL	Banpuet	좌석수×102㎡
	Grill Restaurant	좌석수×0.7㎡
	Cocktail Bar	좌석수×1.0~1.2㎡
	기타주방	레스토랑과 같음

7 주방기기의 배치

① 주방기기의 배치는 주방의 계획, 주방의 형태별 분류를 참조하여 주방의 기능, 경제성, 능률성, 업종등을 감안하여 평면을 구성한다.

② 주방의 기본설계 작성요령은 음식의 종류(업종), 예상식수인원, 대상고객, 메뉴를 기본4대 원칙을 기초로 설계자와 실수요자가 각종 시공의 예와 경험, 정확한 계산으로 작성한다.

③ 제2단계로 상기 4대 원칙을 기초로 가용면적을 산출한다.
가용면적에는 사무실과 위생실(화장실, 샤워실, 탈의실, 휴게실), 창고 등이 포함된 면적이다. 이상과 같은 각종 자료를 기초로 구체적인 동선계획과 기기의 설치위치(Lay Out)등이 결정 된다.

④ 구체적인 계획수립에는 다음과 같은 사항들이 있다.
· 식자재의 종류와 가공정도.
· 조리인원의 구성
· 영업시간
· 식기 세척방법
· 음식 서비스 방법.
· 기물의 종류와 형태
· 작업동선
· 기기의 위치
· 기타의 특수기기들의 선별 등이 필요하다.

(1) 주방의 진행 흐름

① 조리의 작업은 그 공정순에 따라 아래와 같이 6가지로 구분된다. 또 식재의 선택과 예비가공, 조리는 조리행위의 중심이기 때문에 [주조리]라고도 한다.

② 조리실에는 아래의 6개의 작업에 필요한 고유의 공간이 포함되어 있지만, 이중에는 단독으로 또는 몇가지를 복합시켜 독립되고 부분적인 구성을 할 수도 있다.

주방의 조리공정과 작업

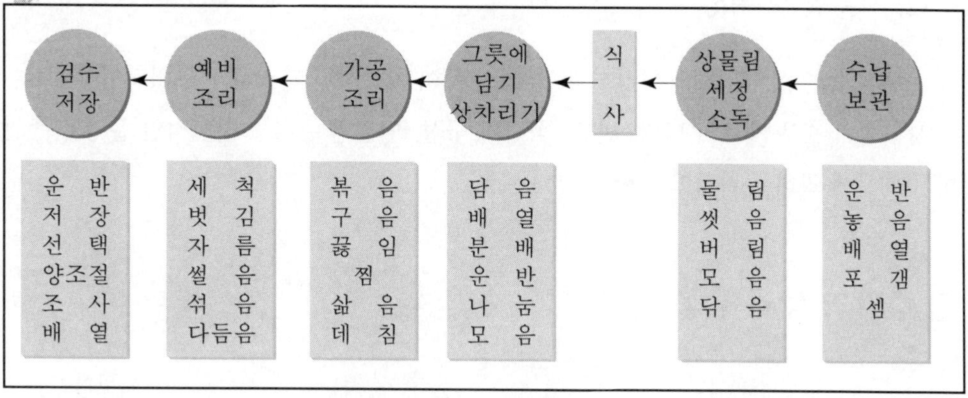

③ 주방의 계획시 적재적소에 필요한기기를 배치하는 것도 중요하지만, 물이 흐르는 듯한 작업 동선계획이 더욱 중요하다.

주방의 기본 동선

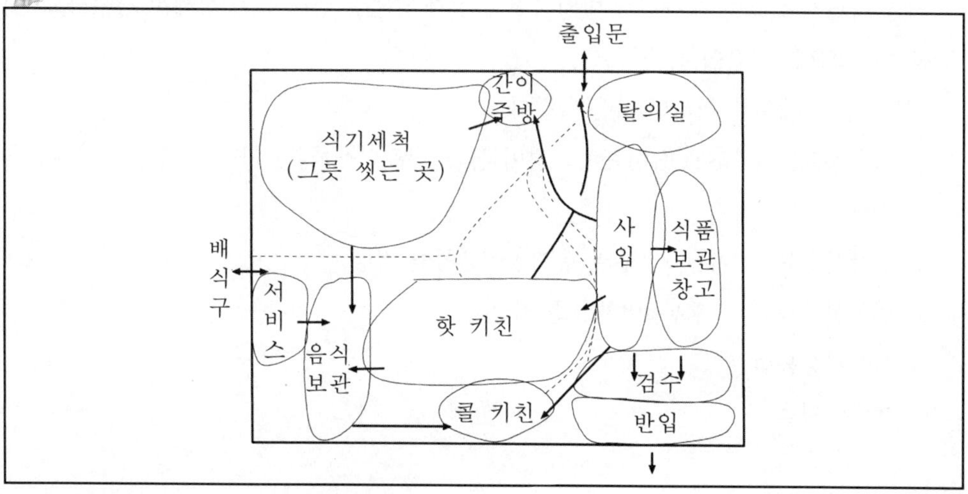

· 동선음+자로 교차되는 점을 최대한 억제시켜야 한다.
  전체 동선에 역행하는 것은 절대 금물이다.
· 작업자의 조리시간을 최대한으로 줄일 수 있도록 배려하여, 작업이 부드럽게 이루어져야 한다.
· 각종 기기는 조리작업자의 주변 및 최근거리에 배치되어 조리자의 피로가 누적되는 것을 방지하며, 합리적이어야 한다.

(2) 사무실 및 위생

사무실, 탈의실, 휴게실, 화장실과, 샤워실 등이 가능하면 완벽하게 구비되어야 한다.

사무실의 경우 재료의 반입, 반출, 식단의 구성, 인원의 관리등 저반적인 운영을 총괄하기 때문에 필히 구비되어야 한다.

8 주방의 상세 부문 계획

이단원에서는 주방의 계획 중 주방의 형태별 분류를 상세하게 풀이해서 정리하였다.

1) 검수 및 저장

각종 작업시 필요한 식자재를 반입하여 품질가 양(量), 상태 등을 상세히 검수하고, 저장하는데 필요한 공간이다.

저장부문을 세분화 시키면 다음과 같다.

① 식품창고(DRY STORAGE) : 건어물, 조미료, 곡물류, 가공류(캔), 구근류등을 저장
② 냉장실 : 육류, 어류, 야채류, 유가공식품등을 저장
③ 냉동실 : 육류, 어패류, 야채류를 저장
④ 식품저장용선반
⑤ 계량 : 저울

가) 냉장고의 용량 계산

$$\text{용량(LITER)} = \frac{\text{1일 저장량(kg/day)} \times \text{저장일수식품의 견본 비중}}{\text{식품의 견본 비중}}$$

나) 냉장실의 면적 계산(통상300식 이상일 때 적용됨)

$$\text{면적}(m^3) = \frac{\text{1일 저장량(kg/day)} \times \text{저장일수(day)}}{\text{식품의 견본 비중 1000(kg/day)} \times \text{저방높이(m) 유효율}}$$

① 식품 견본 비중 : 육　류 ---------- 0.2

어페류 ---------- 0.2

야채류 ---------- 0.1

곡물류 ---------- 0.15

② 유효율 : 창고내 사람 또는 운반차류의 통로를 고려한 실제 저장량의 면적비율

유효율 -------------------------- 0.6(60%)

저장 방법의 예

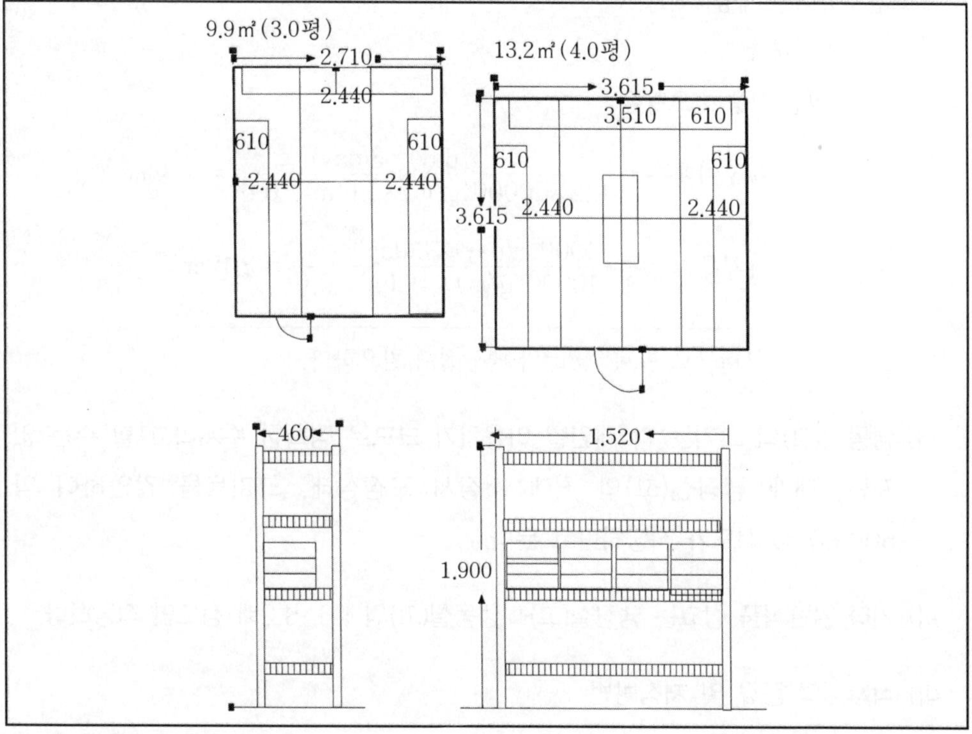

③ 식수 인원 100인의 직원식당의 경우

· 조건 : 중식. 석식 제공

식품 저장일수 3일 일 때

1일간 식품 소모량은

$$\frac{\text{육류 150g+어패류}}{2} \times 100(\text{식}) \times 2(\text{회}) = 30\text{kg}(\text{日})$$

야채류는 $100g \times 100(\text{식}) \times 2(\text{회}) = 20kg(\text{日})$

그러므로 저장용량은

$$\text{육 · 어패류} = \frac{30(kg/day) \times 3(day)}{0.2} = 450 \text{ Liter' s}$$

$$\text{야채류} = \frac{20(kg/day) \times 3(day)}{0.1} = 600 \text{ Liter' s}$$

합계 : 100 Liter' s 정도의 냉장고가 필요하다

④ 식수 인원 1000인의 직원식당의 경우*

· 조건 : 중식만 제공(1식)

3일 저장

1일간 식품 소모량은

$$\text{육 · 어패류} = \frac{30(kg/day) \times 3(day)}{0.2 \times 1000(Kg/m^2) \times 1.6(m) \times 0.6} = 4.68m^2$$

$$\text{야채류} = \frac{100(kg/day) \times 3(day)}{0.1 \times 1000(Kg/m^2) \times 1.6(m) \times 0.6} = 3.12m^2$$

그러므로 합계 7.8m²의 냉장실이 필요하다.

다) 냉동실(고)의 크기는 각 개인별 이용차가 크므로 정확한 수치라고 할 수는 없지만, 대개 냉장실(고)의 최대 저장시 포장상태, 크기등을 감안하여 약 50~60 % 정도가 적당하다고 본다.

라) 기타 일반식품 창고는 냉장실(고)+ 냉동실(고)의 1.0~1.2배 정도면 적당하다.

마) 식자재의 종류 및 저장방법

모든 식자재는 상온저장식품, 냉장저장식품, 냉동저장식품등으로 구분하여 냉장고 또는 냉동고와 선반, 저장깔판등을 이용하여 보관한다.

■ 저장온도

· 상온 식품 : 15~20℃

· 보냉 식품 : 10~15℃

· 냉장 식품 : 5℃ 전후

· 냉동 식품 : -18℃ 이하

■ 냉장실 식자재별 저장량

식재의 종류	저장방법 방법	용기의 종류	식재저장시 내용면적 1㎡	식재저장시 의 실중량	냉장실 1㎡당 수량	저장량 중량(Kg)	비고
선어	쌓음	사각박스	0.070	37.5kg	10	375.0	표준 상자 기준
냉동어	개별적재	-	-	-	-	475-540	
꽃새우 (漁乾)	쌓음	큰상	0.166	34.0	4.16	141.5	
꽃새우 (漁乾)	쌓음	중간상자	0.080	11.2	8.32	93.2	
우육	고기걸이 이용	-	-	1마리 225	0.82 마리	185.0	
계란	쌓음	사각박스	0.056	15.0	11.65	174.8	
사과	쌓음		0.070	18.0	10.0	180.0	
양파	쌓음		0.140	45.0	5.82	261.9	
양배추	쌓음		0.140	37.5	4.32	162.0	

■ 냉동실 식자재별 저장량

식재의 종류	저장방법	용기의 종류	냉장실1㎡당저장량 가로×세로×높이(cm)	용기1개당 정미중량
고래고기	쌓음	사각박스	43×33×14(0.012)	20
대구	〃	〃	45×31×10(0.014)	6
새우	〃	〃	28×22.5×5.5(0.003)	2
햄버거	〃	〃	45×31×10(0.014)	6
모시조개	〃	〃	34×30×10(0.010)	6
돈가스	〃	〃	55×30×10(0.017)	6

바) 검수 · 저장 부문 평면

식재가 조리실에 반입될 때 수량, 품질, 외관등을 검수하게 되고 그후 식재의 내용에 따라 저장하게 된다.

검수는 양이나 반출입의 정도에 따라 그 넓이가 결정되고, 위치는 저장공간고 직접연결될 필요가 있다.

식품 저장은 구별하여 식품창고와 냉동, 냉장실로 나뉘는데, 이것들이 공존하는 경우가 많다. 식품창고는 주로 건어물, 쌀, 조미료, 통조림등을 저장하는데, 쌀은 저장량에 따라 독립된 창고로서의 고유공간을 갖고 기계화되는 경우도 있다. 저장량이 많아지고 메뉴의 내용에 따라 식재의 종류가 다양해지면 당연히 분리저장의 경경가 강해지며, 보존도 냉동, 냉장고처럼 구분된다. 이러한 경우는 저장부문으로서 일체화되는 것이 바람직하다.

식품의 저장 온도 조건

식품명	저장 온도(℃)	저장기간
사과	-1~0℃	4개월
바나나	13℃~22℃	2주
레몬	12.5℃~14.5℃	1~개월
딸기	-0.6℃~0℃	7~10개월
양파	0℃	6~8개월
감자	3.5℃~10℃	2개월
토마토	4.5℃~10℃	7~!0
신선우육	0℃~15℃	1~6주
동결우육	-23℃~-17℃	9~12주
햄	0℃~1.5℃	7~12개월
버터	-14℃	6개월
치즈	1.5℃	3개월
계란	-1.5℃~-0.5℃	9개월
선어	0.5℃~4.5℃	5~10개월
동결어	-17.5℃	8~10개월
굴, 조개	-18℃	2~4개월
아이스크림	-26.1℃	3개월
맥주	2~7℃	6개월

2) 식자재 예비 조리(전처리)

식자재의 전처리는 산지에서 직송되어 1차, 2차 처리를 하는것과, 일련의 식자재를 공급업체에서 공급되어서 2차 처리만 하는 방법이 있다.

주로1차 처리에는 야채류와 생선류, 육류를 세척하고, 절단, 해근, 해동하는 작업을 칭하며 2차 처리는 조리직전 필요한 크기로 절단하는 것을 말한다.

또한 대규모(300식 이상)일 경우는 각종 가공기계를 사용하며, 소규모일 경우에는 사람이 직접 가공한다.

식자재의 전처리시 필요한 기기는 대략 다음과 같은 종류들이 있다.

· 작업대 : 각종 재료의 절단, 성형작업.
· 세정대 : 재료의 세척. (2조 이상 필요)
· 선반 : 식재 및 가공기기류의 보관.
· 구근탈피기 : 무, 감자, 당근, 등 구근류의 껍질을 벗기는데 사용.
· 야채절단기 : 야채류를 원하는 용도에 알맞게 절단.
· 분쇄기 : 육류 및 양념류를 자르고 분쇄.
· 후드캇트 : 야채류 및 육류를 자르고 분쇄.
· 믹서 : 식자재의 혼합 및 반죽.
· 냉장고 : 전처리후 식자재의 보관.

① 검수 저장 부문의 평면

· 식재를 재료 그대로 가공하는 일은 적으며, 거의 메뉴의 내용에 따라 우선 대강 씻은후 성형된다.

성형은 각종의 가공기기나 기구에 의해서 이루어진다,

조리실중에서도 세척을 하는 등 물을 가장 많이 사용하는 곳이므로 설비나 공법의 배려가 우선적으로 필요하다.

3) 가공 조리 및 조리공정

취사, 끓이기, 찜하기, 부치기, 대치기.등 전반적인 조리작업을 가공조리라 하며 필요장비는 다음과 같다.

· 렌지(오븐포함) : 생선조리, 찜, 일반가열
· 튀김기(Fryer) : 튀김류
· 구이(Grill) : 굽기에 사용(생선, 육류)
· 국솥 : 대량의 국종류를 조리
· 만능조리기(콘부팀 오븐) : 찜, 두이, 로스팅

가열기기의 산정은 조리될 음식의 종류와 규모(조리양) 기간등을 계산후 산정된다. 통상 공급은 1식당 2~3회전 공급이 되는점을 감안하여, 항상 기구의 산정은 기구 최대용량의 80%선을 유지시키는 것이 과부하를 방지할 수 있다.

■ 가스렌지(Gas Range)

인원수	규 결	버너수	오븐수
100명 이하	1000×750×850	대-2 소-1	1
200명	1200×750×850	대-2 소-2	1
300명	1500×750×850	대-3 소-2	2
500명	1800×750×850	대-6	양면2개

■ 만능조리기(Gas Braising Pan) 용량 = 75 리트 기준

조리음식	수 량	조리온도	시 간	공급량
된장국	150~200명	150℃	30~40분	200cc/1명
스튜(Stew)			50~60분	
White Sauce-		140℃	20분	
Meat Asuce		150℃	40분	
햄버거	25~30개	200℃	7~10분	1개/80~100g

■ Griller

· 규격 : 800×750×850실조리 면적 : 600×530

조리식품	형태 및 중량	조리능력
Beef Steak	두께 17m/m150g	80/h
Ham Steak	두께 10m/m100g	180/h
생선소금구이	길이 200m/m100g	140/h
Gtstin	280g	70/h
Hambuger	100×120m/m 100g	135/h

■ Fryer

· 규격 : 500×750×850실조리 면적 : 430×530

조리식품	형태 및 중량	조리온도	시간
도넛츠	두께 7m/m 36ro	170℃	5분
도S가스	1매 100g14개	180℃	3분
감자튀김	1각 2kg	180℃	5분
닭튀김	뼈포함 30~40g1.1kg	170℃	6분

4) 배식준비 및 배식

조리된 음식을 접시나 기타 접시(용기)에 담아서 배식하거나, 병원 같은곳에서는 음식 운반차를 이용해서 배식한다.

따라서, 배식에는 아래와 같은 기기(기구)들이 이용된다.

· 준비 배식대 : 조리된 음식을 분류, 그릇에 담는다.

· 보온 배식대 : 국이나, 반찬등 더운음식을 배식 전까지 보온한다.

· 보냉 배식대 : 찬음식을 배식전까지 보냉시킨다.

· 접시, 식판배식대

⑨ 배식에 필요한 기기용량 산출방법

1) 배식 준비대의 필요조건

작업대를 선택할 경우 대량 급식, 소량 급식을 정하여 다음의 요구사하을 검토한다.

① 작업하는(담는) 식자재.(온도 관계포함)

② 작업하기(담기) 쉬운 용기의 형태와 수. (예 : 식통, 팬등)

③ 배식 준비에 필요한 기물의 수량과 종류. (예:접식. 식판. 공기등)

④ 배식준비 시간.

이상 ①~④ 항은 급식외의 담는 것에 적용할 수 있다.

최고의 급식시설에는 작 담는 시간이 문제이며, 급식자의 수가 적고 시간이 충분하여

작 업대(배식준비대)의 선택이 간편한 반면, 시간적 제약이 많고 시간선정으로 과부족인 경우가 많게 마련이며, 급식관리자가 가지는 문제점을 듣는것까지도 계산하여 관리자가 충분한 타협을 한 후 결정하는 것이 주방시설자의 의무이다.

2) 주식(밥) 의 배식 준비대

배식준비대에도 주식(밥), 부식, 면류, 기타를 담는데 사용사는 것이 있는데 지금의 예는 주식(밥)의 배식준비대를 고려한 것임.

조건 : 식수 ---- 1500식

시간 ---- 30 분

∴배식 준비시 접시, 밥공기등을 사용

☞ 요구 사항 : 식사시간 30 분간에 1.500식을 담는다.

이 조건이 요구되는 배식 준비자의 수와 배식 준비대의 규격을 검토한다.

(1) 식사 인수의 계산

주식 담기는 현재 기계화되어 있지 않은 경우 전부 수작업을 한다.

종업원 1인당 담는 속도

가) 밥공기에 주식(밥)을 담는 경우

· 일반자 : 8~10개 / 분 (평균 9개 / 분)

· 숙련자 : 12~16개 / 분 (평균 12개 / 분)

나) 접시(직경23cm)에 주식을 담는 경우

· 일반자 : 6~8개 / 분 (평균 7개 / 분)

· 숙련자 : 10~12개 / 분 (평균 10개 / 분)

가. 의 공기 담는 경우 평균 9개 / 분의 경우

9개 30분 = 270개 / 사람. 그러므로 1500식 / 270 = 5.5 (약 6명)

나. 의 평균 7개 / 분의 경우

7개 30분 = 210개 / 사람. 그르므로 1500식 / 210 = 7.15명

다만 담는 것을 도와주는 어느 쪽에도 2명이 더해짐
(식기 운반하는 사람, 담긴 식기 정리하는 사람)
· 밥 공기에 담는 경우에는 6명 + 2명= 8명
· 접시에 담는 경우에는 7.15 + 2명 = 9.15명

(2) 배식 준비대의 규격 산정

상기 ①의 경우(밥공기를 배식준비대에 놓은 경우)
밥공기의 크기는 기름 150mm×높이 70mm를 표준으로 하며, 총수량은 1500개이다.
작업대의 표준은 1800mm×900mm를 사용할 경우 위에 늘어 놓으면

· 세로방향으로 $\frac{1800}{150}$ = 12 개, 가로 방향으로 $\frac{900}{150}$ = 6개.

12×6 = 72개임

그러나 1800 900의 Table에 72개를 나열해 놓으면 전부의 밥공기는 $\frac{1500개}{72대}$ = 21 대가 필요하다.

3) 퇴식 및 세정

(1) 퇴식 및 세정

식사후 음식의 찌꺼기와 식기등을 수거하여, 세정 및 소독을 한다.
따라서 다음과 같은 기기들이 필요하다.

① 잔반 처리대 : 음식의 찌꺼기를 수거하여 별도의 용기에 담거나, 음식분쇄기 등으로 분쇄하여 처리한다.

② 식기 세정대 : 식기를 세정하는 세정대로 사람이 직접 작업한다. 최소 2조 이상의 세정대가 구비되어야 한다.

③ 건조대 : 세정이 완료된 식기류를 물기가 제거되도록 단시간 쌓아놓는 곳을 말한다.

④ 식기 세척기 : 대량의 식기를 고온, 고압의 물과 세제로 세척을 하는 기기이다. 종류로는 Under Counter Type Glass Washer, Door Type Dish Washer, Fack

Conveyor Type, Dish Washer, Flight Conveyor Type Dish Washer 등이 있다.

④ 식기 소독고 : 세정이 완료된 식기류를 고온 열풍으로 소독하는 기기이다.

⑩ 식기 세척기 선정 방법

1) 식기 세척기 선정요점

최적의 식기 세척기의 선정은 사용하는 입장에 있어서, 식기의 오염정도, 식기의 종류, 음식의 종류, 세척장의 면적, 취급자의 사용능력도, 식기의 반입방법등을 조사후 선정하여야 한다.

아래의 기종선정에 관한 사항은 식기수 산정방법 및 기종 선정위 예를 나타낸다.

(1) Door Type Dish Washer

① 세정 처리 점수로부터 산출한 RACK수가60 RACK/H 이하인 경우.(중,소형식당의 경우)

② 식기의 형태, 종류가 적은 경우.(컵세정용 또는 일정한 형태의 단일 세정일 때)

③ 세척장의 면적이 협소하고 세척능력이 맞는 경우.

(2) Fack Conveyor Type, Dish Washer

① 세정처리 점수로부터 산출한 RACK의 수가 100~250 RACK/H정도 되는 경우.

② 식기의 회수~세정~보관~조리~공급의 흐름이 Rack Ststem이 적용되는 경우.(Restaurant, 소규모 Hotel)

③ 식기가 1회에 모두 회전하고, 세정작업의 시간대가 긴 경우.

④ 요리의 종류가 다양하고, 식기의 형태가 복잡한 장소에는 2탱크이상을 작용한다.(Hotel)

(3) Flight Conveyor Type Dish Washer

① 세정 처리점수가 많은 경우.(RACK 의 처리수와 200RACK/H 이상의 경우)

② 세정의 PICK TIME이 한정되고, 이동안에 대량의 식기를 처리하지 않으면 않되는 경우. (Hotel, Banquet, Buffet, Cartering Etc))

③ 단체급식을 취급하는 급식센타 및 병원등

④ 식기의 형태와 종류가 많고 대형의 식기가 많은 경우.

(4) 식기 세척기의 형식 선정 기준

구 분	Door Type	Rack Converyor	Flight Conveyor Type
Rstauran 좌석	----150석	100-----250석	
Hotel			
병원 Bed		200-----400Bed	
사원식당		200-----500인	
학교급식센타		200-----600인	500-----500인
산업체식당		200-----600인	500-----500인
도시락식당			500-----500인

2) 식기수로부터 기종을 선정하는 방법

(1) 기종 선정을 위한 조사사항

· 세정 대상 인원(식수인원) ---------------------------- N인

· 1 인당 식기수 ------------------------------------ W개

· 식기의 종류

W ── W 1 --------------------- 대형
　├ W 2 --------------------- 중형
　└ W 3 --------------------- 소형

· 세정 처리 시간 ---------------------------------- T 시간

T ── 보통 ----------------------- 1~2 시간
　└ 급식센타 -------------------- 2~4 시간

· 1 Rack당 수용 식기수 ---------------------------- A 시간

── A 1 ----------------- 대형 접시일 때 16 / Rack
　└ A 2 ----------- 중형 접시일 때 24 / Rack

- A 3 ---------- 소형 접시일 때 32 / Rack
- A 4 ---------- 대형 사발일 때9 / Rack
- A 5 ---------- 중형 사발일 때 16 / Rack
- A 6 ---------- 소형 사발일 때 25 / Rack
- A 7 ---------- 대형SOUP접시일 때 10 / Rack
- A 8 ---------- COFFEE CUP 20 / Rack
- A 9 ---------- TUMBLER32 / Rack
- A 10---------- 식통일 때 6 / Rack
- A 11 --------- 쟁반일 때 8 / Rack
- A 12 --------- 이하 각각의 경우에 관해서 설정한다.

· 식기의 종류수에 의한 수 ---------------------------------- C 1

C 1 ------------- 5 종류 이하일 때 ------------- 1.0
6~10 종류일 때 ------------- 0.9
11~15 종류일 때 ------------- 0.8
16 종류이상 일 때 ------------ 0.7

· 식기 채움 계수 --- C 2

C 2------------ Door Type Dish Washer ------------------- 0.7
Rack Conveyor Type Dish Washet ----------- 0.8
Flight Conveyor Type Dish Washer ---------- 0.7

· 세정 점수를 구하는 경우 (1 시간)

M : 세정 점수 (점/기간)

$$M = \frac{1.2 \times N \times W}{C1 \times C2 \times T}$$

· Rack의 필요수를 구하는 경우 (1시간당)

R : Rsck (Rsck/HR)

$$R = \frac{W1 \times N}{A1} \times \frac{W2 \times N}{A2} \times \frac{W3 \times N}{A3} \times \frac{W4 \times N}{A4} \times A5$$

$$R = \frac{1.2 \times R^{6}}{C1 \times C2 \times T}$$

3) 형식 선정의 예

(1) 예제 - 1

어떤 양식당의 Pick Time이 2시간이고, 약 200명 정도가 식당을 이용하며, 식기의 종류, 세정 처리기간이 다음과 같은 경우에 식기 세척기의 선정은 다음과 같다.

· 세척 대상 인원 (취식자) ------------------- N : 200명
· 세척 처리 기간 ------------------------- T : 2시간(사용자 희망)
· 1 인당 식기수 ------------------------- W : 7 장
· 식기의 종류 -------------------------- W 1 : 큰 접시
W 2 : 중간 접시
W 3 : 소형 접시
W 4 : Soup Dish
W 5 : Ccoffee Cup
W 6 : Tumbler

① 세정 점수를 구한다.

C1 = 0.9

C2 = 0.7 (Door Type Dish Washer)

$$M = \frac{1.2\times200\times7}{0.9\times0.7\times2} = 1.33\text{점 / 시간당}$$

② Rack의 수를 구한다.

$$R^6 = (\frac{200\times1}{16}\times\frac{200\times2}{24}\times\frac{200\times1}{32}\times\frac{200\times1}{10}\times\frac{200\times1}{20}\times\frac{200\times1}{16})$$

$$= 12.5 + 16.7 + 6.3 + 20 + 10 + 6.3$$

$$= 71.8$$

· 시간당 69 Rack 의 처리수이므로 Door Type Dish Washer 이면 가능하다.

(2) 예제 - 2

병원에 있어서 급식인원이 400명인 경우 다음과 같은 조건일 때 식기 세척의 선정을 한다.

· 세척 대상 인원(취식자) ------------------- N : 400 명

· 세척 처리 시간 ------------------------ T : 1시간 30분(사용자 희망)

· 1인당 식기수 -------------------------- W : 8점

· 식기의 종류
  - W 1 : 접시
  - W 2 : 대접
  - W 3 : 대접 뚜껑
  - W 4 : 밥 공기
  - W 5 : 공기 뚜껑
  - W 6 : 반찬 종기
  - W 7 : 수 저
  - W 8 : 쟁 반

① 세정 점수를 구한다.

C1 = 0.9

C2 = 0.8 (Rack Conveyor Type 일 때)

0.9 (Flight conveyor type 일 때)

$$\text{Rack TypeM} = \frac{1.2\times3.200}{0.9\times0.8\times1.5} = 3.555\text{점 / 시간당}$$

$$\text{Flight TypeM} = \frac{1.2\times3.200}{0.9\times0.9\times1.5} = 3.555\text{점 / 시간당}$$

② Rack의 필요수를 구한다.

$$R^6 = (\frac{400\times1}{9} + \frac{400\times1}{9} + \frac{400\times1}{24} + \frac{400\times1}{16} + \frac{400\times1}{32} + \frac{400\times1}{32} + \frac{400\times1}{25} + \frac{400\times1}{9})$$

$$= 44.4 + 44.4 + 16.7 + 25 + 12.5 + 16 + 44.4 = 215.9$$

$$R = \frac{1.2\times R^6}{C1\times C2\times T} \quad C2 = 0.8 : \text{Rack Type}$$

$$= \frac{1.2\times215.9}{0.9\times0.8\times1.5} = 240 \text{ Rack / H}$$

능력상으로 200~250 Rack / H의 처리가 가능한 기준으로 한다.

4) 각종 구획별 평면 설명

음식을 제공한후 식기세정은 손으로 씻는 경우와 기계로 씻는 경우가 있으며, 공급량이나 음식의 종류에 따라 선택한다.

세정후 소독은 증기온수에 위해 계속 행하여 지는게 보통이다.

세정은 특히 영업을 위주로 한 불특정 다수의 식사자에 대한 주방의 경우에는 식품위생법등에 설치기준이 명시되어 있으므로 주의해야 한다.

손으로 세정하는 경우에는 2조 이상의 세정대와 대량의 일정한 온수가 준비되지 않으면 않된다. 기계의 세정의 경우에는 상물림과 수납, 보관에 대한 동선이 중요한 점이다.

세정때 처리할 쓰레기가 대량일 경우에는 쓰레기의 질에 따라 쓰레기처리기(Garbage Dispenser Compacter)를 사용하는 예가 많아지고 있다.

5) 수납, 보관에 대한 평면 설명

세정, 소독이 끝난 식기류는 보관고, 보관실등에 보관된다.

그릇에 담기, 상차리기를 할때 식기등의 불필요한 이동을 방지하기 위해 그릇에 담기. 상차리기, 코너에 수납, 보관되는 경우도 있다.

6) 서비스 형태

(1) Full Service

일반적인 레스토랑 서비스방식은 다음과 같이 3가지로 통상 구분된다.

① 후렌치 서비스 : 취식자 1인당(1테이블당) 1명의 웨이터나 웨이츄레스가 전담 서비스 한다. 또한 즉석 요리도 가능토록 한다.(통상 고급레스토랑에서 실시한다)

② Try Service : 통상적인 레스토랑 서비스 방식이다.

③ Plate Service : 각 개인이 접시를 들고 서비스하는 방식으로 다수의 취식자에게 신속히 음식을 공급할 때 이용.(연회장)

④ Half Service : 카페테리아등에서 사전에 준비된 음식을 취향에 맞게 주문하는 방식. 주문하는 방식, 취식자가 직접 식판을 들고 서비스 받는다.

(2) Self Service

일반적인 단체급식장에서 사용되는 서비스 방법으로 단일 메뉴이거나 2개정도의 메뉴를 획일적으로 공급받아 취식후 직접 퇴식까지 이루워지는 것을 말한다.

⑪ 주방의 구성요소와 식품위생법의 식품접객업 시설기준

1) 주방바닥과 벽

주방시설을 위한 물적 구성 요소 중 가장 기초적으로 갖추어야 할 내용은 주방 바닥과 벽, 천장의 재질을 어떤 종류로 선택하여 사용해야하는 것이다. 주방에서 일하고 있는 조리사의 위생관리와 작업의 효율성을 높이고 재해를 미연에 방지 할 수 있는 적절한 구조로 되어야 한다.

따라서 재질의 선택조건은 ① 위생과 안정성 ② 내구성 및 내열성 ③ 비용 ④ 안락함과 품격이 있어야 한다. 그러므로 주방의 바닥과 벽면은 항상 물과 식 · 재료를 직접 바닥에 놓아 사용하기 때문에 청소가 용이해야 하며, 기름기와 수분을 직접 흡수하지 않아야 한다. 또한 균열이나 틈새가 생겨 세균과 해충이 서식할 우려가 있는 것을 제거해야 하고 반복적인 물 세척 등으로 인해 불규칙한 바닥면이 없어야 함과 동시에 저항성이 높아야 한다. 주방의 바닥이나 벽을 시공할 때는 주방 바닥과 벽을 배수관이나 수도 및 전기 가스배관 등을 묻어야 하며, 주방장비 및 기물을 설치해야 하기 때문에 바닥의 하중에 견딜 수 있는 안전한 재질로 시공해야 한다.

주방바닥의 배수구는 물위고임 없이 자연스럽게 빠져나갈 수 있다. 배수구의 폭은 20cm가 바람직하고 직선설치와 곡선설치방법이 있다. 미끄럼을 방지하기 위해서는 식 · 재료의 반입구, 냉장 · 냉동고의 바닥, 주방바닥 등의 높이가 일정하게 시설되어야 한다. 반면에 벽재료는 청소의 용이성과 소음을 최대로 흡수할 수 있어야 하며, 밝은 색상의 타일을 설치해 조명의 빛을 밝게 해 주어야 한다. 주방과 식당의 이상적인 면적비율은 없다. 일반적으로 주방의 면적은 생산수단과 제공음식의 종류, 유형에 따라 다양해지며 규모의 경제가 작용된다. 주방의 크기는 여유공간 확보를 위해서는 보다 많은 좌석수를 확보하기 위해서는 축소되는 경향이 있는데, 수익 창출의 관점에서 긍정적인 면도 있지만 주방 면적의 축소가 반드시 매출증대를 가져오는 것이 아니므로 주방의 면적은 생산성을 향상시키는 범위내에서 계획되어야 한다. 비좁은 주방은 서비스 지연과 혼선을 가져오고 결국 종사원의 스트레스요인으로 생산성을 감소하여 결국 고객수를 감소하게 된다. 따라서 종사원의 작업환경에 맞게 설계되어야하며, 제공하는 메뉴품목수가 많을수록 덜 가공된 식 · 자재를 많이 쓸수록 주방면적이 넓어야한다.

이러한 주방면적은 그 표준치를 설정하고자 했을 때 우선 조리사 한 사람이 서서 일할 수 있는 공간확보비율에 기준을 두어야 한다.

보통 특급호텔의 경우 조리사 1인당 작업할 수 있는 공간은 1.39㎡가 기본적인 표준 설정공간이며, 보통키의 남자(179㎝)인 경우 작업대의 길이는 182㎝에 높이는 76㎝가 이상적인 작업공간의 비율이다.

주방의 가부분 면적비도 조리부문 50%, 세정 부분 30%, 통로 20%의 비율로 배분해서 특히, 세정, 통로의 공간을 확보하는 것은 왜건 등의 운반수단을 자유자재로 사용할 수 있어 인건비 절감을 위한 중요한 요소가 된다.

합리적인 주방 공간은 식당의 성격이나 영업형태에 따라서 다소 차이가 있으나 일반적으로 호텔의 경우 주방의 규모와 크기를 식당에 비해 40~50%, 레스토랑 26~30%, 병원 50%, 사무실이 있는 주방은 37~40% 정도에 배분하여야 한다.

〈표 6-1〉 공간계획시 서로 다른 형태에서 찾을 수 있는 주방의 표준면적이다.

〈표 6-1〉 식당 및 주방의 표준면적(1인당)

구 분	주 방	식 당	화장실 및 복도(식당)	휴게실 및 창고(주방)
	㎡	㎡	㎡	㎡
	평	평	평	평
Hotel	1~1.5	2.4~3	0.5	0.2
	0.3~0.185	0.74~0.925	0.15	0.06
Restaurant	0.4~0.6	1.5~2.2	0.1~0.2	0.05~0.16
	0.123~0.185	0.462~0.679	0.03~0.06	0.015~0.03
Hospital	0.4~0.5	0.8~1.0	0.1~0.2	0.1~0.15
	0.123~0.154	0.24~0.294	0.03~0.06	0.03~0.045
Office	0.3~0.4	0.8~1.0	0.1~0.2	0.05~1.04
	0.092~0.123	0.24~0.294	0.03~0.06	0.015~0.03

자료 : HOTEL & RESTAURANT(1994년 8월호)

오늘날 주방의 크기는 전체적인 영업에 영향을 주지 않는 범위내에서 점차 축소되어 가는 것이 세계적인 경향이다. 이것은 고정비에 의한 시설 투자분을 영업 활성화를 위한 장소로 보다 많이 확보하겠다는 경영자의 기본적인 방침이기도 하다.

2) 주방천장

주방의 천장은 전기기구의 배선과 기구 등이 부착되어 있어서 화재의 위험성이 높은 관계로 주방바닥에서 천장까지의 높이는 적절하게 설정해야 한다. 주방시설과 장비를 배치할 때 천장높이 제한으로 인한 어려움을 최소화해야한다. 일반적으로 천장소재는 내열성과 내습성이 강한 소재로서 내화보드나 코팅 처리된 불연성 석면재가 좋다. 천장의 높이는 바닥으로부터 2.5m정도가 적당하며, 이중 천장구조일 경우에는 색채의 밝기가 고려되어야 한다.

3) 환기시설

주방의 환기시설이란 주방내부에서 발생한 각종 불순 공기를 주방 밖으로 보내는 시설을 말한다.

① 조리 과정 중 발생하는 증기, 기름냄새, 가스, 열 등을 주방 밖으로 안전하게 배출하고 신선한 공기를 공급하는 것
② 주방 기기 및 모터 등으로부터 발생하는 열을 실외로 배출하는 것
③ 연소를 위해 밖에서 주방 안으로 공급하는 것
④ 조리작업의 쾌적한 환경분위기를 유지해 주는 것

4) 조명시설

조명의 밝기시설은 주방에서뿐만 아니라, 식당에서 음식을 제공할 때 보다 효율적으로 서비스 제공의 보조역할을 수행하는 수단의 일종이다. 조명의 역할은 주방내부의 밝기에 따라 조리 작업의 안정성과 편안함을 주는 요인이기 때문에 조명의 방향과 조명의 색깔에도 주의해야한다. 일반적으로 주방조명의 밝기는 50~100Lux가 가장 실용성 있는 형태이다.

5) 물의 공급

음식물 서비스 시설에 물의 공급이 필수적이다. 물을 충분히 공급하여야 하며 비상시의 긴급공급 방안도 마련되어야 한다. 파이프를 통하여 직접 공급되는 것이 이상적이지만 그렇지 못할 경우 한꺼번에 많은 양을 받아 사용하도록 해야 하는데 이 경우 물이 공기 중에 노출되지 않도록 설비해야 한다. 물은 조리나 음식물을 씻는데, 음료수와 위생상의 여러 용도로 사용되기 때문에 다음 사항을 주의하여야 한다.

① 음식물을 만들고 있는 옆에 뚜껑을 덮지 않은 음료수 용기
② 쓰레기 옆에 박아둔 음료수 및 세척용 용수
③ 화장실 세면대에 온수, 냉수가 제대로 안나오는 경우
④ 지하수를 사용할 때 보건기관의 지정된 수치에 미달될 경우

6) 상 · 하수도 배관

하수구는 건축법에 규정된 하수구 설치법을 준수해야하며, 하수도와 상수도는 반드시 구별되어 설치하여야 한다. 특히 역수 가능성을 방지하여야 한다. 배수에 있어서는 음식물이나 기구 장비 등이 직접 하수도 선에 연결되어서는 안 된다.

다음은 주의사항이다.

① 걸레 빤 물을 그냥 주방 바닥에 버리는 일
② 쓰레기통이 깨어져 물이 새어 나오는 경우
③ 배수가 제대로 되어 있지 않아 역수 현상이 있는 경우
④ 하수도 주위에 음식물 재료를 쌓아놓는 경우
⑤ 음식물 찌꺼기를 하수도로 그냥 배출하는 경우
⑥ 주방에서 사용하는 급수로 하수구를 청소하는 경우

7) 화장실 및 세면장 시설

화장실은 고객 및 종사원들이 쉽게 사용할 수 있는 위치에 설치되어야 하며 변기는 청소하기에 용이하도록 설계되어야 한다. 청소할 때를 제외하고는 화장실 문은 항상 닫혀

있어야 하고 견고한 재료로 만들어져야 한다. 화장실에 사용하는 비품은 깨끗하고 항상 잘 수선 유지되어야 한다. 화장지 역시 항상 비치되어 있어야 하고 휴지통도 사용하기 편리하게 놓여 있어야한다.

세면실은 음식물을 준비하는 부문이나 주방기구를 씻는 분야에 종사하는 종사원이 이용할 수 있도록 설치되어야 하며 물의 공급이 원활해야 한다. 화장실이나 현관 옆 가까이에 세면실을 설치하여야 하는데 주방기구나 음식물을 씻는데 사용되는 곳에서 손을 씻어서는 안 된다. 세면실의 수도시설은 찬물이나 더운물이 동시에 나오는 설비를 해놓아야 한다. 세면실에는 비누와 세척제는 항상 준비되어 있어야 하고 손을 말리는 타월이 있어야 하고 공동으로 수건을 사용하는 것은 금지되어야 한다. 한번 닦고 버리는 일회용 종이수건을 비치해 놓고 쓰레기통을 옆에 설치해야 한다. 왜냐하면은 손이란 병원균이 전달하기 가장 쉬운 곳이다. 따라서 화장실에 다녀온 후나 음식을 만진 후에는 항시 손을 씻도록 해야한다. 그러므로 편리한 장소에 손을 씻을 수 있는 설비가 되어 있어야 한다.

8) 식품위생법의 식품접객업의 시설기준

(1) 공통시설기준

가) 영업장

① 독립된 건물이거나 다른 용도로 사용되는 시설과 분리되어야 한다. 다만, 일반음식점에서 식육판매업의 영업을 하고자 할 경우에는 그리하지 아니하다.

② 영업장 시설물의 자재는 식품에 나쁜 영향을 주지 아니하고, 식품을 오염시키지 아니하는 것이어야한다.

③ 영업장은 연기 · 유해가스 등의 환기가 잘 되도록 하여야 한다.

나) 조리장

① 조리장은 손님이 그 내부를 볼 수 있는 구조로 되어 있어야 한다. 다만, 관광진흥법 시행령 제2조 제2호 가목의 규정에 의한 관광호텔의 조리장의 경우에는 그러하지 아니하다.

② 조리장의 바닥에 배수구가 있는 경우에는 덮개를 설치하여야 한다.

③ 조리장 안에는 취급하는 음식을 위생적으로 조리하기 위하여 필요한 조리시설 ·

세척시설 · 폐기물 용기 및 손 씻는 시설을 각각 설치하여야 하고, 폐기물 용기는 오물 · 악취 등이 누출되지 아니하도록 뚜껑이 있고 내수성 재질로 된 것이어야 한다.

④ 1인의 영업자가 동일건물 안의 같은 통로를 출입구로 사용하여 2종 이상의 식품접객업의 영업을 하고자 하는 경우와 일반음식점 영업자가 당해 업소와 동일한 경우에는 하나의 조리장을 공동으로 사용할 수 있다.

⑤ 조리장에는 주방용 식기류를 소독하기 위한 자외선 또는 전기살균 소독기를 설치하거나 열탕세척 소독시설(식중독을 일으키는 병원성 미생물 등이 살균될 수 있는 시설이어야 한다. 이하 같다.)을 갖추어야 한다.

⑥ 충분한 환기를 시킬 수 있는 시설물을 갖추어야 한다. 다만, 자연적으로 통풍이 가능한 구조의 경우에는 그러하지 아니하다.

⑦ 음식기, 조리된 음식물 및 그 원료, 조리에 사용되는 기구류를 바닥으로부터 20㎝ 이상 위치에 보관할 수 있는 구조이어야 한다.

⑧ 식품 등의 기준 및 규격 중 식품별 보존기준에 적합한 온도가 유지될 수 있는 냉장시설을 갖추어야 한다.

다) 급수시설

① 수도물이나 먹는 물 관리법 제5조의 규정에 의한 먹는 물의 수질기준에 적합한 지하수 등을 공급할 수 있는 시설을 갖추어야 한다.

② 지하수를 사용하는 경우 취수원은 화장실 · 폐기물 처리시설 · 동물사육장기타 지하수가 오염될 우려가 있는 장소로부터 20m이상 떨어진 곳에 위치하여야 한다.

라) 조명시설

영업장의 밝기는 객석 및 객실의 경우는 30Lux 이상(유흥주점 영업의 경우는 10Lux 이상)이어야 하고, 조리장은 50Lux 이상이어야 하며, 기준 미만으로 밝기를 낮출 수 있는 촉광 조절장치를 설치하여서는 아니된다.

마) 화장실

① 화장실은 타일 · 콘크리트 등 내수성 재질로 설비하여야 한다. 다만, 공중화장실이 설치되어 있는 역 · 터미널 · 유원지 등에 위치하는 업소, 공중화장실이 설치된 건

물내에 있는 업소 및 인근에 사용하기 편리한 화장실이 있는 경우에는 따로 화장실을 설치하지 아니할 수 있다.

② 화장실은 조리장에 영향을 미치지 아니하는 장소에 설치하여야 한다.

③ 정화조를 갖춘 수세식 화장실을 설치하여야 한다. 다만, 상 · 하수도가 설치되지 아니한 지역에서는 수세식이 아닌 화장실을 설치할 수 있다.

④ (다)단서의 규정에 의하여 수세식이 아닌 화장실을 설치하는 경우에는 변기의 뚜껑과 환기시설을 갖추어야 한다.

⑤ 화장실에는 손을 씻는 시설을 갖추어야 한다.

9) 집단급식소 설치 운영자의 준수사항

① 위생적으로 안전한 급식이 되도록 시설 및 설비를 확보하여야 한다.

② 음식물은 위생적으로 보관, 취급하여야 하고 한번 제공된 것은 다시 제공해서는 아니되며, 공동으로 제공되는 음식물은 개인별로 덜어 먹을 수 있도록 집게, 국자, 빈 그릇 등을 별도로 제공하여야 한다.

③ 영양사 · 조리사 및 종사원에 대하여 각각 보수교육 · 건강 진단 및 위생교육을 받게 하여야 한다.

④ 조리 등 음식물 취급에 직접 종사하는 자에 대하여서는 위생복을 착용하게 한다.

⑤ 영양사에 대하여 제44조 규정에 의한 영양사 직무수행을 보장하고, 그 직무를 적절하게 수행하도록 감독하여야 한다.

⑥ 기타 보건복지부장관, 시 · 도지사, 시장 · 군수 또는 구청장이 식품위생관리상 필요하다고 인정하여 명하는 사항을 준수하여야 한다.

10) 우수업소 · 모범업소의 지정기준(제43조에 관련)

(1) 우수업소

① 건물의 주변환경은 식품위생환경에 나쁜 영향을 주지 아니하여야 하며,항상 청결하게 관리되어야 한다.

② 건물은 작업에 필요한 공간을 확보하여야 하며, 환기가 잘되어야 한다.
③ 원료 처리실 · 제조가공실 · 포장실 등 작업장은 분리, 구획되어야 한다.
④ 작업장 바닥 · 내벽 및 천장은 내수처리를 하여야 하며, 항상 청결하게 관리되어야 한다.
⑤ 작업장 바닥은 적절한 경사를 유지하도록 하여 배수가 잘되도록 하여야 한다.
⑥ 작업장의 출입구와 창은 완전히 꼭 닫힐 수 있어야 하며, 방충시설과 쥐막이 시설이 설치되어야 한다.
⑦ 제조하고자 하는 식품 등의 특성에 맞는 기계 · 기구류를 갖추어야 하며, 기계 · 기구류는 세척이 용이하고 부식이 되지 아니하는 재질이어야 한다.
⑧ 원료 및 제품은 항상 위생적으로 보관, 관리되어야 한다.
⑨ 작업장 · 냉장시설 · 냉동시설 등에는 온도를 측정할 수 있는 온도측정기를 알아보기 쉬운 곳에 설치되어야 한다.
⑩ 오염되기 쉬운 작업장의 출입구에는 탈의실 · 작업화 또는 손 등을 세척, 살균할 수 있는 시설을 갖추어야 한다.
⑪ 급수시설은 식품의 특성별로 설치하여야 하며, 지하수 등을 사용하는 경우 취수원 오염지역으로부터 20m이상 떨어진 곳에 위치하여야 한다.
⑫ 하수나 폐수를 적절하게 처리할 수 있는 하수 · 폐수이동 및 처리시설을 갖추어야 한다.
⑬ 화장실은 정화조를 갖춘 수세식 화장실로서 내수 처리되어야 한다.
⑭ 식품 등 직접 취급하는 종사자는 위생적인 작업복 · 신발 등을 착용하여야 하며, 손은 항상 청결히 유지하여야 한다.
⑮ 법 제28조의 규정에 의하여 식품위생 관리인을 두는 경우 당해 식품위생관리인은 작업 개시 전에 종사자의 개인위생을 점검, 관리하여야 한다.
⑯ 법 제28조의 규정에 의하여 식품위생관리인을 두는 경우 해당 종사원은 식품 위생관리인의 지시를 준수하여야 한다.
⑰ 기타 우수업소의 지정기준 등과 관련한 세부사항은 보건복지부장관이 정하는 바에 의한다.

(2) 모범업소

가) 건물의 구조 및 환경

① 청결을 유지할 수 있는 환경을 갖추고, 내구력이 있는 건물이어야 한다.

② 마시기에 적합한 물이 충분히 공급되며, 배수시설이 완전하여야 한다.

③ 업소 내에는 방충시설 · 쥐막이 시설 및 환기시설을 갖추고 있어야 한다.

나) 주방

① 주방은 공개되어야 한다.

② 입식조리대가 설치되어야 한다.

③ 냉동 · 냉장고가 정상 가동되어야 한다.

④ 청소하기 용이한 구조이어야 한다.

⑤ 항상 청결을 유지하여야 하며 식품을 보관할 수 있는 창고가 있어야 한다.

⑥ 식기 등을 소독할 수 있는 설비가 있어야 한다.

다) 객실 및 객석

① 손님이 이용하기에 불편하지 않은 구조 및 넓이라야 한다.

② 항상 청결을 유지하여야 한다.

라) 화장실

① 정화조를 갖춘 수세식이어야 한다.

② 손씻는 시설이 설치되어야한다.

③ 벽 및 바닥은 타일로 되어 있어야 한다.

④ 1회용 위생용 종이 또는 에어타월이 비치되어 있어야 한다.

마) 종사원

① 청결한 위생복을 착용하고 있어야 한다.

② 개인 위생을 지키고 있어야 한다.

③ 친절하고 예의바른 태도를 갖추고 있어야 한다.

바) 기타

① 1회용 물컵, 1회용 숟가락, 1회용 젓가락 등을 사용하지 아니하여야 한다.

② 기타 모범업소의 지정기준 등과 관련한 세부사항은 보건복지부장관이 정하는 바에 의한다.

12 주방설비관리

1) 주방설비의 의의

조리 부서의 주방설비란, 주방설계에 따른 부대설비로 냉 · 난방 시설, 환기시설, 전기 및 가스, 스팀 등 열원과 급 · 배수 및 온수 시설, 조명, 채광시설, 세척 시설, 바닥, 벽, 천장시설 등을 말한다. 이러한 각종시설물을 조리업무 수행기능에 맞게 효과적으로 설치하고 사용, 유지관리 함으로써 조리작업의 능률을 올리는 등의 제반관리 활동을 주방 설비 관리라 한다. 주방설비의 효율적 배치를 위해서는 ① 각 주방의 특성에 따른 시간과 동작에 관한 합당한 설비를 갖추어야 하고, 조리업무의 기능적인 요인에 따라서 합리적인 배치가 이루어져야 한다. ② 주방설비는 능률과 안전에 큰 영향을 미치고 안전과 위생에 직결되므로 최초시설부터 인체 공학적 설비계획을 하여 효율적인 배치가 이루어지도록 하여야한다. ③ 설비시설의 배치는 반드시 오랜 주방의 실무경험과 지식을 바탕으로 한 이론적 타당성을 토대로 하여 과학적인 설비가 이루어지도록 해야한다.

2) 공간배치를 위한 설계

조리 주방의 공간배치를 위한 계획단계의 과정에서 볼 때 준비, 건조, 냉장, 저장지역은 상호근접성과 다양한 준비장소에 직접적인 서비스라인을 가지고 있어야 한다. 예를 들면 샐러드와 샌드위치의 준비장소, 음식흐름의 장소는 서비스 장소까지 직접적으로 연결되어야 한다. 주방과 식당과 서비스지역은 상호근접성을 가지고 있어야 한다는 것이다. 식 · 재료의 유입에 용이성과 식기류 세척의 주 요리장소는 서비스지역과 상호근접해야한다. 조리활동과 음식의 이동이나 도구의 이동을 위해 방해되지 않도록 각 조리동선과 공간을 충분히 확보해야한다.

(1) 저장창고의 설계

저장창고 장소의 설계는 이용하기에 편리함을 가져야 되고, 업장별 주방과 근접성에 기반을 둔 디자인이 되어야 한다. 무겁고 부피가 큰 재료들은 가능한 한 이동할 수 있는 배열이 적당하다. 준비, 진행과 다른 기능적인 장소 안의 저장창고는 종사원의 능률적인 일을 할 수 있게 방해가 되지 말아야 한다.

(2) 주 요리 주방설계

요리장소의 설계는 음식의 효율적인 생산과 신속함이 중요하다. 특히 공간과 업장 흐름의 유형에 영향을 주는 지역은 창고나 준비장소로부터 식 · 재료 이동흐름과, 식기류를 세척하는 곳으로부터 모든 것이 포함된 공간확보이다. 서비스를 위한 음식 이외의 흐름과, 샐러드 준비, 기타 조리 작업준비가 이러한 유형을 가지고 있다. 조리도구를 자주 사용하는 순서에 맞추어 손이 닿기 쉬운 곳에 인접해 있어야 한다.

(3) 준비지역의 설계

준비구역 배치는 논리적으로 실행하는 것이 쉽고 간단하다. 시설은 같은 라인 공간상으로 배치된다. 예를 들면 야채 준비시 다듬기, 씻기가 크기별로 진행된다든지 순서대로 이어지며, 다듬는 작업대 세척과 건조 싱크대, 크기별 가공의 직선 라인배열은 공간지역에 따른 배치가 이루어져야한다. 음식은 준비작업에서 시작하여 다양한 작업장의 시설을 거쳐 요구되어지는 단계의 순서에 따라 서비스지역으로 연속적인 흐름이 이어진다. 같거나 매우 비슷한 수의 재료 준비활동은 통합된 개념에 의해 개발되어야 한다.

(4) 서비스공간의 설계

서비스공간의 배치는 요구되는 서비스 속도와 방법에 기초를 두고 이루어져야 하며, 서비스 시설은 사용 순서에 따라 배열해야 함과 동시에 개인 서비스로 쉽게 접근하도록 위치해야 한다.

가) 테이블 서비스

뜨거운 요리의 이동공간은 주 요리를 위한 배치된 장비들과 근접하게 위치해야 하는 것은 온도유지를 위한 준비공간을 충분히 고려해야한다. 추가로 요구되는 서비스나 샐러드, 디저트, 식 · 음료 접시 저장공간은 복잡함을 피하는 식사공간에 근접해 위치해야한다. 준비를 위한 린넨류의 이동공간 및 저장위치는 서비스동선에서 종사원의 가장 눈에 띄는 장소에 있어야 한다. 테이블이나 린넨류를 두기 위한 시설이 포함되어야 한다.

나) 카운터 서비스

카운터 서비스 배치는 일반적으로 U자형과 직선라인 배치가 대부분을 이루고 있으며, 서비스 활동공간의 형태는 서비스시설과 반대로 형성해야한다.

카운터 서비스 공간의 1차적인 확보내용과 사용되고 있는 각종 장비 및 기물과 기기 등의 조화성을 갖추고 식 · 재료의 이동공간, 서비스라인은 서로 접근 용이성을 마련한 위치 선정이 필요하다.

다) 카페테리아 서비스

카페테리아 서비스는 고객이나 사용자의 자유로운 이동의 적당한 생산지역에 위치해야한다. 카페테리아 카운터의 배치는 서비스지역에 예상되는 형태로 설정하며, 카운터는 직선라인, L자형, U자형, 오목한 사각형이나 혼합형의 배열을 카운터 요구로 지시한다. 카페테리아 서비스 시스템의 전체 디자인은 흐름의 양과 배치 내의 통합된 서비스 속도에 기초를 둔다. 실버, 냅킨, 물, 양념은 메인 카운터 지역에서 떨어진 곳에 두는 것이 적당하다. 음료에 대한 셀프서비스는 사람의 흐름 속도에 도움이 될 것이다.

라) 세척장소의 설계

세척장소의 설계는 식기세척을 하는데 있어서 한정되는 것보다 모든 시스템이 흐름 작동의 연속성을 따라야 한다.

세척기의 배치는 종류별, 제품별로 세척기에 넣기 앞서 분류시켜 놓을 수 있는 보관 창고가 준비되어야 한다. 유리나 은제품의 기구에 대한 설비는 초기단계부터 분리 계획되어야 한다. 오물이 뒤덮인 접시는 문질러지는 것처럼 흐르는 물을 사용하는 것이다. 테이블은 물이 빠르게 방수될 수 있도록 되어야 하고, 음식물찌꺼기는 분리하여 저장장소에 이동해야 한다. 모든 세척과정이 만족스럽게 실행되었을 때 설계단계는 공정하게 이루어졌다고 볼 수 있다.

3절 조리공구

주방의 노동력 절약 중에서 가장 효력을 발휘하는 것은 주방기물이다.

이러한 주방기물의 가치는 그 기물이 필요한 정도와 그때의 기능을 만족스럽게 수행하느냐에 달려 있다. 그러므로 최상의 음식을 조리하기 위한 기물을 선택할 때는 다음과 같은 중점을 두어야한다.

① 필요성의 본질이다. 필요성도 그 기물이 양을 취급하는 것인가, 질적인 개선을 위한 것인가 또는 작업에 따른 비용과 시간을 절약하기 위한 것인가 등을 파악하여 평가해 볼 필요성, ② 비용적 면이다. 기물의 가격을 평가할 때는 최초의 가격, 설치비용, 수리비, 감가상각, 보험료, 재정비용, 작용비용, 그리고 상상가치와 소비가치 등의 항목으로 고려하여 선택, ③ 기물의 성능이다. 여러 제품을 비교할 때는 기물의 조작의 용이성, 분해, 조립, 청소의 용이성, 기물의 간편성, 기물의 사용기간 그리고 성능에 부합되는 비용인가를 고려하여 기물의 성능을 평가 선택, ④ 특별한 도구에 대해 만족한다. 만일 기물에 대한 비용의 투자를 현명하게 하고 기물의 기능이 완벽하게 작동할 것이 확실하다면 특별한 음식시설에 사용되는 기물 선택은 조심스러운 평가를 필요, ⑤ 안전성과 위생이다. 기물이 안전하려면 정상적인 마모에 견딜 수 있고 완전히 소제시킬 수 있는 무해한 재료로 만들어야 한다. 또한 기물이 음식에 오염되는 기회를 주지 않도록 해야하며 철저한 청소가 요구되는 기물은 분리와 재조립이 용이해야만이 위생적인 관리가 가능하다. ⑥ 모양과 디자인이다. 기물은 설계와 그 기능이 있어 관심을 끌어야 하며 다른 기물의 항목과 조화, 이외에도 제반시설의 가치, 제작원칙, 기물재료, 설계와 제작기준 등을 고려하여 선택, 호텔주방은 한식, 양식, 중식, 일식, 분담원칙에 따라 용품이 약간의 차이는 있지만 크게 주요 기기류는 자동 식기세척기와 열조리 기기, 냉장 · 냉동기기, 작업관련 기구와 선반 및 찬장, 작업대, 잔반처리 콘베이어가 있으며, 식음료 기계류로 커피제조기, 쥬스와 아이스크림 공급기로 구분되어 지는데 대략 30~40종류 100여가지가 넘고 같은 제품이라도 신제품이 여러 가지가 제작되어 나오기 때문에 실제로 수백 가지나 된다.

따라서 능률적이고 안전한 작업수행을 위해서는 각종 기물을 효과적으로 선택 구비하여 배치하고 조리사의 올바른 사용과 유지관리가 필요하다.

1 칼(Couteau-Knifes)

경험이 풍부한 조리인은 칼을 가장 소중히 여긴다. 음식을 만드는 속도에도 관련이 있지만 그의 업무에 대한 직업적인 표현을 위하여 끝마무리는 절단은 항상 깨끗하며 매끄러워야만 한다. 이러한 이유로 인해서 조리인들은 그들 자신만을 위한 칼 세트를 개인적으로 구입하여 자기소유임을 표시하여 다른 사람들은 사용치 못하게 하고 있다.

2 칼의 부분별 명칭

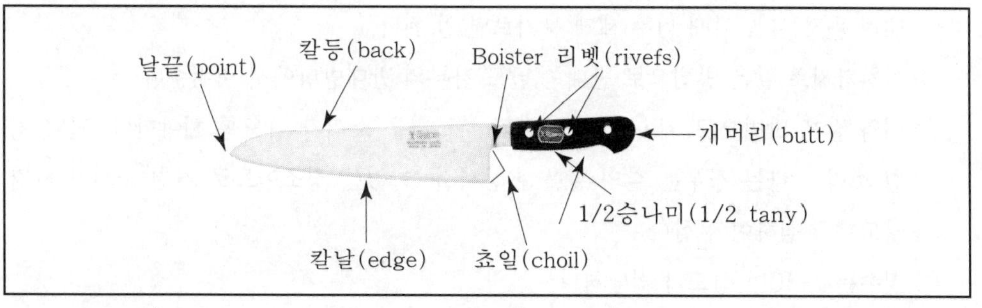

3 부쳐스틸(Butcher' s Steel)의 부분별 명칭

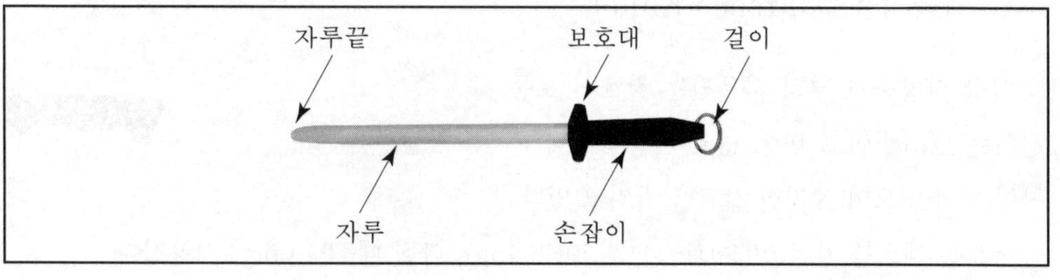

4 Butcher' s Steel를 이용한 칼 가는 방법

숙달된 조리사들은 대개 쇠 숫돌을 이용한 칼 가는 방법이 각양각색이다. 그림과 같이

쇠 숫돌을 세워 가는 방법, 정반대로 자루 끝이 지면을 향하는 법 또는 그림과 같이 세운 상태에서 우측으로 45° 정도 눕혀서 하는 법 등 여러 종류의 방법이 있으나 여기서는 자루를 세워서 칼을 가는 방법을 소개한다.

① 초보자는 두려움을 없애야 한다.

② 손잡이는 힘껏 잡아 자루가 좌우로 흔들리지 않도록 한다.

③ 칼날과 자루의 각도는 20° 정도가 되도록 날을 비스듬히 칼 뒤축부터 자루에 가져다댄다.

④ 칼 뒤축부터 칼끝부분까지 마찰이 되도록 슬며시 보호대에 걸리지 않도록 밑으로 내려 문지른다. 이때 너무 세게 문지르면 안 된다.

⑤ 마찬가지로 같은 방법으로 반대쪽 날도 자루의 반대방향에서 비벼준다.

⑥ 이와 같은 방법으로 계속 반복을 하되 부드러운 소리가 나도록 해야한다. 만약 거친 소리가 나는 경우는 칼의 날을 손상시킬 수 있는 징조이므로 거친 소리가 나지 않도록 조심하여야 한다.

⑦ 횟수는 7-10번 정도가 적당하다.

5 칼의 종류 및 용도

(1) 다목적용 칼(French Knife)

가장 다양하게 널리 사용되는 칼로서 보통 길이는 12inch이고 면이 넓고 기능적으로 굴곡이 되어 있으며 예리한 칼날을 가지고 있다.

용도는 재료를 자르고(Cutting), 썰고(Slicing), 다질 때(Choppry) 사용한다.

(2) Roast Beef Slicer

길이는 약 14inch, 날 끝은 동그랗게 되어 있고 큼지막하게 조리된 고기 덩어리를 얇게 썰어낼 수가 있다.

※ Salmon Slicer와 비슷하나 두께가 조금 더 두껍다.

(3) Cher' s Slicer

짧고 날카로운 날을 가진 칼로 조리된 고기를 뼈와 분리시킬 때 쓰인다.

길이는 5, 6, 7, 8 inch로 다양하게 선택하여 용도별로 사용할 수 있다.

(4) Butcher Knife

곡선형의 날카로운 칼로 뼈나 연골, 성경골을 얇게 자르거나 토막을 낼 때 사용한다. 길이는 6, 7, 8, 10, 12 inch가 있다.

(5) Steak Knife

곡선형의 날카로운 날을 가진 칼로 허리고기에서 Steak를 잘라 낼 때처럼 정확하게 자를 필요가 있을 때 쓰인다.

(6) 본 나이프(Bone Knife)

약간의 수분을 함유한 생고기로부터 뼈를 제거하는데 사용되는 날카로운 날을 가진 짧고 얇은 나이프

(7) Fruit and Salad Knife

짧고 날카로운 날을 가진 칼로 Salad를 준비하고 양상치의 속을 빼고 과일을 깎고 자를 때 쓰이는 칼 길이는 4 · 1/2inch이다.

(8) 페어링 나이프(Paring Knife)

Vesetable Knife 과일과 야채를 깍는데 사용되는 2 1/2~3 1/2 inch 길이의 짧고 날

카로운 날을 가진 칼로써 끝부분은 과일과 야채 내부에 있는 씨와 홈을 제거한다.

(9) 피시 나이프(Fish Knife)

생선의 살을 얇게 떠낼 때 필요한 칼로서 길이는 6inch이다.

(10) 클리버(Cleaver)

도끼 칼이라 부르는 이 칼의 날은 무디나 닭뼈나 작은뼈를 자르는데 사용된다. 소재는 탄소강으로 만들었다. 항상 걸어놓을 수 있도록 칼 윗부분에 구멍이 나있다.

(11) Bread Knife

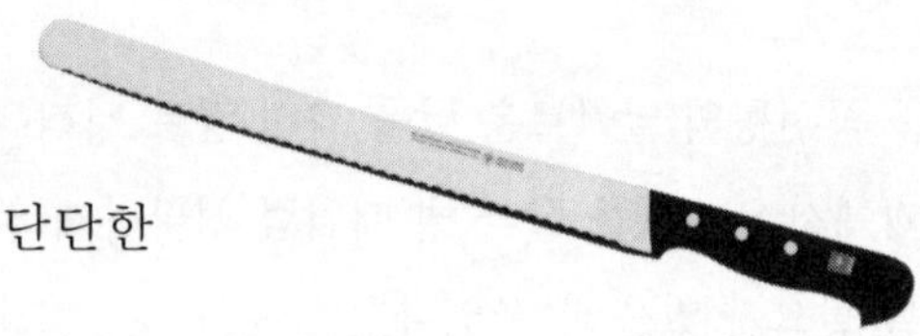

칼날이 거친 톱날로 되어 있어 주로 단단한 French Bread를 자르는데 사용한다.

(12) 연어 슬라이서(Salmon Slicer)

Smoke한 연어를 살을 얇게 떠내기 좋게 만든 칼로서 날은 비교적 얇아서 유연성이 있다.

※ Roast Beef Slicer 보다는 날이 얇다.

(13) Skinning Knife

동물의 가죽이나 단단한 근육질을 벗기는데 사용하는 칼 길이는 6inch~7inch 정도이다.

(14) Decorating Knife

이 칼은 칼날에 홈이 파져있어 울퉁불퉁한 요철모양으로 재료를 자를 수 있는 칼로서 주로 cheese, Mouser, Jelly, carrot같은 재료의 모양을 낼 때 사용한다.

(15) 멜론 볼러(Melon Baller : Parisienne Scoop)

채소나 과일을 공모양이나 타원형으로 스쿠프의 모양에 따라 떠낼 수 있도록 고안된 것이다. 작은 반원형의 컵에 손잡이가 달려 있으며 스테인레스 스틸제품이 많다.

(16) 껍질 벗기는 칼(Peeling Knife)

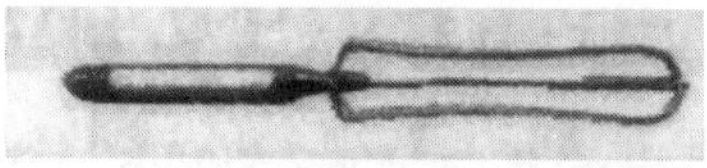

여러 가지 채소나 과일의 껍질을 벗길 때 사용한다. 회전고리는 여러 가지 식품의 외형을 그대로 살리면서 깎을 수 있다. 양면이 예리하기 때문에 양쪽 모두 껍질을 사용할 수 있다.

(17) Grapefruit Knife

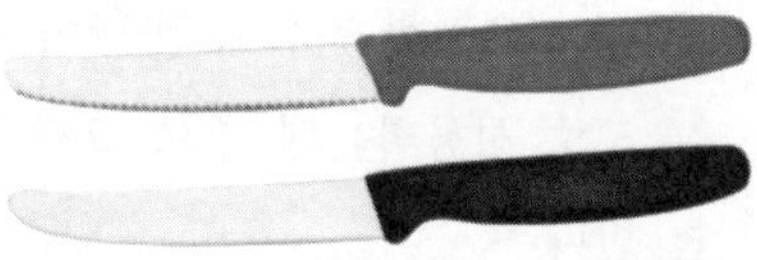

칼의 형태는 양날 끝 부분에 미세한 톱날이 있고 칼의 앞부분은 약간 휘어져있어 Grapefruit이나 Orange의 부분을 떠내는데 사용한다. 칼의 휘어진 부분은 접합부분을 떠내는데 육질을 좀더 깊숙이 파기 위한 장치이다.

(18) 치즈나이프(Cheese Knife)

치즈를 자르는 칼로서 손잡이가 칼날보다 위에 붙어있는데 이것은 치즈가 손이나 옷에 묻지 않도록 하기 위한 방편이고 치즈를 자르는데 사용하는 칼이다.

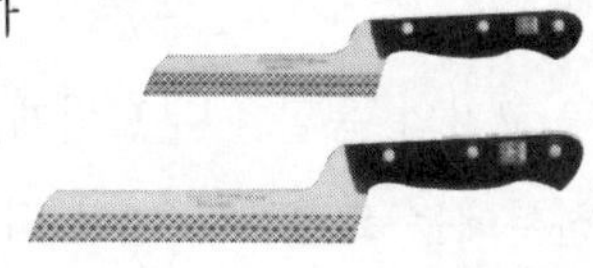

(19) 파이와 케익나이프(Pie & Cake Knife)

파이와 케이크를 자를 때 사용하는 칼로서 미세한 톱날이 있는 것도 있고 없는 것도 있다.

(20) Bone Splitter

뼈를 찢거나 쪼갤 필요가 있을 때 쓰는 칼로서 칼의 윗부분은 상당히 두껍고 칼날도 날카롭지 않다.

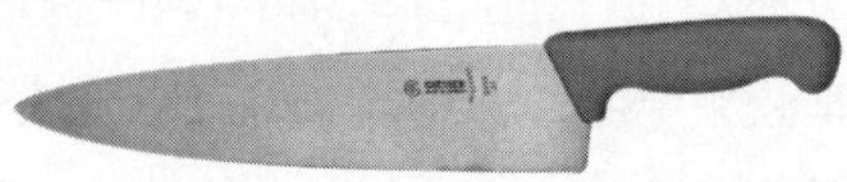

(21) 주걱(Spatula)

넓고 유연하며 날이 없는 칼로 빵에 Butter를 바르거나 Sponge Cake에 Cream을 입히는 용도로 쓰인다.

(22) Hot Cake or Meat Turner

① 넓고 편편한 면으로 된 날이 없는 것으로 Hot Cake나 Egg 및 햄버그를 뒤집는 용도로 사용하는데 주로 그리들(Griddle)에서 많이 사용한다.

② 용도는 ①과 같으나 앞날이 약간 세워져 있어 그리들(Griddle)에 붙은 이물질을 긁어낼 수 있는 기능이 있다.

(23) 고기 망치(Meat Tenderizer)

고기의 육질을 부드럽게 하기 위한 고기망치로서 하부에는 요철로 구성이 되어있어 원하는 고기의 모양을 만들 수 있도록 되어 있다.

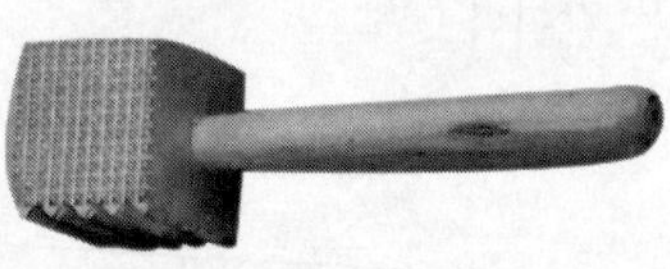

(24) 중국 칼(Chinese Chef' s Knife)

중국 칼로서 형태는 Cleaver와 비슷하나 날이 날카롭고 모든 중국요리의 Cutting은 이 칼로써 정리된다.

(25) 부쳐스틸(Butcher' s Steel)

일명 "쇠 숫돌"로 불리 우는 것으로 칼을 갈아 급하게 사용할 때 날을 세우는데 사용한다. 이때 날이 갈려 떨어지는 금속 부스러기는 자루가 자성을 띄고 있기 때문에 쇠 숫돌에 붙어있게 된다. 칼날은 거의 수직으로 스틸 내 측면에서 20° 정도 각도를 세운다. 칼날은 스틸전체 길이를 따라 문질러야 한다.

(26) 만돌린(Mandoline)

가공된 강철로 만든 야채절단기로써

① 칼을 대신하여, 다양한 간격으로 썰 수 있는 단면 날과

② 세로로 판 홈이 있다.

※ 두께는 조절할 수 있음.

(27) 주방포크(Kitchen Fork)

얇게 썰기, Roasting 할때 뒤집기, Steak를 굽기작업을 할때 고기를 고정시키는 역할을 한다.

4절 주방조리기기

1 가스를 이용한 조리 기기

1) 종류

① 오븐(oven gas range)
② 그린들(griddle)
③ 튀김기(gas fryer)
④ 가스 사라만다(gas salamander)
⑤ gas rice cooker (1)
gas rice cooker (2)
⑥ 다용도 조리기(brasing pan)
⑦ 가스 국솥(gas soup kettle)
⑧ baked oven
⑨ gas broiler
⑩ 발효기(proff box)
⑪ 중화렌지(chinese range)

2) 용도

(1) 오븐(oven gas rang)

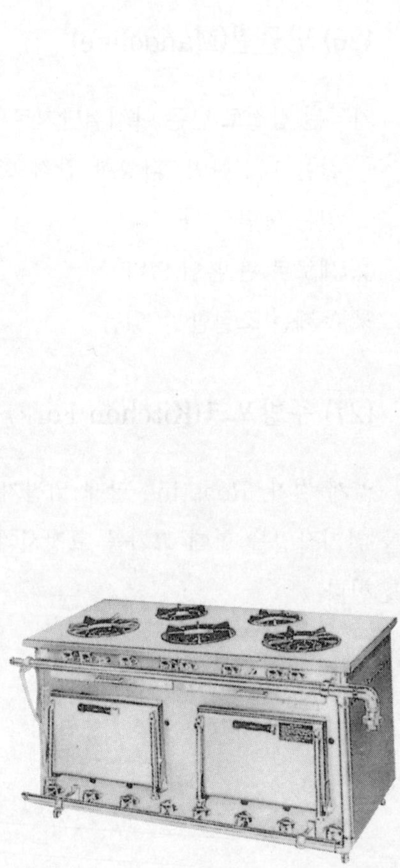

렌지와 오븐이 부착되어 있는 상태로 흔히 사용하는 형으로서 대표적인 것이며 간단한 조리는 이곳에서 전부 이루어질 수 있다. 윗 부분은 보통 렌지가 설치되어 있어 팬을 이용한 조리를 할 수 있고, 아래 부분은 오븐의 역할로서, 굽거

나 익히는 요리를 위해 사용할 수 있는 장비이다.

(2) 그릴들(gas griddle)

철판의 두꺼운(10mm정도) 철판 밑으로 열을 가열하여 철판을 뜨겁게 달군 뒤 철판 위에서 음식을 조리하는 기기로서 계란요리, 팬 케익, 샌드위치, 등 고기와 기타 재료를 동시에 대량으로 구울 때 사용하고 일명 부침기 이다. 80도 정도로 사용하기가 용이한 것은 닦는 것이 기름때도 잘 벗겨지고 관리가 쉽다.

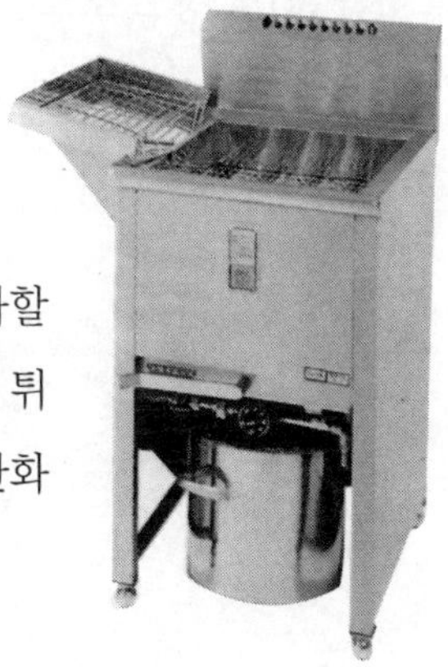

(3) 튀김기(gas fryer)

금속으로 기름을 담가놓을 수 있게 하여 하부에서 열을 가할 수 있게 만들어 각종의 튀김음식을 만들 수 있는 기기로서 튀김재료는 수분을 제거하여 사용한다. 고열에 의한 기름의 산화 방지를 위하여 온도는 적정 선을 유지해야 한다.

(4) 가스 사라만다(gas salamander)

이 기기는 열이 밑으로 향하게 만든 기기로서 각종 요리의 색깔을 나타내는데 많이 사용한다.

(5) 가스 밥솥(gas rice cooker)

대량으로 밥을 지을 때 사용하는 밥솥으로서 자동장치가 부착되어 밥이 되면 스위치가 자동으로 꺼짐

(6) brasing pan(다용도 조리기)

볶음, 튀김, 삶음 등 다양한 용도에 사용된다.

(7) 가스 국솥(gas soup kettle)

많은 양의 국, 물 종류를 끓일 때 사용한다. 구조는 기어가 부착되어 청소하기 용이하다(180° 회전). 주철재이므로 내구력이 강하다. 특징으로는 사용하기 편리하고, 안정성이 있고 조리시간이 단축된다. 취사 시간 30분 정도 소요된다. 스팀회전국솥은 녹이 슬지 않고, 외장이 아름답고 안정성이 있고 조리시간이 45분 걸린다. 모델에 따라 다소 차이가 있다.

(8) 제과 및 제빵오븐(baked oven)

제과 및 제빵용으로 용량에 따라 단수를 증감할 수 있고 자동 온도 조절식이다.

(9) gas broiler

고기구이 (스테이크)용으로 가스를 이용, 간접열을 발산시키므로 열전도가 고루 되어 요리의 맛이 좋다.

(10) proff box(발효기)

제과 및 제빵용 식 · 재료를 발효시키는데 사용한다.

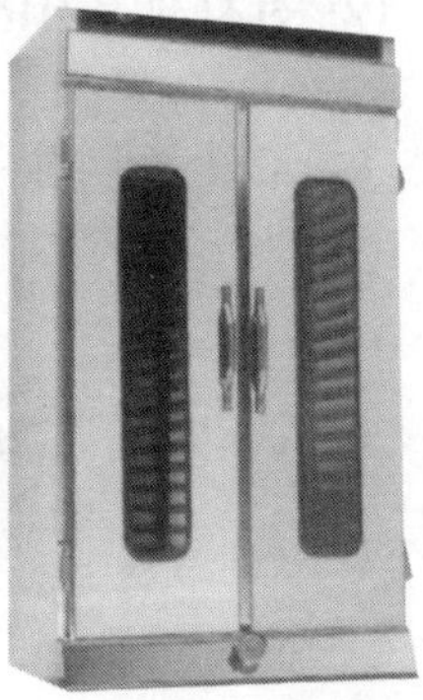

(11) 중화렌지 (chinese range)

강한 화력을 낼 수 있는 고열량 특수 버너를 부착하여 중화 요리용으로 타 기종에 비해 화력이 월등하다. 외관이 미려하고 구조가 튼튼하다.

2 스팀을 이용한 조리 기기

1) 종류

① 스팀(steamer)
② 접시 세척기(dish washer)
③ 스팀 국솥(steam soup kettle)

2) 용도

(1) 스팀(steam)

압력식으로서 단시간 내에 음식을 완전히 익히는데 사용한다. 영양의 손실을 최소화할 수 있다.

(2) 접시세척기(dish washer)

증기로써 각종 접시를 세척한다.

(3) 스팀 국솥(steam soup kettle)

스팀을 이용하여 대량의 수프나 스톡 및 소스를 만드는데 사용한다.

③ 전기를 이용한 조리 기기

1) 종류

① 제빙기(ice making machine)
② 반죽기(cutter mixer)
③ 피자오븐(pizza oven)

④ 대류식오븐(convection oven)
⑤ 식 · 재료보온테이블(food warm table)
⑥ 야채절단기(vegetable cutter)
⑦ 파절기
⑧ 육절기(meat slicer)
⑨ 식육분쇄기(meat chopper)
⑩ 골절기(meat saw)
⑪ 감자탈피기(potato peeler)
⑫ 고기연육기(meat tenderizer)
⑬ 커피머신(coffee machine)
⑭ 와플기(waffle baker)
⑮ 토스토기(rotary toaster)
⑯ 냉장(동)고
⑰ 진열장(show case)
⑱ 식육분쇄기(Meat Chopper)

2) 용도

(1) 제빙기(ice making machine)

제빙기는 일반주방과 제과주방에서 사용되는 장빌서, 필요한 양만큼 주사위모양의 얼음을 만들어 낸다.

(2) 반죽기(chopping machine)

주로 미세하게 갈거나 균등한 입자로 가는데 사용한다. 빵가루 제조용이나 때로는 야채나 생선 및 육류의 혼합에 이용된다. 기기의 과열상태로 계속사용은 위험하다.

(3) 피자 오븐(pizza oven)

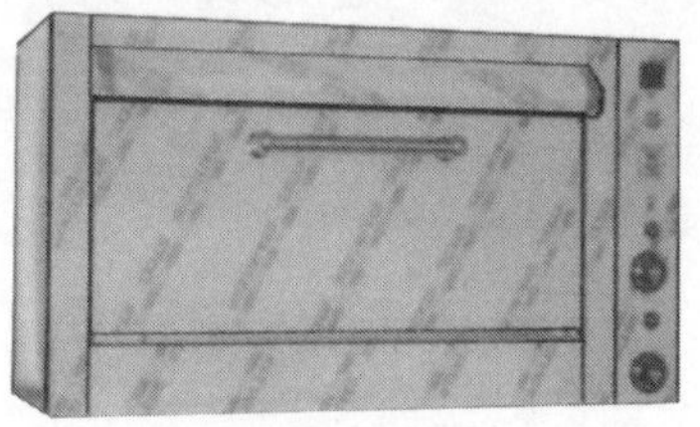

피자를 굽는데 사용한다.

(4) 대륙식 오븐(convection oven)

선반식으로 내부가 되어 있어 많은 양의 음식을 일시에 조리할 수 있다. 단시간 내 음식을 익힐 수 있지만 수분 증발로 딱딱해지는 수가 있다.

(5) 식 · 재료 보온테이블(food warm table)

일정한 온도를 유지시킬 필요가 있는 식 · 자재나 접시를 보관 할 수 있다.

(6) 야채절단기(vegetable cutter)

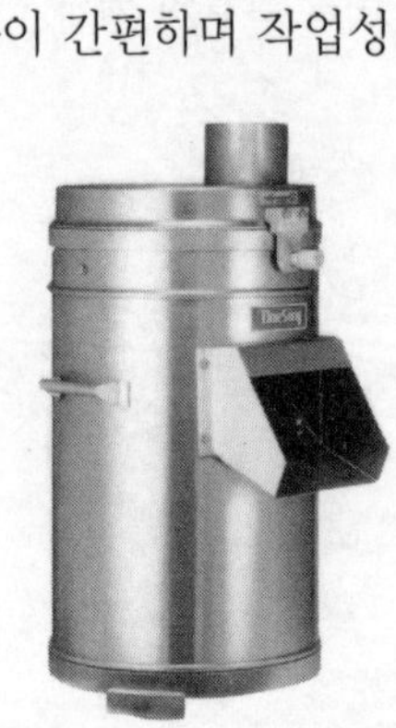

칼날의 교환 및 사용이 간편하며 작업성 보강과 스텐레스 재질의 미려한 외관과 절단 모형의 다양성 추구로 한 차원 높은 식품제조에 용이하다.

(7) 파절기

야채나그 밖의 식 · 자재를 다지고 가늘게 써는데 사용한다.

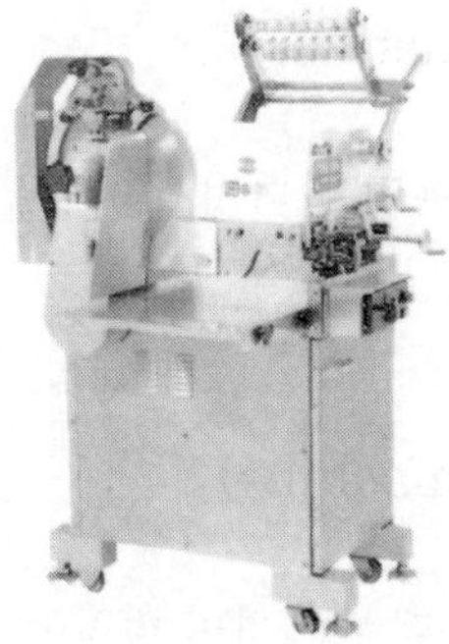

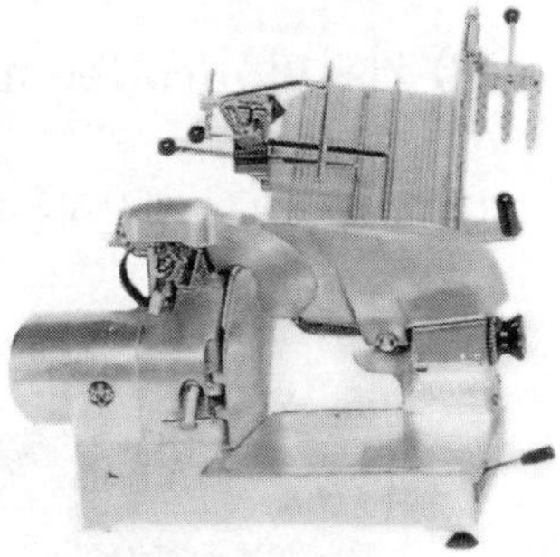

(8) 육절기(slieing machine)

고기를 일정한 두께로 써는데 사용한다.(자동겸용)

(9) 혼합기(meat choper)

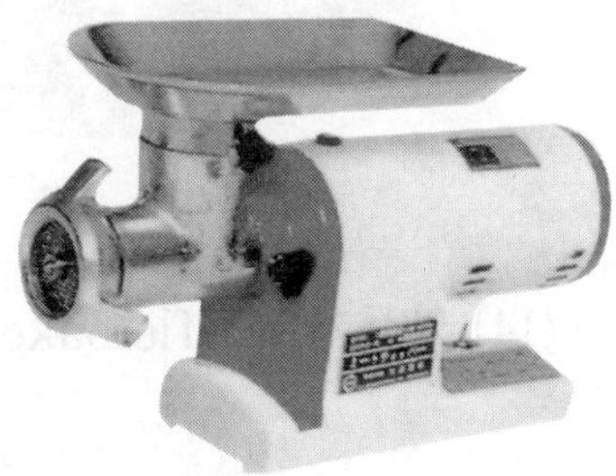

고기를 일정한 크기로 잘게 가는데 사용한다. 기기의 급속 가동이나 정지는 피해야 하고 사용 후에는 속에 묻어 있는 고기 덩어리를 청소해야한다.

(10) 골절기(meat saw)

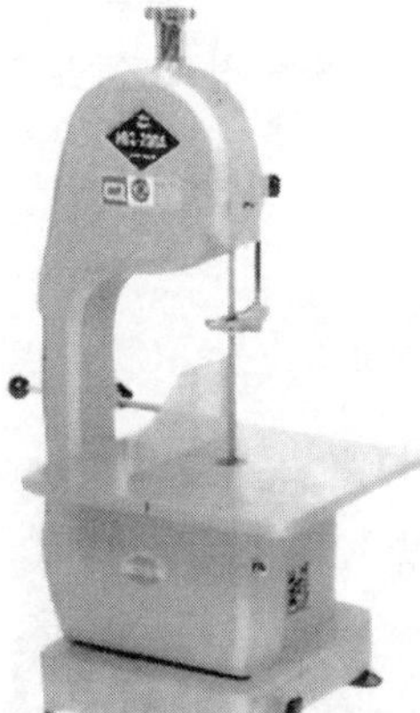

주로 뼈를 자르는 데 사용한다. (갈비의 절단)

(11) 감자탈피기(potato peeler)

야채의 껍질을 벗기는데 사용한다. 많은 양을 무리하게 투입하는 것은 안 된다.

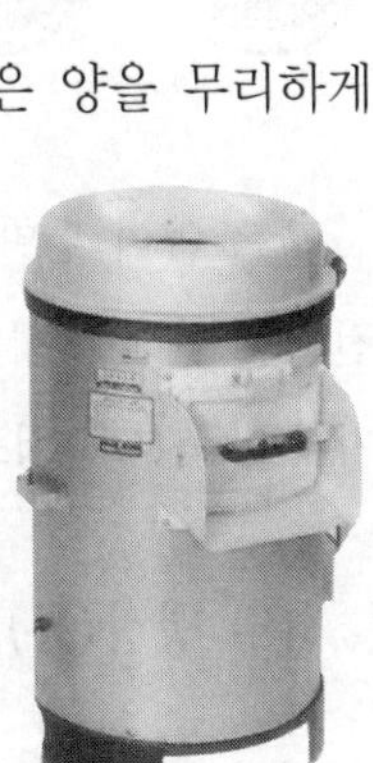

(12) 연육기(meat tenderizer)

고기를 편편하게 펴고 근육질을 다져서 육질을 연하게 만드는데 사용

(13) 커피머신(coffee machine)

커피를 대량으로 생산하는데 사용하며 일정한 온도를 유지

(14) 와플기(waffle baker)

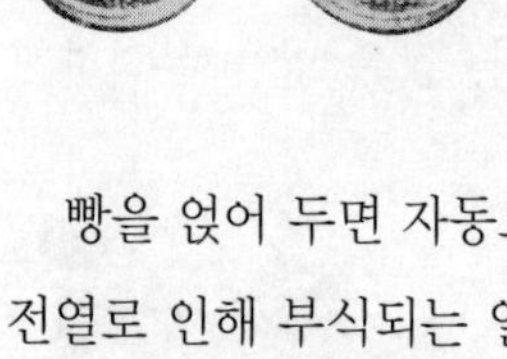

조찬 식사시 hot cake 반죽을 틀에 얹어 만드는 과자형의 음식을 굽는 조리기구이다. 사용 전에는 버터나 오일을 바르고 사용해야 하며, 사용 후에는 반드시 표면을 청소 후 보관한다.

(15) 토스터기(toaster)

빵을 얹어 두면 자동으로 상하로 회전이 되며 구워지는 기계이다. 전열로 인해 부식되는 열선을 보호해야하고, 사용 후에는 구워진 빵 가루를 충분히 청소해야 한다.

(16) 냉장(동)고

내외장이 모두 스텐레스 27종으로 외관이 미려하며 수명이

반영구적이고 특수단열재 사용으로 보냉 효과가 뛰어나 절전 효과가 크다. 온도의 조절 범위는 냉동고 0~-25°C, 냉장고 10°C~0°C, 냉장 · 냉장고10~-20°이다. 규격은 업장에 특성에 맞게 제작될 수도 있다.

(17) 진열장(show case)

냉동식품 저장의 전용, show case로 샐러드로의 전시 보관 목적으로 사용한다.

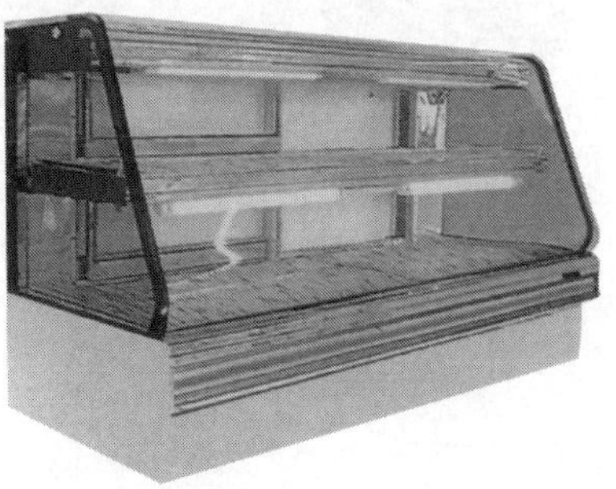

(18) 식육분쇄기(meat chopper)

식 · 재료를 잘게 다지는데 사용한다.

5절 주방조리기물

1 스톡 포트(Stock Pots)

말 그대로 스톡을 만들거나 보관하는데 사용하는 용기이다. 이것은 둥글며 크고 높다. 양옆에는 손잡이가 달려 버너에 올리고 내리는데 편리하게 제작되어 있으며 그 두께도 2mm부터 3.5mm이상 두꺼운 알루미늄이나 스텐레스로 되어 있으며 뚜껑을 덮게 되어있는 것이 특징이다.

· 사이즈별로 $2\frac{1}{2}$gal부터 40gal까지 있다.

② 소스 포트(Sauce Pots)

소스 포트는 스톡 포트에 비하면 깊이가 얕고 깊이는 약 20cm-40cm정도 얕으며 양좌우에 손잡이가 달려있고 두께는 스톡 포트 보다 두껍게 만들어져 있다.

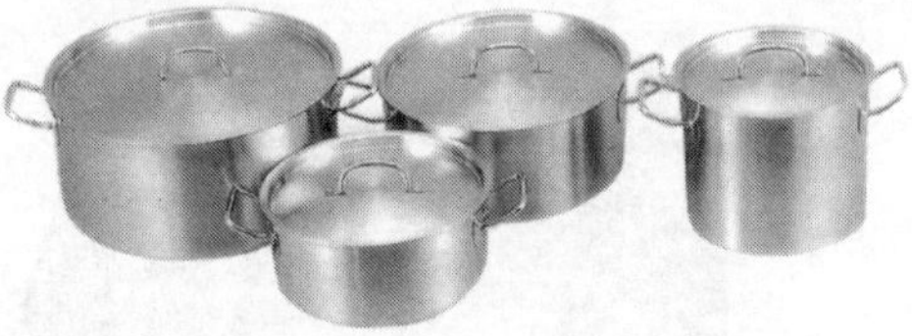

· 사이즈별로는 $8\frac{1}{2}$부터 60qt까지 있다.

③ 브레이즈 팬(Braziers pan)

이 용기는 놋쇠로 만든 것을 원칙으로 하며 양 좌우에 손잡이가 달려있어 스토브에 올리고 내리는데 편리하다. 대단히 무거우며 음식물을 말리거나 건조시키는데 또는 볶음 요리와 스튜요리에 사용된다.

· 사이즈별로는 12qt부터 28qt까지 있다.

④ 소스 팬(Sauce Pans)

소스팬은 작은 것과 얕은 것 등 여러 가지 형태가 있으며 긴 손잡이가 한 개 달려있어 올리고 내리며 운반하는데 편리하고 손으로 붙잡고 요리를 만드는 데에도 용이하다.

· 사이즈별로 3-6inch까지의 깊이와 $1\frac{1}{2}$qt부터 $11\frac{1}{2}$qt까지 있으며 뚜껑도 있다.

5 후라이팬(Fay Pan)

이 용기는 간단한 요리를 만드는데 용이하다. 예를 들면 각종 감자를 튀긴다던가, 오믈렛을 여러 가지 형태로 만들 수 있다.

6 찜통(Doulbe Boilers)

이 용기는 스톡포트의 소형으로 생각하면 틀림없다. 용기가 이중으로 되어 있어 밑 부분에는 물을 넣고 상부에는 음식물을 넣고 스토브에 끓이거나 데우는데 사용한다.

7 로스트 팬(Roast pan)

직사각형으로 된 알루미늄 용기이다. 이 용기는 상하 따로 사용이 가능하며 뚜껑을 덮고 음식물을 로스트 할 수도 있으며 두껍고 무거운 것이 특징이다. 손잡이는 4군데나 달려있다. 이 용기는 항상 오븐 규격에 맞게 제작되어야 한다.

8 베이크 팬(Bake Pans)

4각으로 된 큰 팬이다. 이것도 깊이가 얕으며 무겁다. 그리고 오븐안에 사용하므로 거의 Roastion Pan과 비슷하다.

⑨ 시트팬(Sheet pans)

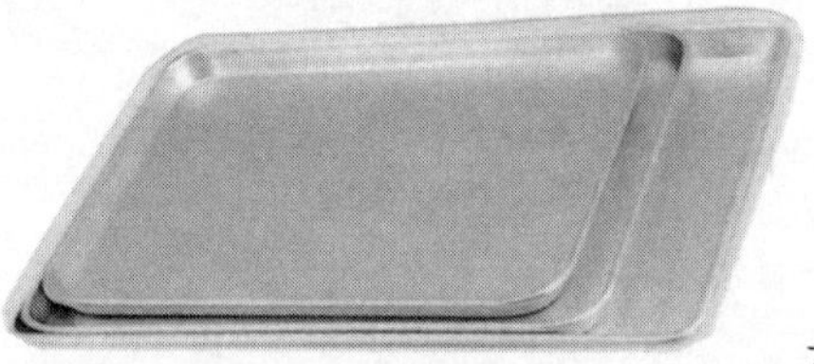

깊이가 얕은 직사각형의 팬이다. 용도로는 베이킹(Baking), 오븐쿠킹(Oven Cooking) 등 냉장고 음식물 보관, 음식물 운반 등 다양하게 사용한다.

· 사이즈별로는 대 : 18×26inch, 중 : 14×20inch, 소 : 12×18inch가 있다.

⑩ 서비스 팬(Counter or Service Pans)

이 팬은 용도별로 다양하다. 스팀테이블(Steam Talble)용으로는 Full Size를 위시하여 One Half, One Third, One Quarter, One Sizth, One Ninth, Falce Bottom, Roast Rack Pan, Adapt or Bar 등 용도별, 사용별로 광범위하게 쓸 수 있으며 용기의 재질은 대개가 스텐으로 27종이 만들어져 있다.

그리고 찬 음식물과 더운 음식물을 보관할 수 있으며 때로는 Counter에 음식을 진열하는 데에도 사용을 할 수 있다.

⑪ 스트레이너(Strainers)

이 용기는 대개가 둥글게 만들어져 용기 전체에 구멍이 송송 나있으며 손잡이가 달려 있어 주로 물을 빠지게 하는데 사용한다. 스파게티, 쌀, 시금치 등 주로 잎사귀 야채를 다루는데 많이 사용한다.

⑫ 원뿔채(China Cap Strainer)

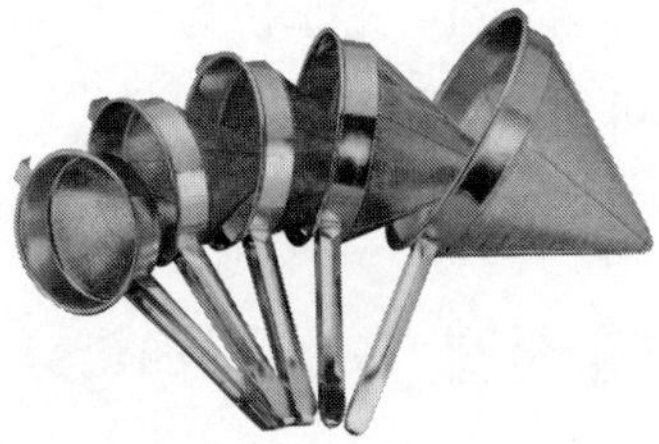

이 용기는 밑 부분이 뾰족하게 만들어져 있으며 용기 자체에 구멍이 송송 나있고 손잡이가 달려있어 주로 Sauce를 받친 다든가, 더운물에 야채, 면종류 등을 데우는데 많이 사용한다.

⑬ 채(Sieves)(시브)

이것은 채를 말한다. 호텔에서 사용하는 채는 주로 스텐레스 제품이 많다. 이것은 틀과 밑받침(채)을 따로따로 떨어지게 제작하는 것이 편리하다. 혹 밑받침이 망가지면 채만 바꾸어 끼면 금방 사용할 수 있으며 소스를 받치거나 밀가루 등 마른 것을 받치는데 사용한다.

⑭ 스키머(Skimmer)

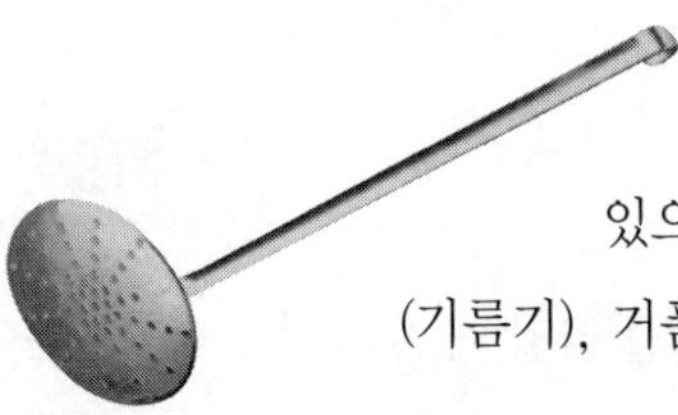

이 기구는 둥근 접시 모양에 구멍이 전면에 나 있으며 긴 손잡이가 달려 있다. 주로 음식물을 삶을 때 유지(기름기), 거품(뜨는 찌꺼기)등을 걷어 내는데 사용한다.

⑮ 주방 스푼(Kitchen Spoon)

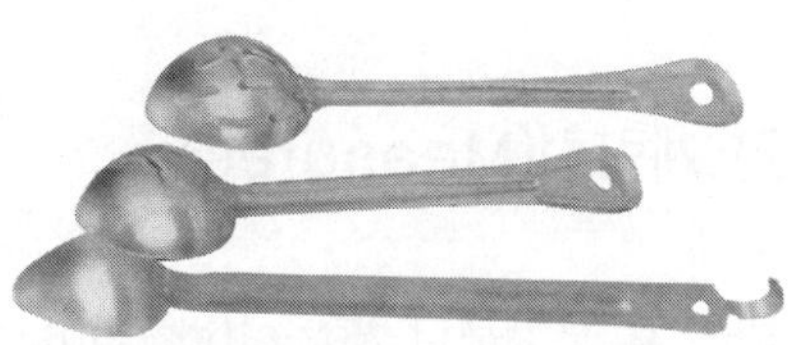

여러 가지 사이즈가 있다. 구멍이 송송 뚫린 것, 길게 뚫린 것, 안 뚫린 것 등 가지 수가 다양하나 용도는 음식을 떠주거나 담아주는데 사용하며 재질은 대개가 스텐레스로 되어 있다.

⑯ 집게 (Food Tongs)

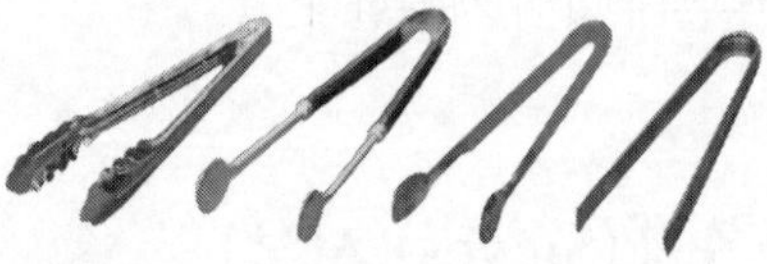

간단하게 말해서 음식을 집는 손이다. 위생상 손을 쓰지 않고 음식물을 담거나 옮기는데 사용하며 특히 카운터 또는 고객의 앞에서는 꼭 집게로 음식물을 옮겨 준다.

⑰ 반죽칼 (Dough Cutters)

이 기구는 칼날이 없는 칼로 생각하면 좋다. 손잡이가 손에 쥐기 좋게 좁으며 약 10cm정도이다. 주로 빵 반죽을 용도별로 절단할 때 사용한다.

⑱ 계량단위 (Measuring Devices)

1) 언 컵(Urn Cups)

등근 모양에 손잡이가 달려 있으며 주로 커피를 끓일 때 물의 양을 측정하는데 사용한다.

· 사이즈별로는 1qt부터 1gal까지 있다.

2) 계량컵(Measures)

등근 컵 모양부터 8oz, 16oz, 1qt, 1gal 등 모든 량의

측정에 사용하며 주방에는 꼭 필요한 도구이다.

3) 계량 스푼(Measuring Spoon Set)

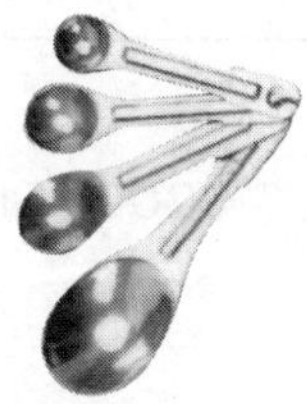

이 스푼은 5가지가 한 셋트로 되며 주로 조미료, 향신료 등 소량을 측정 할 때에 사용된다.

5가지 Sets로서 Table Spoon, Tea Spoon, $\frac{1}{2}$Tea Spoon, $\frac{1}{4}$Tea Spoon, $\frac{1}{8}$Tea Spoon이 있다.

4) 국자(Ladles)

가지 수는 다양하나 대개가 Bowl 모양에 긴 손잡이가 달려 있다. 주로 분량을 뜨는데 Portion과 서비스에 사용한다.

· 사이즈별은 $\frac{1}{2}$oz----ladles, $1\frac{1}{2}$oz----ladles, 3oz----ladles
8oz----ladles, 12oz----ladles, 14oz----ladles

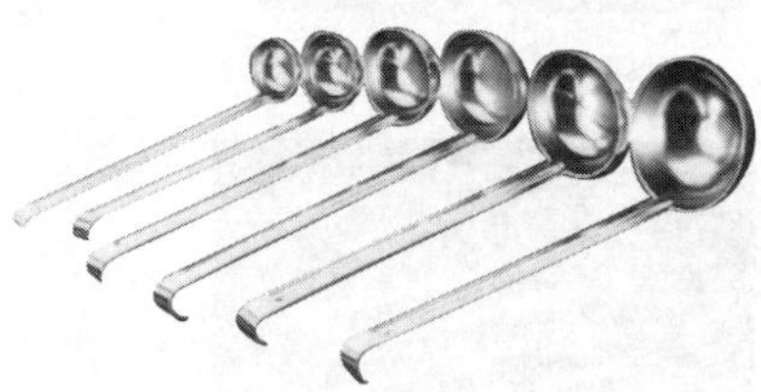

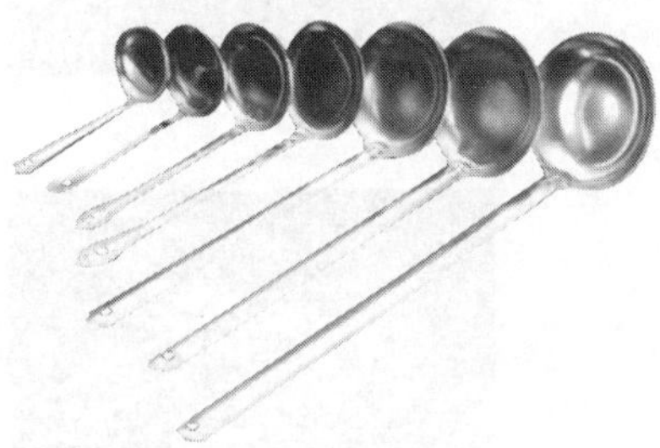

5) 스쿠퍼(Scoops Ice Cream Dippers)

여러 가지 형태가 있으나 대개가 Bowls의 모양에 반자동으로 되어 있으며 사이즈도 다양하다.

NUMBER	MEASURE	APPROX.WE IGHT
30	2 tbsp	$1\text{-}1\frac{1}{2}$ oz
24	$2\frac{2}{3}$ tbsp	$1\,1\frac{1}{2}\ \frac{3}{4}$ oz

20	3 tbsp	1 $\frac{3}{4}$-2 oz
16	4 tbsp	2-2 $\frac{1}{4}$ oz
12	5 tbsp	2$\frac{1}{2}$-3 oz
10	6 tbsp	4-5 oz
6	10 tbsp	6 oz

SCOOP SIZES

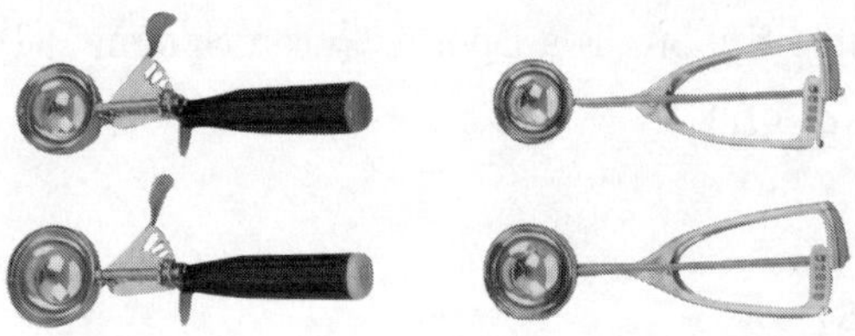

PETITS SUTENSILES(소기물)

◆ 온스국자

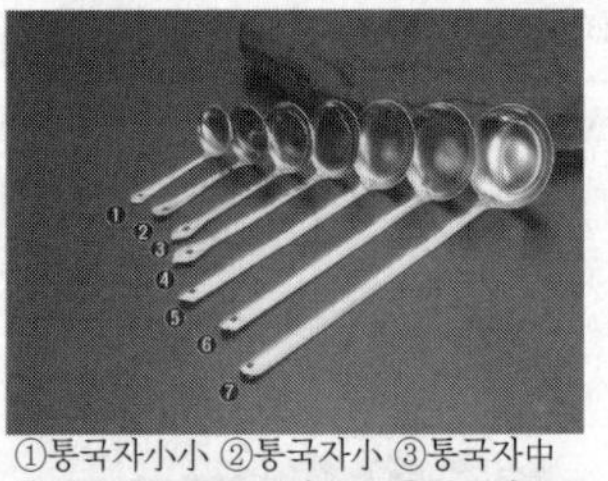

①통국자小小 ②통국자小 ③통국자中
④통국자大 ⑤통국자特大 ⑥통국자王大
⑦통국자王王大

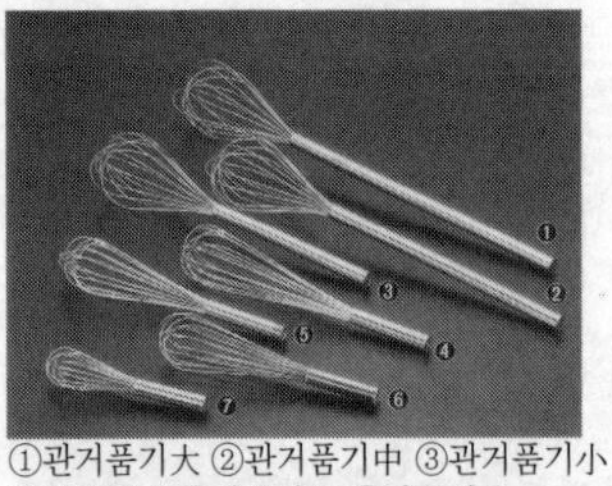

①관거품기大 ②관거품기中 ③관거품기小
④거품기大 ⑤거품기中 ⑥거품기小
⑦거품기小小

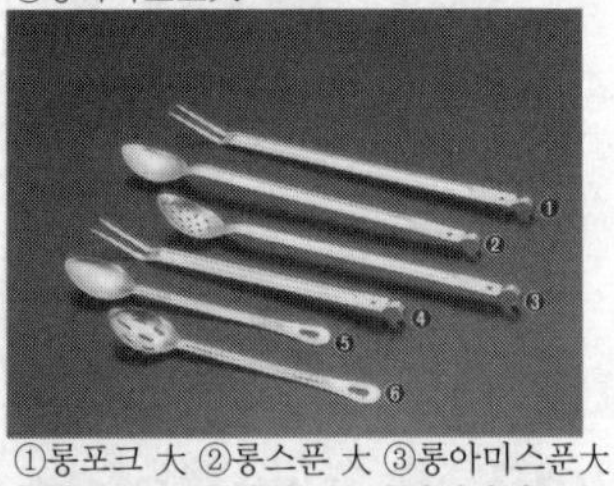

①롱포크 大 ②롱스푼 大 ③롱아미스푼大
④롱포크 中 ⑤다대스푼 ⑥아미다대스푼

①부페아미스푼 ②부페서빙포크 ③부페스푼
④부페포크 ⑤스키머 ⑥부페온스국자1온스
⑦부페온스국자 2온스 ⑧부페나이프

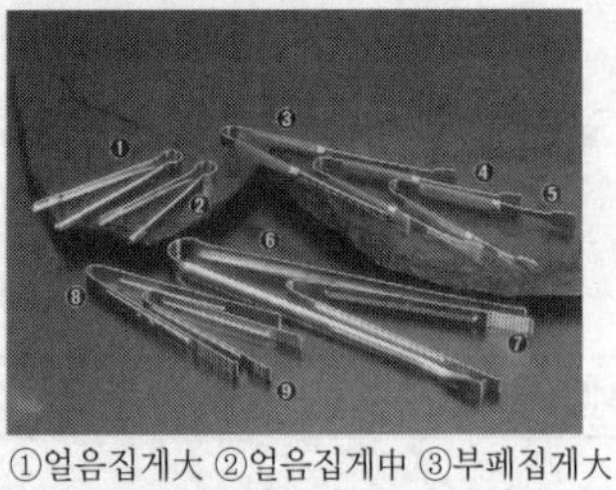

①얼음집게大 ②얼음집게中 ③부페집게大
④부페집게中 ⑤부페집게小 ⑥닭집게
⑦스텐집게大 ⑧스텐집게中 ⑨스텐집게小

MATERIEL DEPREPARATION(조리준비용 기물)

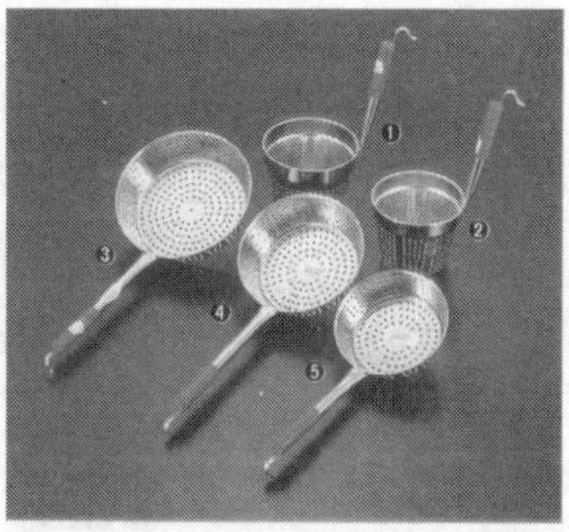

①우동조리大 ②우동조리中 ③우동건지기大
④우동건지기中 ⑤우동건지기小

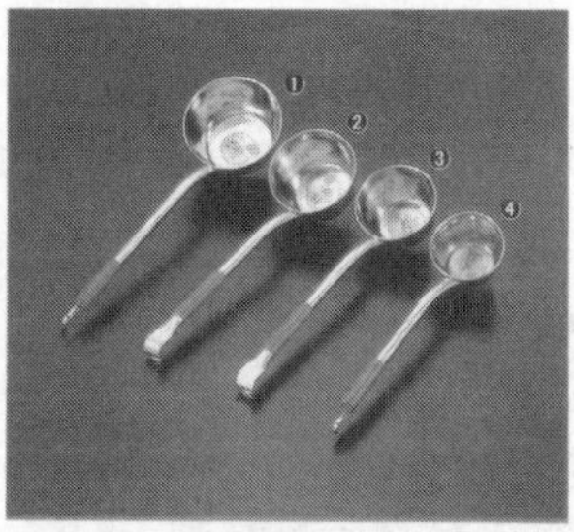

①스텐 통삭구特大 ②스텐 통삭구大
③스텐 통삭구中 ④스텐 통삭구小

①멀티볼大 ②멀티볼中 ③멀티볼小

◆ 스텐코렌다

LE PETIT MATERIEL DE LA PA TISSERIE(제과용 소기물)

◆ 가루체

◆ 슈가체

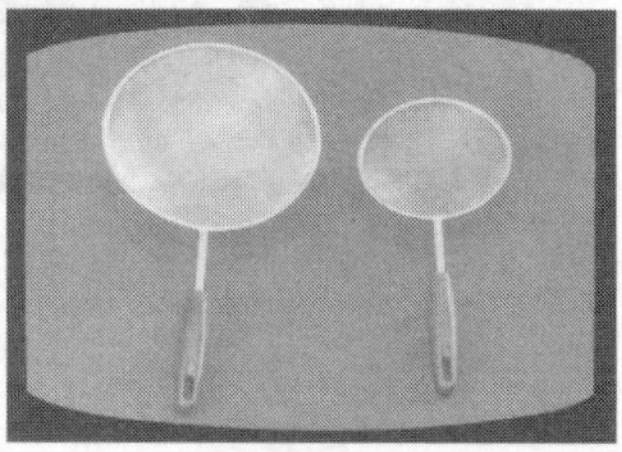

◆ 건지개

◆ 거품기

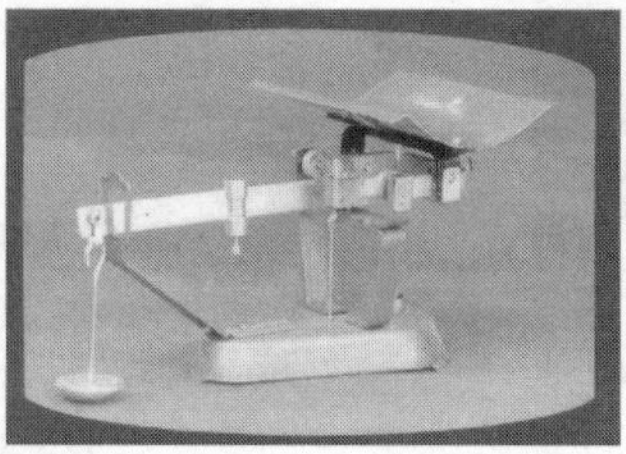

◆ 부등비저울

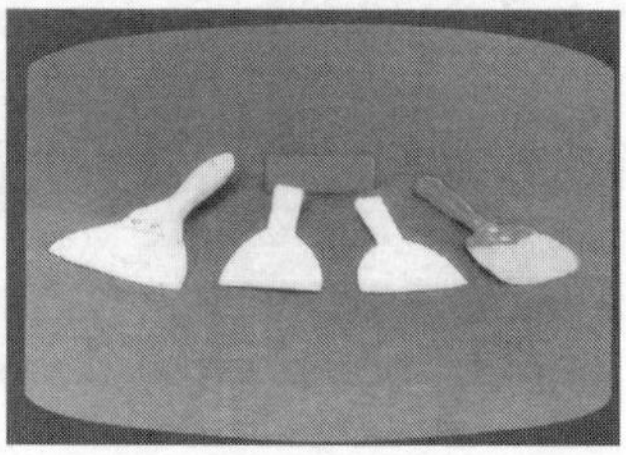

◆ 고무주걱

LES MOULES A PATISSERLE(제과용 주형)

◆ 1/2빵팬

◆ 가정용 파운드

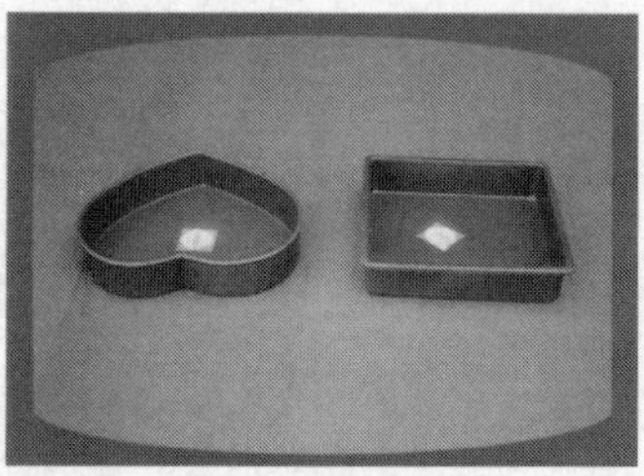

◆ 하트케익 ◆ 사각케익

◆ 사각팬

◆ 푸딩

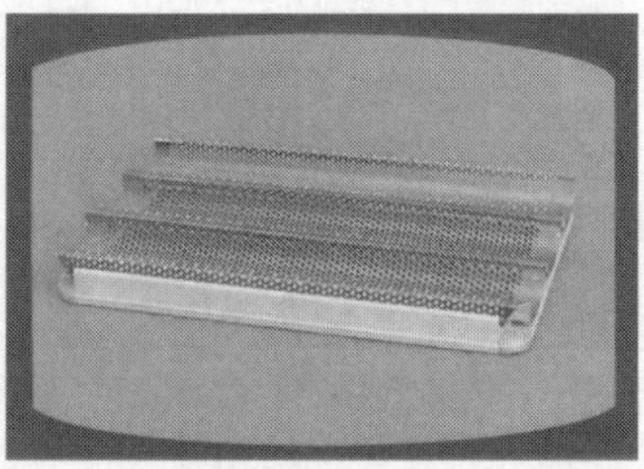

◆ 미니바게트

◆ 제리

MATERIEL DE CUISSON(조리도구)

◆ 튀김솥 / 후라이빵

◆ 숲통

◆ 알루미늄 조리용냄비

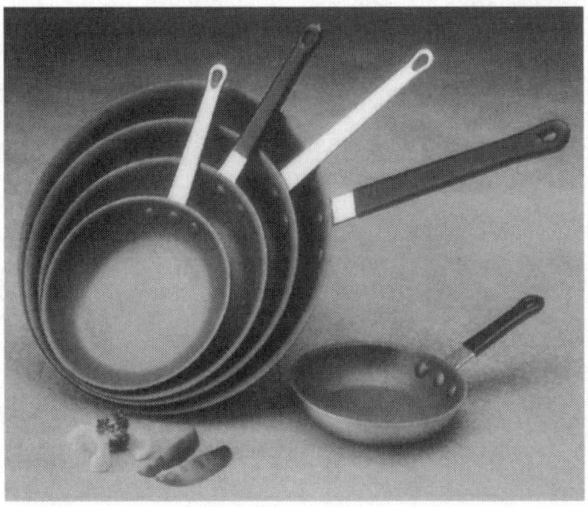

◆ 알루미늄 후라이팬

◆ 자루냄비

한식기물

① 찬그릇셋트
② 백김치 · 서비스접시
③ 물김치그릇
④ 엽차컵
⑤ 탕그릇
⑥ 갈비찜그릇
⑦ 스텐함식기
⑧ 수저 · 저범
⑨ 양념기셋트
⑩ 재털이
⑪ 수육접시
⑫ 안주그릇 및 파전접시
⑬ 된장뚝배기 2인 · 3인
⑭ 곰탕뚝배기
⑮ 곱돌솥
⑯ 곱돌비빔밥그릇
⑰ 곱돌불고기판
⑱ 곱돌4각로스판
⑲ 스텐링구이판
⑳ 스텐면기(비빔밥, 냉면, 갈비탕)
㉑ 스텐곱창판
㉒ 전골냄비
㉓ 신선로 대형
㉔ 가스신선로(징기스칸냄비)
㉕ 신주불고기판
㉖ 신주궁중판
㉗ 신주전골판
㉘ 신주갈비판, 상추소쿠리

일식기물

① 생선회접시
② 회덮밥그릇
③ 전복죽그릇
④ 야끼모노
⑤ 물컵
⑥ 희레잔
⑦ 정종주전자
⑧ 돔부리
⑨ 장어덮밥기
⑩ 양념기셋트
⑪ 김치그릇
⑫ 자와무시
⑬ 하이사라
⑭ 독구리
⑮ 마즙공기
⑯ 덴다시블
⑰ 소바간장그릇
⑱ 쌍초장그릇
⑲ 와사비그릇
⑳ 독구리잔
㉑ 초장그릇
㉒ 간장사라
㉓ 사시미볼
㉔ 오싱꼬
㉕ 초지그릇
㉖ 니모노그릇
㉗ 지리스공기
㉘ 과일기
㉙ 김그릇
㉚ 젠사이
㉛ 튀김그릇
㉜ 스끼다시
㉝ 튀김그릇
㉞ 신제품 · 도요개발 일식기물 야채사라

양식테이블기물

① 정식접시 12"
② 앙트레접시 10"
③ 라이스접시 8"
④ 빵접시 7"
⑤ 숲접시 7.5"
⑥ 야채접시 6.5"
⑦ 슈가 프림기셋트
⑧ 커피셋트
⑨ 숲불
⑩ 카레봇트
⑪ 도금 3P카스타
⑫ 조자기 3P카스타
⑬ 화병
⑭ 크로바네프킨꽂이
⑮ 파도네프킨꽂이
⑯ 재털이
⑰ 양식기셋트
⑱ 원목각안주사라
⑲ 목각세잎사라
⑳ 알밤사라
㉑ 스트레이트잔
㉒ 칵텔잔
㉓ 와인잔
㉔ 샴페인잔
㉕ 브렌디잔
㉖ 언더럭스 잔
㉗ 하이볼 잔
㉘ 워러고부렛
㉙ 방울쥬스 잔
㉚ 101쥬스잔
㉛ 조각크림잔
㉜ 크림잔 대
㉝ 화채그릇
㉞ 세이커
㉟ 지거
㊱ 병마개
㊲ 폴라
㊳ 빠스푼
㊴ 스트레이너
㊵ 크림샷타 외 얼음통 양주물병, 와인툴러오징어접시, 레몬스키쟈숲지링, 케찹병, 웨이터쟁반

6절 주방 기기의 소재

여러 목적으로 사용되는 시설 및 주방기구는 특수한 재료를 사용하여 만들어져 있으므로 수선 시에도 이점을 염두해 두어야 한다. 부식에 견고해야하며, 방수에 강하고, 바깥면이 매끄러워야 하며, 청소 및 씻기가 간편해야하며, 견고성이 있어야 한다. 냄새나 맛, 혹은 색깔 등이 배어 나온다든지, 음식물에 오염을 끼쳐서는 안 된다. 식중독은 독성이 있거나 적합하지 않은 금속면과 접촉됨으로써 발생하는 수도 있다. 따라서 표면이 거친 기구나 장비는 깨끗하게 씻기가 어렵기 때문에 박테리아 오염가능성이 높아진다. 특히 해산물의 껍질은 재사용해서는 안 된다. 왜냐하면 표면이 거칠어 다시 깨끗이 씻기가 불가능하기 때문이다. 플라스틱으로 된 것을 위시하여 모든 장비와 주방기구는 일반적으로 사용하는데 잘 견디도록 되어 있어, 사용하는 도중 패인다든가, 구멍이 쉽게 나고, 금이 가거나 하는 것은 안 된다. 음식물과 접촉되는 부분은 씻기에 표면이 매끄러워, 안쪽 구석이라도 쉽게 씻어져야 한다. 그러므로 주방설비나 기기에 사용되는 소재는 금속 · 나무 · 플라스틱 · 유리 등 시대에 따라 그 종류가 다양한 신소재 개발로 인한 변화는 급속히 진행되어 왔다. 이러한 기본 소재에 대한 지식은 고가인 주방장비를 관리하는 데 많은 도움을 줄 수 있을 것이며, 장기적으로는 제품의 수명을 연장시켜 원가의 절감에도 기여하게 될 것이다.

1) 스텐레스 스틸

강철, 니켈, 망간, 실리콘 등을 혼합하여 만든 소재로 변색이 적고 강도가 높아서 가장 널리 쓰이는 주방기구의 소재이다. 산이나 알카리에 쉽게 부식되지 않아 음식의 용기로 많이 사용하고 있으며 두께에 따라 가격이 차별화되는 경우가 많다. 그러나 스텐레스 스틸은 건조된 상태에서 가열할 경우 변색될 우려가 있으므로 주의하여야 한다.

2) 알루미늄

현대식 생활에서는 알미늄, 은박지 조리기구 등에 많이 사용하고 있고, 캔류의 소재로 사용되고 있다. 알미늄의 비중은 2.70으로서 열전도성이 높고 가벼우며, 습기에 부식하지 않으나 산성 · 알칼리성 식품이나 소금에 부식되며, 용해점이 낮아서 레인지불 위에 오래 두면 녹아버린다. 음식물이나 물에 함유되어 있는 무기질 또는 철분에 변색되지만, 인체에는 무해하고 식품에 영향을 주지 않는다. 검게 변한 것은 식초나 소다를 넣어 끓이면 없어진다. 조리시 주의할 점은 금속이온에 의해 비타민 C가 파괴되기 쉽기 때문에 비타민 C가 풍부한 야채 조리는 피하는 것이 좋다. 알미늄의 단점을 보완하여 만든 것이 알루마이트인데, 수산용액에 전기를 산화시켜 표면에 산하 알미늄을 생성시킨 것이다. 알루마이트는 산 · 알칼리 · 염분 등에 강하며, 색상도 다양하게 할 수 있고, 재질도 알루미늄 보다 강하다.

3) 구리와 놋쇠

구리는 높은 용해점을 가지고 있으므로 알미늄보다 열에 강하고, 전기전도율이 높다. 최근에는 주방기구 중에 바닥에 소재를 일부 구리를 사용함으로써 열전도율을 높이는 제품이 생산되고 있다. 광이 잘나며 아름다우며 고급식당의 주방기구로 사용하는 경우가 많다. 손질할 때는 식초나 소금을 사용하면 좋다. 아연과 같이 합금하여 놋쇠를 만드는데, 높은 강도를 가지고 있으나 스텐레스의 출현으로 널리 보급되지 못하고 있다. 열전도율이 낮아 음식을 담으면 오랫동안 보온할 수 있는 장점이 있으며, 습기가 많은 곳에 보관할 경우 녹색의 녹이 발생하여 인체에 해롭다.

4) 철

철은 열전도율이 높고, 1,535℃ 정도의 용해점을 가지고 있으며 무겁고 단단하여 흡수한 열을 오래 유지시킬 수 있어서 철판을 만드는데 많이 사용된다. 철이 함유된 기기는 녹이 잘 생기므로 손질 후 기름을 발라 두는 것이 좋다.

5) 유리와 사기

유리는 내열성 유리와 보통유리로 구분되는데, 내열성 유리는 오븐이나 조리용 주전자로 사용할 수 있으며, 알칼리와 산에 강하다. 손질할 때는 세제를 사용하여 부드럽게 다루어야 흠을 방지할 수 있다. 특히 갑작스런 온도의 변화에는 파손되기 쉽다. 유리제품보다 강도가 강하고, 불투명한 사기제품이 많이 사용되고있는데, 사기제품은 유리보다 열에 강하지만, 갑작스런 온도변화에 주의해야한다.

6) 플라스틱

플라스틱류는 무게가 가볍고 견고하고, 색이 다양하며, 수분에 의한 변화를 받지 않는다. 열과 전기에 부도체이며, 손질하기가 간편하다. 플라스틱류는 공기 · 물 · 나무 · 휘발유 · 석탄 · 자연가스 · 석회석 및 소금 등에 열과 압력 및 화학약품을 가하여 인공적으로 만든 것이다. 플라스틱류는 15종이나 되며, 특징도 각각 약간씩 다르다. 플라스틱은 열에 대한 반응에 따라서 크게 두 종류로 나눈다. 열가소성 프라스틱과 열경화성 플라스틱으로 나누는데, 전자는 열을 받으면 유연해지고 식으며 굳어지는데, 후자는 열을 받으면 화학적인 변화로 완전히 굳어지게 된다.

(1) 열가소성

가) 아크릴계

강도가 강하고 인체에 무해하며, 투명한 것과 불투명한 것 등 색상이 다양하다. 머리 빗이나 시계 등의 케이스 소재로 많이 이용된다. 아세톤 같은 휘발성 약품에는 약하다.

나) 셀룰로스계

아크릴계와 유사하다. 일상생활용품(전화기, 가전제품의 부픔 등) 제조에 사용되며 강도는 높으나 열에는 약한 편이다. 손질은 중성세제와 온수를 사용하는 것이 좋다.

다) 테플론

조리기구의 코팅재질로 많이 사용되는데, 열에 강하고 수분을 흡수하지 않으며 화학약품에도 안전성이 강하다.

라) 나이론

내열도가 높아 끓는 물에 넣어 살균소독을 할 수 있다. 짙은 색보다 옅은 색이 많으나, 대체로 색깔은 다양하며, 무미 · 무취의 비중독성 물질이다. 탄력성이 강해서 충격을 받아도 영향이 없고 굴곡이 크다.

마) 폴리에틸렌

색상이 다양하며 고형이나 반고형의 필름으로 사용하거나 코팅으로 사용된다. 유연성이 있는 믹싱볼 · 얼음 그릇 등을 만들며, 비중독성 물질이다. 끓는 물에도 견디며, 살균 · 소독이 가능한 제품도 있다.

바) 폴리프로필렌 프라스틱류

냉장고부품, 일상가정용품 생산에 사용된다. 고열에 잘 견디고 화학약품에 의한 반응을 일으키지 않는다. 산 · 알칼리 및 식염성 용액에 의한 침해가 없고, 내열성이 있으므로 끓는 물에 넣어 소독도 가능하다.

사) 폴리스티렌

쟁반 · 조미료통 · 벽타일 등 주요 가정용품과 절연제로 사용된다. 색상이 다양하고 비중독성이며, 강한 세제는 사용하지 않도록 한다. 단단한 고형이며, 심하게 부딪히거나 구부리면 파손된다. 어떤 것은 고열에 견디나 대개는 끓는 물에 넣어서는 안 된다. 불꽃에 직접 닿으면 서서히 타며, 무게는 가볍고 방수성이 강하다.

아) 비닐

비닐은 다양한 색상을 가지며, 물 · 기름 · 일반약품 · 세제 등에 강하다. 정원용 호수나 바닥깔개 등을 만드는데 사용되고, 고형 · 반고형 · 필름 형태의 얇은 제품으로 생산되어 우의를 만들기도 하는데, 보통 염화비닐수지를 말한다.

(2) 열 경화성 플라스틱

가) 페놀릭계

열 경화성 플라스틱은 제작과정에서 열을 가하여 완전히 모양을 고정시킨 포르말린수

지인데, 특히 페놀릭계는 열에 강하고 비중독성 물질이며, 강도가 강하다. 조리용 냄비의 손잡이로 많이 사용된다.

나) 카제인

단추나 뜨개질용 바늘을 만든다. 물에 흡수성이 강하여 물에 적시면 변형되며, 색상이 다양하고, 불에 쉽게 타거나 깨지지 않는다. 포르말린은 인체에 흡수되면 구토나 두통 등의 심각한 장애를 일으킬 수 있으며, 타르색소는 독소가 강하여 소화기능을 약화시키고 말초신경을 마비시키므로 납 · 아연 · 구리 · 카드뮴 · 안티몬 등의 안정제를 사용한 제품은 사용을 신중히 하지 않으면 안 된다. 따라서 가능하면 열 경화성 플라스틱은 멜라민만을 식기로 사용해야 할 것이다.

다) 멜라민

인체에 무해하며, 강도가 강하고, 100℃까지는 열에도 견디며 식기류, 주방용 칼의 손잡이 등에 이용된다. 비교적 어떤 세제의 종류에도 변질이 없지만, 연마제의 사용이나 거친 수세미는 사용을 피하는 것이 좋다.

7) 공급용 기구와 장비의 보관

음식물을 다루는 업소에서는 비품과 장비가 때에 따라 오염될 수 있는 매체로 둔갑하기 때문에 다음사항을 점검하여야 한다.

① 비품이나 장비를 보관하는 지역이 깨끗하고 건조하며 쓰레기가 없는지
② 보관지역에 빈깡통이나 포장지 등을 잘 치워 쥐들이 서식하지 못하도록 하는지
③ 모든 기구들이 깨끗하고 질서정연하게 보관되고 있는지
④ 보관품의 바닥이나 벽쪽에서 떼어놓아 청소하기 쉬우며 쥐나 바퀴벌레가 서식하지 않도록 한다.
⑤ 변하기 쉬운 음식물이나 포장이 뜯어진 음식물이 있는지
⑥ 살충제와 일반 세척제나 다른 약품과 구별하여 보관하는지
⑦ 음식물이 상하수도 옆에 놓여 있지 않는지

8) 주방장비관리

장비를 제대로 운용하지 않으므로 해서 식당을 찾아오는 고객들에게 위생상문제를 일으키는 우려가 있으며, 음식물을 오염시킬 가능성이 높다. 그릇이나 장비를 씻는데 사용되는 물을 데우는 히터가 제대로 작동되지 않거나 냉장고가 제대로 작동하지 않으면 음식물이 쉽게 변하기 때문에 심각한 문제가 될 수 있다. 정확하고 정기적인 운영절차를 통하며 기계수명을 연장시키고 동시에 경비를 줄이고 관리를 효과적으로 할 수 있다.

9) 장비기록카드

다음사항은 주방의 장비의 기록카드를 작성 비취하여 효과적인 관리를 하도록 한다. 장비명, 설치장소, 고유번호부여, 사용하는 용도, 구입일자, 설치일자. 제작회사, 모델번호, 기계의 특성, 품질보증 하자보증기간, 필요한 부품이 어디 있는지 등을 확인한다.

10) 기계유지 확인카드

기계유지 확인 점검표를 만드는 것은 어느 부분이 약한지 부품은 얼마나 자주 교체하는지 주요사항을 기록하여 기계의 마모 또는 훼손을 방지하는 데 있다. 어떠한 부품이 얼마나 필요한가, 수리하기 위한 부품을 예측할 수 있고, 관리일정을 미리 정할 수 있고, 교환시킬 품목을 사전에 구입하여 고장시 즉각 대치할 수 있다.

7절 합리적 주방관리를 위한 방안

1 품질관리점검 사항

합리적이고 과학적인 관리는 필요한가는 바로 고객에게 기대되는 시간에 적당한 가격과 좋은 품질의 음식을 제공하는 것이다. 다음과 같은 사항을 고려해볼 필요가 있을 것이다.

① 고객이 원하는 바를 제공한다.

② 최소한의 대기시간으로 제공한다.

③ 고객의 불만을 정중하게 경청하고 신속하게 시정한다.

④ 고객의 질문을 주의 깊게 경청하고 예의 바르게 응답한다. 즉 상품의 품질관리는 주방의 시설이나 제반의 특성이 적합성여부에 달려 있다고 해도 과언이 아니다. 그러나 경영진으로 하여금 업무 전반에 품질을 개선하는데 도움을 줄 것이라 다음과 같이 판단된다.

· 위치는 교통편, 주차장, 주위환경, 주차장조건

· 구매물품의 인수의 하차, 보관관리의 적절성이다.

· 주방설비의 배치, 위생(개인, 시설, 식품)메뉴에 맞는 조리기구와 적합성 등을 들 수 있다.

· 직무 분담의 적절성

· 조리장 기술의 수준과 능력정도

· 안전관리 적절성 즉, 소방기구, 비상출구, 환기, 뜨거운 물건의 취급, 출입문 등을 들 수 있다.

· 주문 접수와 식당과 주방의 전달은 정확히 이루어지고 있는가?

· 고객에게 음식을 서비스할 때 지연시간이 적절한가?

· 표준 레시피에 의하여 조리와 서비스 순서와 음식의 품질은 우수한가?

· 서비스 대기 라인은 즉 셀프서비스의 경우로 보면 주방의 배열은 신속 정확한 음식을 서비스 할 수 있고, 품목 및 가격의 계산은 정확히 되는가?

· 식당의 서비스는 테이블 및 의자의 청결과 메뉴는 다양한가?

· 자리를 차지하기까지의 대기시간 또는 음식을 준비하기까지의 대기시간 웨이터의 서비스를 받을 때까지의 대기시간, 메뉴의 정확성, 신선한 요리의 유무, 경영자의 태도, 종사원의 태도, 분위기, 환기 등을 들 수 있다.

2 서비스의 질 점검사항

① 종사원의 친절성
② 종사원의 상품에 대한 지식 또는 권유 판매여부
③ 주문한 품목의 대한 종사원 반복확인여부
④ 음식을 주문한 시간이 많이 걸리는가
⑤ 주문한 메뉴의 정확한 전달여부
⑥ 식사후 디저트 제공여부
⑦ 주차장의 정리정돈여부
⑧ 환송시 예의바른 멘트를 하는가
⑨ 빈테이블은 정리가 깨끗하고, 주방전체와 화장실이 정돈이 잘되어 있는가
⑩ 화장실에는 화장지 준비 및 물비누 및 Hand Dryer는 준비되고 있는가
⑪ 에어컨, 온풍기 온도는 적절한가
⑫ 식당의 음악은 적절한 소리로 고정되어 있는가

위의 목록은 기업의 실태에 따라서 다소 차이가 있을 수 있으나 비슷한 점이 많다. 그러나 이때까지는 경영자위주의 시장에서 고객위주의 시장으로 변하고 있다는 현실은 고객가치를 극대화시킬 수 있는 상품과 서비스를 제공하는 길이다. 경쟁에서 살아 남기 위해서는 기존의 사업 관행을 탈피하여 변신을 성공하는 요인만이 미래시장의 선두주자가 되는 것이다. 그렇지 못한 기업은 지속적인 변화 속에서 선두주자의 뒤만 따라 다니고 결국 경쟁에서 도태 될 것이다. 물론 이같은 변화는 하루아침에 일어나는 것은 아니다. 다양한 메뉴개발과 판매 촉진수단의 실행에서 고객만족이란 개념이 중심역할을 해야된다. 그러나 이것이 아무리 좋은 시설이라 할지라도 조리의 상품은 종사원의 서비스로 하나의 상품으로서 가치 창출을 할뿐만 아니라 지속적인 연구와 고객의 선호도를 파악하여 고객의 특성에 맞는 요리를 과학적이고 체계적인 요리를 창조 해야된다. 즉 고객의 감동을 주는 요리와 서비스가 있어야 된다. 아울러 효율적인 업무 수행을 위하여 조리의 동선이 합리적으로 배치되어야 한다. 그러한 이유는 조리직을 종사하는 조리사는 숙련된 기술자로서 고임금에 있다는 사실을 명심하라. 조리업무는 자동화도 불가능하고 숙련된 조리사로 하여금 고객만족을 줄 수 있는 우수한 조리 상품이 나온다는 사실을 명심하여 좁은 공간에서 스트레스를 받지 않고 활동을 원활히 할 수 있어야만 좋은 상품과 좋은

질의 요리가 창출된다는 사실이다. 물론 좋은 재료비에만 관심을 가지고 질 좋은 음식을 개발하여 고객 만족도 줄 수 있는 길도 있겠지만 원가를 절감하여 내실 있는 체계적인 경영이 바로 우리가 이때까지 개념적인 바탕에서 살펴본 바와 같다고 하겠다.

3 주방관리 합리화방안

1) 서론

주방은 고객에게 음식을 만드는 생산부서이며 식당은 고객에게 직접 서비스하는 영업현장이다. 음식이라는 상품을 생산하는 주방은 고객에게 음식맛은 물론이며 분위기도 연출할 수 있어야 한다. 그러므로 주방을 총괄하는 주방장은 요리와 이에 관련된 업무를 수행하는 주방의 모든 인원을 감독하는 책임뿐만 아니라 주방에 관련되는 재정관계 및 음식 준비에 사용되는 시설과 기구까지도 책임을 져야 한다. 주방관리의 합리화 방안은 그 범위가 매우 넓으며 고도의 전문성이 요구되기도 하므로 세밀히 논할 수는 없으며 그 개략적인 내용을 살펴보기로 하자.

2) 본론

(1) 운영관리

가) 운영체계(manegement system)

주방은 하나의 생산조직이며 동시에 생산시스템이다. 주방을 구성하고 있는 모든 요소들은 각각 하나의 생산요소이기 때문에 어떠한 형태로든지 조리과정에 영향을 미치고 작용되고 있다. 경영진을 포함하는 조리사, 주방의 설비, 조리기술, 식자재 등의 생산지원은 물론이며 물품구매, 조리과정, 마케팅, 인력자원관리, 원가관리등 모든 제기능은 상호의존관계에 있으며 상호작용을 하기 때문이다. 최소의 생산비용을 투입하여 최대의 생산효과를 달성하고 이를 지속적으로 유지하기 위하여 주방은 생산자원과 생산기능이 능률적으로 제기능을 발휘하여야만 하나의 생산시스템으로서의 유효성이 있는 것이다. 아무리 독립된 영업주방이라 할지라도 순수하게 독창적인 조리업무는 어려우며 지원주방의 조리업무 협조와 총주방장의 지휘 감독을 받아야 하므로 전체 주방의 총괄적인 운영관리의 영향을 받는 시스템이 내부에 있어야 한다.

나) 의사소통(communication)

주방조직내의 조리업무의 활동이 효과적으로 수행되기 위해서는 의사소통이 원활하게 이루어지는 것도 필수적이다. 대규모 관광호텔의 주방처럼 복잡한 조직에서는 상하급자, 동료간, 단위주방간, 주방내부와 의사소통 또는 정보의 전달은 주방조직의 목표달성을 위한 조리업무 활동이 서로 합리적으로 조정되고 통합될 수 있게 한다. 의사소통의 형태는 공식적 의사소통과 비공식적 의사소통으로 나눌 수 있다. 전자에 예는 상급자로부터 하급자에게 전달되는 하양지시적 의사소통과, 하급자의 성과보고나 하급자의 의견이나 태도까지 상위 계층으로 전달하는 상향적, 동료간이나 단위 주방간의 상호작용적인 수평의사소통이 있다.

다) 지도력(leadership)

주방조직은 호텔기업으로부터 부여받은 주방의 목표와 조리사 개인이 갖는 개인목표와 구성원 집합으로서 집단이 추구하는 집단목표라고 하는 서로 상이하며 때로는 상호배타작인 3가지의 목표가 공존하고 있다. 리더쉽은 이러한 조건하에서 관리감독자가 주방조직의 단합과 사기를 증대시키고 조리사 개인의 발전을 촉진시킬 수 있도록 동기를 부여하여 근무의욕을 고취시키는 등의 통제활동을 의미한다. 리더쉽 정도는 아래 3가지 능력의 소지 여부에 따라 다르다.

■ 경영기술

주방장의 사고와 행동을 주방전체에 작용시키며 주방목표 달성을 위하여 생각하는 행동을 하는 종합적인 능력.

■ 인간기술

주방내의 조리사가 함께 또는 조리사를 통하여 주방업무를 수행하는 지식과 방법으로서 부하를 지휘하는 능력.

■ 전문기술

주방의 목표달성을 위한 조리지식, 방법, 기술 및 조리능력.

(2) 인사관리

주방요원을 대상으로 하는 인사관리는 주로 인사 담당 부서에서 주관하게 되지만 총주방장은 주방인력 계획과 감독업무를 책임지게 된다. 따라서 상례적으로 주방의 인사정책은 인사담당 부서와 긴밀한 협의하에 총주방장이 수행한다. 호텔기업에서도 지출하는 비용중에서 가장 높은 항목은 인건비로서 직접인건비와 이에 관련된 비용지출이며 높은 인건비의 지출은 급여만이 그 원인이 아니라 다음의 3가지의 요인에 의해 높게 나타나게 된다.

① 종사원의 낮은 생산성

② 높은 이직율

③ 부적절한 근무스케줄

(3) 주방시스템

가) 시스템의 의의

일반적으로 시스템이라 하면 사전에 결정된 하나의 어떤 목표를 달성하기 위하여 기능적으로 상호 관련된 구성요소들이 조직적으로 결합된 체계라고 하며 다음과 같이 구성되어 있다.

① 시스템으로 인정받기 위해서는 어느 조직이든 추구하고자하는 뚜렷한 목표를 가지고 있어야한다.

② 시스템내의 구성요소가 유기적으로 연결되어 있어야 한다.

③ 모든 시스템을 구성하는 각각의 요소는 동일한 전체의 목적을 달성하기 위하여 상호작용을 하여야 한다.

나) 호텔시스템과 주방시스템의 관계

호텔기업의 경우 전체 경영과정의 호텔 경영시스템이 있으며, 하위시스템으로서 생산에 해당하는 주방시스템이 있으며 이외에도 마케팅, 인사, 회계, 재무정보시스템 등이 있다. 생산시스템으로서의 주방시스템은 각각의 단위 주방시스템 즉, 하위 시스템이 유기적으로 결합하여 작용함으로써 이루어진다.

(4) 분업과 통합

가) 분업의 효과

■ 전문화

주방조직 전체에서 분업이 발생하게 된 원인은 업무를 수행하는 개인의 능력에 한계가 있기 때문이다. 분업이 각각의 기능을 전문적으로 담당하도록 함으로써 주방 생산목표 달성이 용이하다.

■ 분업의 장점

· 상대적으로 적은 업무를 수행하므로 기능의 숙련정도가 높아진다.
· 업무를 배우는 기간이 단축되므로 교육훈련비용이 절감된다.
· 전문화된 조리직무와 숙련조리사의 조화로 조리사의 능력을 최대한으로 활용할 수 있다.
· 특정의 조리직무에 대한 의존도가 감소하므로 작업자의 교체가 용이하다.

■ 분업의 단점

· 전문화가 극단적으로 진행될 경우에 과도한 직무의 단순화로 인한 불만족과 권태감을 느끼게 되어 분업에 의한 비인간화가 초래된다.
· 관련된 직무간의 협조가 미흡해지기 쉽고 조직이 복잡해진다.
· 분업에 의한 분업비용과 통합비용이 수반된다.

나) 통합의 필요성

■ 분업에 의한 상호의존성

분업체계 전체의 효용성은 각 부분요소 즉, 단위 주방이나 주방요원의 효율적 운영에 의존한다. 따라서 분업의 효율성을 얻기 위해서는 분화된 일들의 상호의존성이 안정성 못지 않게 중요하다. 이러한 관점에서 분화된 직무를 통합하고 조정하는 수단이 필요하게 된다.

■ 분업의 정도

주방조리 직무의 분업과 통합의 관리는 최고 경영진이 갖는 고도의 의사 결정과정의 결과이다. 호텔 이용고객의 시장규모를 예측하여 표적시장을 선정하고 이에 따라 식 · 음료 경영전략과 주방시스템을 설정해야 한다. 일단 분업이 시작된 이후에는 직무의 분화를 조정한다는 것은 막대한 재정과 경영자원의 손실을 초래하기 때문이다.

(5) 효율적인 단위주방 배치

가) 식 · 재료의 이동거리

검수를 통과한 모든 식자재가 통과하는 반 입구를 비롯한 식 · 자재 창고와 단위주방 간의 거리는 가까이 있어야 한다. 대규모 주방은 독립된 단위 주방만으로는 효과적으로 업무를 추진하기 어려우므로 여러 개의 단위 주방을 집중적으로 배치하여 식 · 재료의 이동거리로 말미암은 비효율성을 극복해야한다.

나) 노동인력과 노동시간의 개선

적당한 규모의 단위주방 설계는 노동력을 효과적으로 관리할 수 있도록 한다. 영업시간이나 교대 등을 고려할 때 8~24명의 조리사가 근무하는 중규모의 단위 주방이 적정규모라고 할 수 있다. 한 사람의 감독자가 효과적으로 관리 감독할 수 있는 7명 내외의 적정감독의 범위도 고려한 것이다. 연회주방과 지원주방은 통합된 주방시스템이어야 하며 커피숍 주방과 룸서비스주방도 역시 통합되어야한다. 성수기 비수기에 따른 효과적인 인력관리를 할 수 있기 때문이다.

다) 중복되는 간접비용지출

분리주방시스템에 나타나는 지나치게 세분화된 단위주방은 건물의 내부공간을 과다하게 점유하게 된다. 통합된 주방시스템은 분리시스템에 비하여 효과적인 내부공간을 이용이 가능하게 하며 예열과 준비에 필요한 전기, 가스, 스팀의 낭비를 줄일 수 있다. 수천만 원에서 수억에 이르는 주방설비 및 기물과 도구비용을 절감할 수 있다.

라) 직무통합에 따르는 업장 주방의 배치

통합된 주방은 직무의 통합으로 효과적으로 직무관리가 가능하기 때문이며 생산성 부분에 나타나지 않는 직접재료비의 절감부문과 관리감독 비용을 비롯한 각종 간접비용을 산출하면 통합시스템의 재무적 효과는 더욱 크다.

마) 능률적인 주방배치

단위주방의 배치는 경제성과 효율성 측면에서 고려되어야 하며 아무리 훌륭한 주방시스템 설계가 있어도 건축물의 설계에 적합하지 않으면 아무런 효용가치가 없다. 효율적인 단위주방의 배치를 위하여 고려하여야 할 요소는 다음과 같다.

① 주방시스템은 여러 개의 하위 주방시스템이 결합되면서 상승작용을 하는 하나의 시스템으로 인식하여야한다.

② 단위주방의 배치는 이용고객의 만족을 극대화될 수 있는 식당설계와 동시에 내부공간 이용에 극대화할 수 있도록 설계되어야 한다.

③ 주방으로부터 고객에게 접객원이 이동하는 거리가 짧아야한다.

④ 각각의 단위 주방이 집중적으로 가까운 거리에 배치되어 분업의 효과를 극대화하고 통합관리가 용이하도록 한다.

⑤ 지원주방원 외부 식재료 반입구, 저장과 보관하는 창고, 단위업장 주방 등과 가까운 거리에 위치하여야 한다.

⑥ 단위주방의 조리시설이 능률적으로 배치될 수 있도록 한다.

⑦ 직무에 중복율이 57%에 달하는 커피숍과 룸서비스 주방이 통합된 형태이어야 한다.

⑧ 가능하면 모든 지원 주방이 동일 층에 위치해야 하며, 지원 주방은 연회주방과 통합된 형태로 대연회장과 가까운 거리에 집중적으로 배치하여 생산성을 높이도록 하여야 한다.

3) 결론

호텔의 식음료 부문은 다양한 메뉴를 소량 주문을 받아서 제한된 짧은 시간내에 조리하여 판매하는 시간과 공간적인 제약을 많이 받는 형태이다. 뿐만 아니라 제품을 개발하거나 생산하여 잠재 소비고객을 대상으로 판매촉진활동을 하는 일반제품과는 다르며 소비자의 주문에 의해 생산하며 인도현장에서 대부분 소비하는 등의 제한적인 요소가 많은 서비스 활동이다. 업장의 핵심 역할을 담당하고 있는 식음료 부분에서 주방의 효율적이고 합리적인 개발을 호텔기업이나 외식 주방의 합리적인 개발은 호텔기업이나 외식산업 경영의 지속적 경영과 성장에 크게 기여할 수 있을 것이다.

참고문헌

■ 국내문헌

김미향 · 임효원, 「서양조리학」, 백산출판사, 1999.

김덕권, 「급식경영학」, 신광출판사, 1989.

김기영, 「호텔주방관리론」, 백산출판사, 1997.

나정기, 「호텔식음료원가관리」, 백산출판사, 1994

박병렬 · 김대경, 「호텔식당경영론」, 기전연구서, 1994.

이진식, 「설비관리론」,형설출판사, 1993.

이정자, 「호텔식음료 원가관리」, 형설출판사, 1990.

원융희, 「호텔식당경영론」, 대왕사, 1989.

정홍식, 「주방위생의 이론과 실제」, 학민사, 1987.

우성근, 「주방관리효율적방안에 관한 연구」, 경기대학교 경영대학원, 석사학위논문, 1995.

오정환, 「호텔케터링원론」, 기문사, 1997.

전원배, 「호텔안전관리」, 백산출판사, 1994.

최필순, 「주방식사실 설계매뉴얼」, 탐구문화사, 1995.

최대웅, 「외식사업경영론」, 배산출판사, 1992.

한국식품영양학과 교수협의회, 「단체급식」, 수학사, 1996.

현기순, 「단체급식」, 수학사, 1989.

임봉영 · 박상배, 「외식사업개론」, 대왕사, 1998.

신재용 · 박기용, 「외식사업개론」, 대왕사, 1999.

한국외식산업연구소, 「외식사업실무론」, 백산출판사, 1997.

변찬복, 「호스피탈리티회계」, 대왕사, 1999.

정종훈, 「식음료 경영론」, 백산출판사, 1998.

한국관광공사 · 경주관광교육원, 「조리개론」, 대한인쇄출판사, 1993.

■ 외국문헌

Allen, Z. Reich, The Restaurant Operators, Manual, Van Nostard Reinhold. 1989.

Beymer, Robert A., Introduction to Hotel & REstaurant Management Kendall Hunt Publishing Company, 1990.

Kazarian, Edward A., Foodservice Facilites planning 3rd ed., New York: Van Nostrand Reinhold,1989.

Oliver, Joseph, How to Design Heating-Cooling Comfort System, New York, Business News Publishimg Co, 1993.

Peter F. Drucker, The Practice of Management, Asia Edition: Harper & Brothers Publisher, 1983.

John W. Stokes, How to Manage a Restaurant, Wm, C. Brown Company.

Jan Shelby, In-house Construction Expertise, Building operating Management, July,1988.

저자소개

● 안우규(安宇圭) ●

· 육군제3사관학교졸업
· 계명대학교경영대학원 관광경영전공 경영학석사
· 대구대학교대학원 관광경영전공 경영학박사
· 한국관광공사 2급지배인자격
· America Certified Hotel Administrator(CHA) 호텔최고경영자
· America Food & Beverage service 호텔교육원 식음료전임강사
· America Bar & Beverage Management 호텔교육원 식음료경영 전임강사
· America Certified Bartender 호텔교육원 바텐더 전임강사
· America Certified Barista 호텔교육원 바리스타 전임강사
· 전) 엠파이어 관광호텔 관리부장
· 전) 다래웨뷔페영업관리이사
· 전) 르쌍블호텔 총지배인 겸전무이사
· 전) 동방관광호텔총지배인
· 현) 영남외식총괄이사
· 전) 대구산업정보대학 조리과 겸임교수
· 현) 동국대학교관광경영학과 겸임교수

● 김현룡(金鉉龍) ●

· 경주대학교 관광학부 호텔경영전공 경영학사
· 경주대학교 관광학부 호텔외식경영전공 경영학석사
· 위덕대학교 대학원 외식조리전공 박사과정재학
· 서울코리아나호텔 조리수장
· 경주힐튼호텔 총주방장
· 국제물리올림피아드 조리 총책임자
· 대구유니버시아드대회 급식전문위원
· 현) 경주대학교 관광학부외식조리과 교수

● 최철호(崔哲豪) ●

· 경북대학교 이공대학 식품공학전공(석사)
· 서울소피텔 앰배서더호텔 근무
· 대구동인관광호텔 근무(총 주방장)
· 한국산업인력공단 요리검정실기관리위원
· 포항대학 호텔조리제빵계열 교수

주방관리개론

2009년 2월 25일 초판1쇄 인쇄
2009년 2월 30일 초판1쇄 발행

저 자 안우규 · 김현룡 · 최철호
펴낸이 임순재
펴낸곳 한올출판사
등록 제11-403호
121-849
주 소 서울특별시 마포구 성산동 133-3 한올빌딩 3층
전 화 (02)376-4298(대표)
팩 스 (02)302-8073
정 가 14,000원

홈페이지 www.hanol.co.kr
e - mail hanol@hanol.co.kr

저자와의 협의하에 인지생략

□ ISBN 978-89-8325-530-3